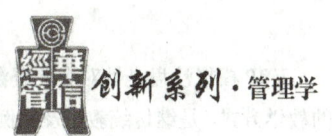

创新系列·管理学

企业 ERP 沙盘
模拟经营实训教程

刘贻玲　张婷婷　等编著

电子工业出版社
Publishing House of Electronics Industry
北京·BEIJING

内 容 简 介

ERP模拟沙盘是针对企业资源计划系统设计角色体验的实验平台。沙盘模拟对抗教学作为一种"体验式"的教学方式，是继传统教学及案例教学之后的一种教学创新。本书分为实训准备篇、模拟操作篇、战略规划篇，共9章内容。其中，第2、3篇中的每章包含了实训任务、实训内容描述、实训总结、实训必备知识。本书从学生刚接触沙盘到企业经营结束，其中财务分析以实际经营数据为例，给出了具体的计算评价及改进方法；经营管理分析系统讲解了企业经营中战略的重要性及如何进行有效的竞争。本书最后附有详细的企业运营记录，表格实用、详细、具体，可供读者学习参考使用。

本书可作为普通高等学校工商管理、会计、市场营销、物流管理、国际贸易等经济管理类相关专业的教材，也可作为参加ERP沙盘竞赛的参考教材，还可作为企业管理人员的培训教材。

图书在版编目（CIP）数据

企业ERP沙盘模拟经营实训教程 / 刘贻玲等编著．—北京：电子工业出版社，2013.8
（华信经管创新系列）
ISBN 978-7-121-20802-7

I. ①企… II. ①刘… III. ①企业管理－计算机管理系统－高等学校－教材 IV. ①F270.7

中国版本图书馆CIP数据核字（2013）第137147号

策划编辑：王二华
责任编辑：王二华
印　　刷：河北虎彩印刷有限公司
装　　订：河北虎彩印刷有限公司
出版发行：电子工业出版社
　　　　　北京市海淀区万寿路173信箱　　邮编：100036
开　　本：787×1092　1/16　印张：13.25　字数：340千字
版　　次：2013年8月第1版
印　　次：2025年7月第13次印刷
定　　价：29.00元

前　言

20 世纪 80 年代末，联合国教科文组织在北京召开的"面向 21 世纪国际教育发展趋势研讨会"上，提出了"创业教育"这一新的教育概念，并指出："创业教育，将成为 21 世纪现代人的第三本教育护照。"高校开展创业教育，适应社会经济发展和高等教育自身发展的需要，既是培养创新型人才、服务于创新型国家建设的重大战略举措，也是深化高等教育教学改革、促进高校毕业生充分就业的重要途径。

目前，我国的创新创业教育所面临的最大问题就是创新创业教育课程体系不健全，缺乏有针对性、实操性、系统性的创业教育教材。为此，我们编写了本教材，将一种新的理念和教学方法呈献给广大师生，把创新创业教育有效地纳入专业教育和文化素质教学教育中，顺应经管类各学科强化实验教学、优化整体教学体系的教学改革形势。

本书共分为 3 篇：第 1 篇为实训准备篇；第 2 篇为模拟操作篇；第 3 篇为战略规划篇。其中，第 2 篇、第 3 篇中的每章包含了实训任务、实训内容描述、实训总结、实训必备知识。本书采用红管家项目投资决策数据分析软件对沙盘模拟方案进行精算分析，教会大家如何用"数据"进行说话。本书最后附有运行表格，实用、具体、详细，可为广大读者提供参考。本书配有师生对 ERP 沙盘的教学、学习心得及参赛经验总结，读者可以登录华信教育资源网（www.hxedu.com.cn）免费注册下载。

本书由江西理工大学应用科学学院刘贻玲老师和张婷婷老师、赣南医学院刘勤兰老师、南昌大学科学技术学院刘红梅老师和何艳梅老师、塔里木大学朱哲老师共同编著。具体分工如下：刘贻玲老师和张婷婷老师负责组织和统稿工作；刘贻玲老师负责编写第 1、5、8、9 章及附录 A、B、C 的整理；张婷婷老师负责编写第 2、3、4 章及附录 D、E 的整理；刘勤兰老师和刘红梅老师负责编写第 6 章；何艳梅老师和朱哲老师负责编写第 7 章。

在本书编写过程中，江西用友分公司卢燕青老师提供了很多宝贵意见和帮助，在此表示衷心感谢，此外，还特别感谢江西理工大学应用科学学院 ERP 协会的鲁明、刘伟东、吴燕琴、陈斌、杨超群、杨停和张文文等多位学生为本书的编写、校对所做的大量工作。本书编写参考了大量国内外相关论著、教材和报刊杂志，在此谨致谢意！同时本书的出版得到了学院领导与同事的鼎力相助，得到了电子工业出版社的高度重视和帮助，在此一并表示感谢。

由于编者水平有限，疏漏之处恳请同行专家及广大读者提出宝贵意见和建议，以便日后更好地修订完善。

编者

前　言

目　　录

第1篇　实训准备篇

第2篇　仿真企业沙盘模拟经营操作流程篇

第3篇 仿真企业模拟经营战略规划及绩效评价篇

附　　录

第1篇

实训准备篇

第 1 章

绪　　论

1.1　企业沙盘模拟经营实训概述

国内外许多教育专家、高校都在努力创新教学理论、教学模式、教学方法，整合教学资源，沙盘模拟对抗教学作为一种"体验式"的教学方式，是继传统教学及案例教学之后的一种教学创新。企业沙盘模拟经营实训课程是集知识性、趣味性、对抗性于一体的企业经营管理技能综合训练课程。该课程是经营管理理念的"实验田"，是一场商业实战，6 年的辛苦经营将把每个团队的经营潜力发挥得淋漓尽致，在这里可以看到激烈的市场竞争、部门间的密切协作、全新掌握的经营理念迅速应用、团队的高度团结。在模拟训练过程中，胜利者自会有诸多经验与感叹，而失败者即便失败，也不会给企业和个人带来任何伤害，只会在遗憾中更好体悟和总结。

企业沙盘模拟经营实训将实习者进行分组，并进行岗位角色分配，然后成立若干虚拟企业，并进入一个模拟的竞争性行业，围绕形象直观的沙盘教具，模拟演练企业的经营管理与市场竞争。

近几年来，人才市场竞争日益激烈，经济管理专业毕业生面临就业困难的问题极为显著，这导致了有些高校尤其是独立学院性质的学校经济管理类专业人才培养的定位需要重新思考。独立学院经济管理类专业人才培养定位应是以技能型、应用型、复合型人才为主。因此，为了适应未来的就业环境，提高经济管理类专业学生的就业率，需要深化人才培养模式改革，根据社会经济发展和市场对人才需求的变化，修订和完善经济管理类专业培养方案和课程设置体系；积极探索教学内容和教学方法的改革，改变"满堂灌"、"填鸭式"教学方式，积极倡导"案例式"、"探究式"，尤其是"体验式"教学方式，使教学内容更贴近生产实践，激发学生的学习热情，促进教风和学风的根本好转。ERP 沙盘模拟对抗教学为独立学院经济管理类专业实践教学开辟了一片新天地，对目前深化独立学院经济管理类专业基础课程改革、强化实践教学环节、优化课程结构、提升教学质量、加强学生职业能力培养和创新型、应用型人才培养等方面起到了极大的推动作用，值得在更大范围推广与应用。

企业沙盘模拟经营实训课程是全面提升经济管理类专业学生综合实践素质的首要选择。经济管理专业的实践性、操作性决定了其专业学生素质的培养不能只停留在理论分析或是案例分析阶段，学生必须具备实战技能。由于学生不能直接到真实企业中去进行管理角色的体验，学生这方面素质的提升就有赖于虚拟企业运营这一较为成熟的做法，而 ERP 沙盘推演、沙盘对抗则较好地承担了这一功能。

为全面贯彻党的教育方针，更好地培养从事企业经营管理所需要的实践应用型人才，按照专业教学计划的要求，特安排学生进行几周的企业模拟沙盘实训，为创业、就业打下良好基础。

1. 实训的目的和任务

通过直观的企业沙盘，模拟企业实际运行状况，内容涉及企业整体战略、产品研发、生产、市场、销售、财务管理、团队协作等多个方面，通过团队合作、企业战略规划、预算、ERP 流程管理等一系列活动，模拟公司运营，使企业在竞争的市场环境中获得成功。让学生在游戏般的训练中体验完整的企业经营过程，感受企业发展的典型历程，感悟正确的经营思路和管理理念。

2. 实训的方式

学生被分成若干个团队，每个团队由 5~8 名学生组成，每名学生将担任总经理、营销总监、生产总监、财务总监、采购总监、人力资源总监等职务。每个团队经营一个拥有销售良好、资金充裕的虚拟公司，连续从事 4~6 个会计年度的经营活动。

1.2　企业沙盘模拟经营实训的内容

1. 深刻体会 ERP 核心理念

① 感受管理信息对称状况下的企业运作。
② 体验统一信息平台下的企业运作管理。
③ 学习依靠客观数字评测与决策的意识与技能。
④ 感悟准确、及时集成的信息对于科学决策的重要作用。

2. 全面阐述一个制造型企业的概貌

① 制造型企业经营所涉及的因素。
② 企业物流运作的规则。
③ 企业财务管理、资金流控制运作的规则。
④ 企业生产、采购、销售和库存管理的运作规则。
⑤ 企业面临的市场、竞争对手、未来发展趋势分析。
⑥ 企业的组织结构和岗位职责等。

3. 了解企业经营的本质

① 资本、资产、损益的流程、企业资产与负债和权益的结构。
② 企业经营的本质——利润和成本的关系、增加企业利润的关键因素。
③ 影响企业利润的因素——成本控制需要考虑的因素。
④ 影响企业利润的因素——扩大销售需要考虑的因素。
⑤ 脑力激荡——如何增加企业的利润。

4. 确定市场战略和产品、市场的定位

① 产品需求的数量趋势分析。
② 产品销售价位、销售毛利分析。
③ 市场开拓与品牌建设对企业经营的影响。
④ 市场投入的效益分析。
⑤ 产品盈亏平衡点预测。
⑥ 脑力激荡——如何才能拿到大的市场份额。

5. 掌握生产管理与成本控制

① 采购订单的控制——以销定产、以产定购的管理思想。

② 库存控制——ROA 与减少库存的关系。

③ JIT——准时生产的管理思想。

④ 生产成本控制——生产线改造和建设的意义。

⑤ 产销排程管理——根据销售订单的生产计划与采购计划。

⑥ 脑力激荡——如何合理的安排采购和生产。

6. 全面计划预算管理

① 企业如何制订财务预算——现金流控制策略。

② 如何制订销售计划和市场投入。

③ 如何根据市场分析和销售计划，制订安排生产计划和采购计划。

④ 如何进行高效益的融资管理。

7. 科学统筹人力资源管理

① 如何安排各个管理岗位的职能。

② 如何对各个岗位进行业绩衡量及评估。

③ 理解"岗位胜任符合度"的度量思想。

④ 脑力激荡——如何更有效地监控各个岗位的绩效。

8. 获得学习点评

① 培训学员实际数据分析。

② 综合理解局部管理与整体效益的关系。

③ 优胜企业与失败企业的关键。

1.3　实训要求与组织管理

1. 实训要求

① 实训前要认真学习本实训手册的相关内容，明确实训目的、内容和相关要求，确保实训效果。

② 实训前需熟知规则，做好经营规划，并能灵活运用这些规则以提高经营决策水平。

③ 实训过程中，要树立端正的实训态度和良好的团队精神。担任公司中的 5 个重要职位（总经理、财务总监、营销总监、生产总监、采购总监）的人员，必须团结协作，各司其责，同时定期进行角色轮换，让每个同学都能参与各个角色的经营，全面地接触 ERP 知识。

④ 实训过程中，遵守实训纪律，保证按时出勤，遵循练习规则，不违规操作，并完成相关任务。

⑤ 实训时，尊重裁判，尊重对手。

⑥ 实训时，做好实训记录，认真记录实训过程、内容及心得，为撰写实训报告做好准备工作。

⑦ 实训结束后，认真撰写小组实训报告及个人实训报告，字数分别不少于 5000 字和 3000字，并且全体成员必须参加实训总结大会，每个小组对实训进行总结陈述。

⑧ 严格遵守实训教室的相关规定，保持实训场所的整洁、干净，不损坏、不带走实训相关设备、设施。

2. 组织管理

（1）人员分组

由不同学生自由编组，每个学习小组都是一个具有相对完整知识结构的学习群体。这样可以为模拟公司或组织提供多重角色资源，为自主式、协作式学习提供必要的组织保障，从而将专业知识学习与相关知识学习、专业技能培养与基本技能培养有机地结合起来。

（2）学生角色分配

企业沙盘模拟经营实训是在人为构建的仿真市场环境中进行，仿真环境中的组织以生产制造企业为中心，另外还包括供应商、购买产品的客户企业及商业服务机构等组织。其中，生产制造企业以 5 人为一组进行模拟经营，5 个人可以根据自身特点及爱好挑选适合自己的角色。每个角色的职责分别为：执行总裁（CEO）负责把握企业全局，制订发展和运营目标；财务总监（CFO）负责掌管企业的现金，资产和负债；生产总监（COO）负责生产产品，上生产线，研发产品；市场总监（CMO）负责广告发放竞单选择和市场开发；采购总监（CPO）负责原料采购，配合组织生产。另外，生产制造企业外部的相关公司及商业服务机构主要是为配合生产制造企业开展相对完整的生产经营活动而设置的，它们的业务不像生产制造企业那样完整，只是抽取了一部分与生产制造企业生产经营活动直接相关的业务，所以组成外部相关企业及商业服务机构的学生人数可以根据不同部门（企业）业务需要而有所不同，多则两名，少则一名。

（3）教师角色

企业沙盘模拟经营实训改变了传统课堂的师生关系，教师仍然是课堂的灵魂，但是教师的角色在实训的不同阶段是不断变化的。实训组织和准备阶段教师的主要任务包括：第一，引导学生进行实训认知和角色定位；第二，介绍实训仿真环境中的组织，并对各个组织的基本情况进行描述；第三，介绍仿真企业（组织）的运营规则。实训过程中教师主要充当裁判角色，主要是对企业经营过程中的规则进行确认；另外，教师在实训期间及实训总结中，主要充当评论家和分析家的角色，对各个企业（组织）经营策略和绩效进行现场的案例解析。

1.4　实训要达到的目标

强化学生的管理知识，拓展其知识体系，提升管理技能，要求学生将战略管理、营销管理、财务管理、生产管理、物流管理的思想运用到企业模拟对抗中。让学生在实践模拟对抗中分析规律、制订策略、实施全面管理，在各种决策的成功和失败的体验中，学习管理知识，掌握管理技巧，提高管理素质及综合运用知识的能力。让学生在模拟中承担经营风险与责任，真切感受到市场竞争的精彩与残酷，深入理解各种管理思想、ERP 理念对企业管理问题的解决之道，全面提高学生的双赢理念、团队精神、诚信观念等综合素质。

第一，激发学生的实践潜质，提升创新能力，促进学生就业、创业。

第二，以赛促建，以赛促学，提高教师实践教学环节的综合水平。

第三，这种体验式教学模式给学生提供了一个实践操作平台，激发了学生的学习激情，锻炼了学生全局观念及规划能力，深层次培养了学生的综合应用与实践能力。

1.5 教学时间安排

授课课时：2～4 周（2～4 学分）。

实训时间安排，如表 1-1 所示。

表 1-1 实训时间安排表

序号	实验名称	实训时数	实训类型	运营小组	裁判组
1	动员大会	2	基础型		
2	分组、角色确定、规则讲解和初始状态设定	4	基础型		
3	熟悉沙盘盘面操作规程	4	综合型		
4	企业经营运作练习	18	综合型		
5	手工沙盘模拟经营比赛	8	综合型		
6	熟悉电子沙盘界面和操作流程	4	综合型		
7	学习操作电子沙盘	12	综合型		
8	期末电子沙盘比赛	8	综合型		
9	沙盘总结——交流、点评	4	综合型		

注意：运营小组由每次实训人数来安排批次，每批次最少 6 组，每组 5～8 名学生担任不同角色，由学生自由组队；裁判组也由学生来担任，由当天不训练的组来当裁判，每组都有轮流当裁判的机会。

1.6 实训教学方法及考核方式

1. 企业模拟经营实训教学方法

主要采用"角色扮演+经营分析+咨询顾问"的教学方式及"体验式、探究式、竞争性自主学习"的教学方法，以学生动手实践为主，教师讲授、指导、点评为辅的教学模式。

2. 考核方式

① 实训考勤 10%。

② 日常训练考评 40%（包括小组考评和个人考评）。

③ 中期规则考核 15%。

④ 期中、期末比赛排名 20%。

⑤ 实习日记及实习报告 15%。

实习报告：实习结束前，学生应围绕实习内容写出实习报告，要真实地写出自己实习的收获和体会。具体内容包括实训目的、实训内容及程序、实训疑难问题及解决方案、实训结果分析，实训总结及收获。

第 2 章

仿真实训的基础环境概况

企业沙盘模拟经营实训通过构建模拟企业经营的仿真环境,让学生在仿真环境中运用已经掌握的专业知识,进行企业经营管理的模拟演练,从而直观地熟悉企业的经营活动及运作流程。

企业沙盘模拟经营实训是依据真实企业的经营环境而构建的仿真环境,具备了真实市场环境的基本要素和主要特征,具体体现在以下三个方面:

① 基于供应链构成框架,将模拟经营的仿真环境分成供应商、生产制造企业、客户企业、政府部门和商业服务机构五大部分,最大程度上反映了现实企业经营环境中的基本要素的构成;

② 基于真实企业的职能部门划分和岗位设置要求,由参加实训的学生通过角色扮演,组建虚拟企业,进行经营管理活动;

③ 基于严谨的市场调查和研究,把握市场经济和企业经营的主要规律,将这些规律转化为模拟企业经营过程中的各种约束机制(企业经营规则),以及企业的经营内容和运作流程。

 本阶段主要任务

了解仿真实训环境中的组织构成概况

企业沙盘模拟经营实训是在人为构建的仿真的经济及市场环境中进行。本实训基于供应链构成框架,将模拟经营的仿真环境中的组织分成供应商、生产制造企业、客户企业、政府部门及商业服务机构五大部分。各个组织的主要任务如下。

① 供应商:仿真环境中的供应商包括原材料供应商和设备供应商。其中,原材料供应商的主要任务是提供质量优良的各类原材料;设备供应商的主要任务是提供生产制造企业需要的生产设备,并对设备进行安装和维护。

② 生产制造企业:生产制造企业是整个仿真实训环境中的中心组织,其主要任务是负责产品的研发、生产制造及销售。

③ 客户企业:客户企业的主要任务是组织一年一度的订货会,并依据自身的需求向生产制造企业订购产品。

④ 政府部门:仿真环境中的政府部门只设置工商行政管理部门和税务部门。其中,工商行政管理部门的主要任务是根据国家的授权,主管各类企业(组织)的登记注册,依法确认其企业法人资格或合法经营地位,核发《企业法人营业执照》或《营业执照》;税务部门主要负责各类企业(组织)的税务登记及申报、缴纳税收等活动。

⑤ 商业服务机构:商业服务机构的主要任务是为生产制造企业有序开展生产经营活动,提供必要的商业服务。仿真环境中的商业服务机构包括商业银行、认证中心、综合信息中心、第三方物流及会计事务所等机构。

企业模拟经营实训的仿真市场由 6～12 家属于同一行业的生产制造企业、1 个原材料供应商、1 个设备供应商、5 家分属不同区域的购买生产制造企业产品的客户企业、1 家第三方物流企业、1 家商业银行、1 个认证中心、1 个综合信息中心、1 家会计师事务所、工商行政管理部门和税务部门所构成（详见图 2-1）。

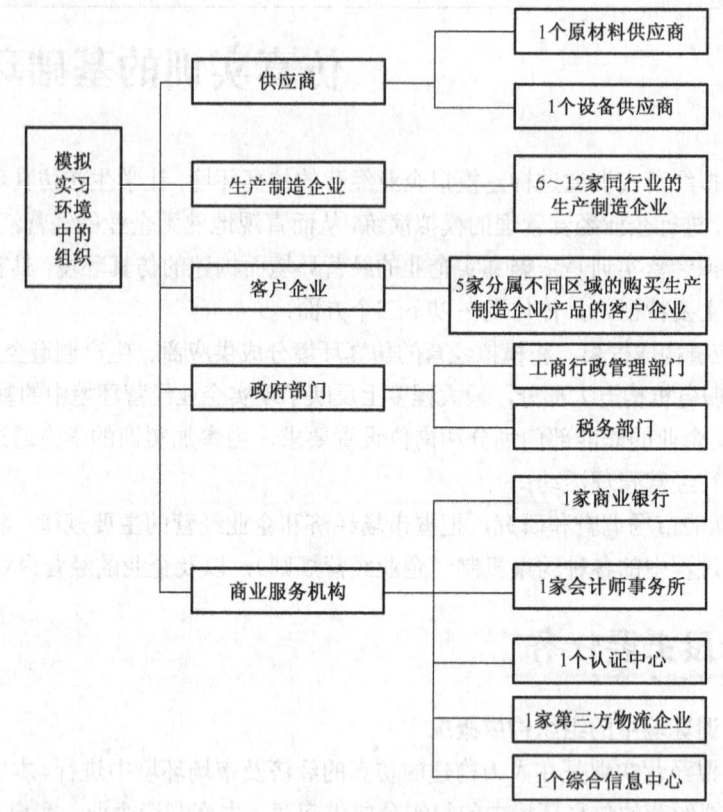

图 2-1　模拟经营实习环境结构图

企业模拟经营实训以生产制造企业的经营活动为中心而展开，6～12 家生产制造企业是仿真市场的中心，归属于同一制造行业，相互竞争；其他的企业和机构组织则主要是配合生产制造企业的经营活动而设置的，通过交易与生产制造企业发生业务联系。

 **必备知识**

1. 企业资源计划（Enterprise Resource Planning，ERP）

企业资源计划（Enterprise Resource Planning，ERP）最早是由美国著名的咨询企业加特纳企业（Gartner group Inc.）于 20 世纪 90 年代初提出的，由 MRP.MRPⅡ发展而来，是现代先进管理思想及管理技术的集大成者，是基于信息技术而发展起来的现代企业管理模式。当时，ERP主要是在功能上对 MRPⅡ有所扩展，在 MRPⅡ的基础上增加了设备管理、质量管理、分销管理、固定资产管理、工资管理和人力资源管理。ERP 的基本思想是将企业的制造流程看做是一条联结供应商、制造商、分销商和顾客的供应链，强调对供应链的整体管理，使制造过程更有效，使企业流程更加紧密地集成到一起，从而缩短从顾客订货到交货的时间，快速地满足市场需求。ERP 致力于在企业经营管理的各个活动环节中，充分利用现代信息技术，建立信息网络系统，对企业的物流、信息流、资金流、业务流进行集成和综合，实现企业资源的整体优化配置，提高企业管理水平和管理绩效，并最终提高企业的经济效益和竞争能力。

2. 供应链的概念及构成

（1）供应链的概念

企业供应链是指企业产品生产和流通过程中所涉及的原材料供应商、生产商、分销商、零售商及最终消费者等通过与上游、下游成员的连接而组成的网络结构，如图 2-2 所示。

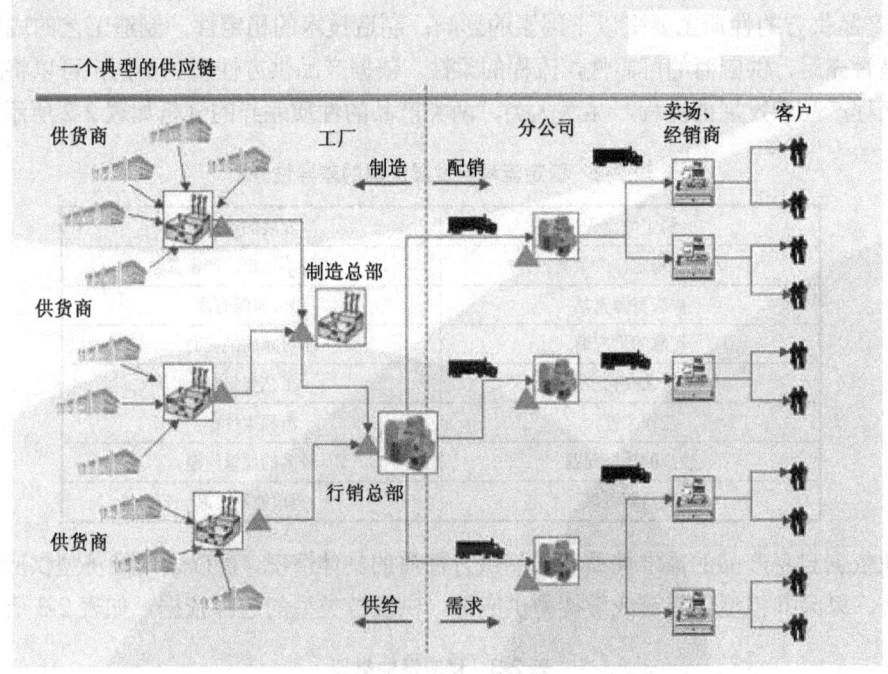

图 2-2　典型供应链的构成

（2）供应链的构成

一般来说，构成供应链的基本要素包括以下方面。

● 供应商：给生产厂家提供原材料或零部件的企业。
● 生产厂家：产品制造商，产品生产的最重要环节，负责产品生产、开发和售后服务等。
● 分销企业：为实现将产品送到经营地理范围的每个角落而设的产品流通代理企业。
● 零售企业：将产品销售给消费者的企业。
● 物流企业：上述企业之外专门提供物流服务的企业，其中，批发、零售、物流业也可以统称为流通业。

（3）供应链的设计

企业在设计供应链模式时，应同时考虑产品需求的性质和产品供方的性质。

① 产品需求的性质主要受以下因素的影响：产品生命周期，需求的可预测性，产品的多样性，边际利润率。依据产品需求性质的不同，可以将产品分为功能型产品和创新型产品两大类，两类产品的性质差异的分析如表 2-1 所示。

表 2-1　功能型产品与创新型产品的差异分析

功能型产品	创新型产品
产品生命周期长	产品生命周期短
需求可预测性高	需求难以预测
产品多样性低	产品多样性高
产品边际利润率低	产品边际利润率高
数量大	数量小
产品不易过时	产品更新很快

② 产品供方的性质主要受以下因素的影响：制造技术的稳定性，制造工艺的成熟性，供应资源是否充足，供应商的可靠性，流程的柔性。依据产品供方性质的不同，可以将产品分为稳定的流程产品和发展的流程产品两大类，两类产品的性质差异的分析如表 2-2 所示。

表 2-2　稳定流程与发展流程的差异性分析

稳定的流程	发展的流程
流程稳定，产量高	流程不稳定，产量低
供应资源充足	供应资源有限
可靠的供应商	不可靠的供应商
工艺变化少	工艺变化多
流程柔性大	流程柔性小
较少的质量问题	较多的质量问题
提前期可靠	提前期不可靠

企业依据自身产品的需求性质和产品供方性质的具体情况，可以采用经济型供应链、响应型供应链、风险共担型供应链或敏捷型供应链。供应链类型的选择依据，如表 2-3 所示。

表 2-3　供应链的类型

		需求的不确定性	
		低（功能型产品）	高（创新型产品）
供方的不确定性	低（稳定流程）	杂货店、普通服饰、食品、天然气、石油（经济型供应链）	流行服饰、计算机、流行音乐（响应型供应链）
	高（发展的流程）	水力发电、某些食品（风险共担型供应链）	电信、高端计算机、半导体（敏捷型供应链）

3. 企业沙盘模拟经营

企业沙盘模拟经营实训以生产制造型企业为背景，以手工沙盘及电子沙盘工具为平台，一般是由 6～12 个组（即 6～12 个虚拟的企业）进行比赛，每个虚拟企业有 5 个主要角色：执行总裁、财务总监、生产总监、市场总监、采购总监，也可以有财务助理和商业间谍。每组学生（即一个 ERP 团队的成员）扮演各自的角色，并根据一定的规则模拟经营一个已经经营几年的虚拟企业。各企业团队根据市场预测与本企业实际情况等信息，制订本企业的企业战略与业务策略，并在 CEO 的领导下制订具体的企业战略计划，进行经营管理。具体经营时，以"筹码"为"价值载体"和"价值标记"，最终体现出企业现金流量、产品库存、生产设备、人员实力、银行借贷等一系列企业运营指标。最后，根据资产负债表得出哪个团队模拟经营的企业的所有者权益最高，也就是"赢利"最多，这个团队就获胜。ERP沙盘模拟经营比赛，是在面临同行业竞争对手、产品老化、市场单一化等一系列重大挑战的模拟的市场环境里进行的，能够让学生将所学的知识运用于实践，并通过实践进行检验，使学生对"实践是检验真理的唯一标准"的真理有更深的理解；也能够培养学生统筹全局、换位思考的能力和创新能力，更重要的是能够培养学生的团队精神。ERP沙盘模拟经营包罗万象，涉及的知识面非常广泛，可以称得上是一门综合性的学科，需要管理学、会计学、营销学、领导学、生产运作学、物流等方面的知识。

第 3 章

实训仿真环境中的组织构建

社会财富是依靠企业的生产和持续经营而不断创造和积累的，一个国家拥有的企业的数量和质量直接决定了其经济的繁荣程度。国家必须创造良好的政治、经济体制和市场环境，以确保企业的良性发展，从而带动国家的繁荣富强。

 本阶段主要任务

✧ 组建生产制造企业
✧ 组建外部相关企业及商业服务机构
✧ 熟悉企业沙盘模拟经营实训"实物沙盘"的设置

企业沙盘模拟经营实训包括手工沙盘实训环节和电子沙盘实训环节。在手工沙盘实训中，生产制造企业以一个固定相同的初始状态开始经营；在电子沙盘实训中，生产制造企业则可以白手起家，也可以设定一个初始状态。

为了帮助参加实训的人员了解新企业创办的流程和需要完成的工作，本章对生产制造企业从白手起家的状态开始创办的流程加以介绍。

3.1 组建生产制造企业

3.1.1 构建生产制造企业的管理团队

企业沙盘模拟经营实训的所有业务都是围绕生产制造企业的生产经营活动展开的，因此，组建生产制造企业管理团队，是实训中的重要环节。每个生产制造企业管理团队的每个成员都是本企业能够独当一面的中高层管理者，将分别负责企业使命、愿景、价值观的定位，制订企业的发展战略及经营方针，进行生产经营决策、筹资决策、投资决策、市场开发决策、新产品研发决策等并加以实施，同时还要组织会计核算，进行财务管理，以保证企业在激烈的市场竞争中能够生存并不断地发展下去。

为了更好地营造企业经营活动的仿真环境，就要发挥不同专业学生在企业经营管理中的不同作用，突出专业特长；同时在发挥专业优势的基础上，使不同专业学生相互学习，取长补短，实现相关专业知识的融合。因此，在构建生产制造企业管理团队时，建议将不同专业的学生进行交叉分组，尽量使每个生产制造企业管理团队都由 5 个以上专业学生构成。在管理团队内部分工时，要参照实际制造企业的岗位专业要求，兼顾各个专业之间的关系，使企业管理团队专业组合科学合理，能够体现生产制造企业经营管理对各方面人才的要求。

3.1.2 搭建企业的组织架构

要经营好一家企业，首先必须搭建企业的组织架构，任何一个企业都要创建与其企业类型相适应的组织结构，组织结构是保证企业正常运行的基本条件。每家生产制造企业的组织结构和职位设置可由企业管理层自行商定。

一个有效率的企业必须组织严谨，在搭建企业的组织架构前，管理层必须知道企业有哪些工作需要做，并且要让所有员工都知道自己必须做什么，以及完成工作任务所需要的技能。因此，搭建企业的组织架构主要包括对企业进行组织设计，确定企业的组织结构，制订部门职能说明书及岗位职责说明书，为全体员工建立岗位责任制，这样企业管理起来才会更加有效、简单。

在本教程中，对仿真生产制造企业的组织结构和职位职责提供了一个示范方案，供各生产制造企业的管理层进行参考，然后由各企业根据本企业的生产经营特点和管理的需要，搭建适合本企业的组织架构，确定企业各个部门和岗位的职责，如表3-1所示。

表 3-1　生产制造企业组织结构及主要岗位职责示范

部　　门	岗位（角色）	主　要　职　责
行政部	总经理	负责把握企业全局，制订企业发展战略
	行政专员（秘书）	会议记录，收集资料，协调关系
人力资源部	人事经理	制订人事管理制度、分配制度
	培训主管	制订员工培训方案，实施培训
	绩效薪酬主管	负责员工绩效考评及薪酬管理
财务部	财务总监	对公司的财务管理负全部责任
	会计主管	记录经济业务，组织会计核算；登记账簿；对账，结账；编制财务报告
	出纳	负责现金收付，登记日记账等
	审计	负责企业内部审计
采购部	材料采购主管	材料采购计划、采购合同，组织采购、采购预算
	设备采购主管	设备采购、采购合同、组织采购、专门预算
生产部	生产主管	对企业生产管理负全部责任，生产预算，设备需求计划
	业务主管	产销排程，车间作业计划，材料需求计划；新产品研发、ISO研发等
物流部	仓储主管	负责记录出入库业务，计算仓储费用等
	运输主管	拟订并实施物流计划
市场部	市场总监	全面负责公司营销规划与管理
	销售主管	负责销售业务与管理，制订销售预算
	市场与客户主管	负责市场开发决策、客户关系管理等
	信息主管	收集宏观、微观经济信息，收集市场信息、分析预测市场需求；制作并维护企业网页，设计企业管理信息系统方案，上传企业资料

在实训课程中，也可以采用简化的组织结构方式，企业组织可由执行总裁、财务总监、生产总监、市场总监、采购总监、人力资源总监和商业情报人员等人员构成。下面对各个角色的设置和职责进行简单的描述。

1. 执行总裁

执行总裁负责把握企业全局，制订发展和运营目标，具体负责制订发展战略、竞争格局分析、经营指标确定、业务策略制订、全面预算管理、管理团队协作、企业绩效分析、业绩考评管理、管理授权与总结。

2. 财务总监

财务总监负责掌管企业的现金、资产和负债、具体负责日常财务记账和登账、向税务部门报税、提供财务报表、日常现金管理、企业融资策略制订、成本费用控制、资金调度与风险管理、财务制度与风险管理、财务分析与协助决策等。

3. 生产总监

生产总监负责生产产品，上生产线，研发产品，具体负责产品研发管理、管理体系认证、固定资产投资、编制生产计划、平衡生产能力、生产车间管理、产品质量保证、成品库存管理等。

4. 市场总监

市场总监负责广告发放、竞单选择和市场开发，具体负责市场调查分析、制订市场进入策略、制订品种发展策略、制订广告宣传策略、制订销售计划、争取订单与谈判、签订合同与过程控制、按时发货与应收款管理、销售绩效分析等。

5. 采购总监

采购总监负责原料采购，配合组织生产，具体负责编制采购计划、供应商谈判、签订采购合同、监控采购过程、到货验收、仓储管理、采购支付选择、与财务部协调、与生产部协调等。

6. 人力资源总监

人力资源总监负责团队成员的基本信息收集、练习情况反馈、奖惩考评等。在实训中，特别是受训者人数比较多的情形下，很有必要增设此角色。在受训人数较少的情况下，该职务可由执行总裁兼任。

7. 商业情报人员

知己知彼，方能百战不殆。商业情报工作在现代商业竞争中有着非常重要的作用，不容小觑。在受训者人数较少时，此项工作可由营销总监承担；在人数较多时，可设专人协助营销总监来负责此项工作。

3.1.3 制订公司章程

生产制造企业管理团队组建后，需要为本企业设立比较规范的企业名称，并制订企业章程，以便仿真生产制造企业之间能够按照真实企业的竞争合作关系开始运营。

公司章程是指企业依法制订的、规定企业名称、住所、经营范围、经营管理制度等重大事项的基本文件，是企业必备的规定企业组织及活动基本规则的书面文件。公司章程是企业组织和活动的基本准则，是企业的宪章。公司章程的基本特征是要具备法定性、真实性、自治性和公开性。作为企业组织与行为的基本准则，公司章程对企业的成立及运营具有十分重要的意义，既是企业成立的基础，又是企业赖以生存的灵魂。

在制订公司章程之前，首先需要了解企业的法律环境，并明确企业的法律形态。

1. 了解企业的法律环境

为了使所有公民和企业能在公平、和谐的环境中竞争和发展，国家制订了各类法律法规。这些法律法规是规范公民和企业经济行为的准则，具有权威性、强制性和公平性。依法办事是每位公民和每个企业的责任。遵纪守法的企业能够赢得客户的信任、供应商的合作、职工的信赖、政府的支持，甚至会赢得竞争对手的尊重，为企业营造一个良好的生存和发展空间。与新办企业直接相关的基本法律如表 3-2 所示。

表 3-2　与新办企业相关的基本法律信息

法律名称	基本内容
企业法	《公司法》、《个人独资企业法》、《合伙企业法》、《个体工商户管理条例》、《中外合资合作企业法》、《乡镇企业法》等
民法通则	个体工商户、农村承包经营户、个人合伙、企业法人、联营、代理、财产所有权、财产权、债权、知识产权、民事责任等
合同法	一般合同的订立、效力、履行、变更和转让、权利义务终止、违约责任等。具体合同如：买卖、借款、租赁、运输、技术、建设工程、委托等
劳动法	促进就业、劳动合同和集体合同、工作时间和休息休假、工作、职业安全卫生、女职工和未成年工特殊保护、职业培训、社会保障和福利、劳动争议、监督检查等

与新企业相关的其他法律：《会计法》、《税收征收管理法》、《产品质量法》、《消费者权益保护法》、《反不正当竞争法》、《保险法》、《环境保护法》等。

作为一个准备开创企业的人来说，一定要记住法律不仅对企业有约束的一面，也能够使企业得以法律的保护。

2. 明确企业的法律形态

准备开办新企业时，需要选择恰当的企业法律形态。企业的法律形态不同，企业的法律地位和企业投资人的风险责任范围也不同。在我国组建民营企业的主要法律形态包括：股份有限企业、有限责任企业、外资企业、中外合资企业、中外合作企业、乡镇企业、股份合作制企业、合伙企业、个人独资企业、个体工商户、农村承包经营户等。微小型企业最常见的法律形态是个体工商户、个人独资企业、合伙企业和有限责任企业。

不同的企业法律形态有不同的要求，从而对企业产生诸多影响，这些影响包括：开办和注册企业的成本、开办企业手续的难易程度，企业主的风险责任，寻求贷款的难易程度，寻找合伙人的可能性，企业决策程序，企业利润分配等。因此了解不同的企业法律形态的特点，有利于为自己的企业选择适当的法律形态。

在企业沙盘模拟经营实训中，仿真市场中的生产制造公司为股份制有限公司，属于非上市公司；其行业性质为制造业，属于电子行业。

3. 制订公司章程

生产制造企业是非上市股份制有限责任公司，本公司管理层和部分职工个人共同持有公司股份，公司章程对每位股东个人持股的比例、股东的权利和义务、股份转让的条件、组织结构的设置、利润的分配等重大问题都应该有明确的规定。每家企业需要根据自身的情况和特点制订本企业的公司章程，每家企业公司章程的具体内容可以不相同。

4. 编制企业员工手册

企业员工手册主要是企业内部的人事制度管理规范，同时又涵盖企业的各个方面，承载传播企业形象、企业文化功能，是有效的管理工具，员工的行动指南。

员工手册是企业规章制度、企业文化与企业战略的浓缩，是企业内的"法律法规"，同时还起到了展示企业形象、传播企业文化的作用，既覆盖了企业人力资源管理的各方面规章制度的主要内容，又因其适应了企业独特个性的经营发展的需要而弥补了规章制度制订上的一些疏漏。站在企业的角度，合法的员工手册可以成为企业有效管理的"武器"；站在劳动者的角度，员工手册是员工了解企业形象、认同企业文化的渠道，也是员工工作规范、行为规范的指南。特别需要指出的是，在企业单方面解聘员工时，合法的员工手册往往会成为有力的依据之一。

《劳动法》第二十五条规定，用人单位可以随时解除劳动合同的情形包括"严重违反劳动纪律或者用人单位规章制度的"，但是如果用人单位没有规定，或者规定不明确，当引发劳动争议时，就会因没有依据或依据不明确而陷入被动。制订一本合法的员工手册是法律赋予企业的权利，也是企业管理的需要。

《劳动合同法》和《劳动争议调解仲裁法》的相继颁布，出于保护劳动者的立法宗旨，对企业的人力资源管理提出了更高的要求。因此，从调整企业人力资源管理理念、提升员工关系管理水平、避免劳资冲突、建立和谐的劳动关系等各方面来讲，根据企业规模、经营管理特点、行业特点、用工方式及种类，量身打造精品员工手册对于企业的成长和发展至关重要，企业员工手册格式范例，如表3-3所示。

表3-3 企业员工手册格式范例

<u>××××企业</u> 员工手册

1. 手册前言。对这份员工手册的目的和效力给予说明。

2. 企业简介。使每一位员工都对企业的过去、现状和文化有深入的了解。主要介绍企业的历史、使命、愿景、宗旨、价值观等。

3. 手册总则。一般包括礼仪守则、公共财产、办公室安全、人事档案管理、员工关系、客户关系、供应商关系等条款。这有助于保证员工按企业认同的方式行事，从而达成员工和企业之间的彼此认同。

4. 培训开发。一般新员工上岗前均须参加人力资源部等统一组织的入职培训，以及企业不定期举行的各种培训，提高业务素质及专业技能。

5. 任职聘用。说明任职开始、试用期、员工评估、调任及离职等相关事项。

6. 考核晋升。一般分为试用转正考核、晋升考核、定期考核等。考核评估内容一般包括：指标完成情况、工作态度、工作能力、工作绩效、合作精神、服务意识、专业技能等。考核结果为"优秀、良好、合格、延长及辞退"。

7. 员工薪酬。员工最关心的问题之一。应对企业的薪酬结构、薪酬基准、薪资发放和业绩评估方法等给予详细的说明。

8. 员工福利。阐述企业的福利政策和为员工提供的福利项目。

9. 工作时间。使员工了解企业关于工作时间的规定，往往和费用相关。基本内容是：办公时间、出差政策、各种假期的详细规定及相关的费用政策等。

10. 行政管理。多为约束性条款。例如，对办公用品和设备的管理、个人对自己工作区域的管理、奖惩、员工智力成果的版权声明等。

11. 安全守则。一般分为安全规则、火情处理、意外紧急事故处理等。

12. 手册附件。与以上各条款相关的或需要员工了解的其他文件，如财务制度、社会保险制度等。

制订时间：

制订人：

在实训环节中，生产制造企业的管理团队可以编制简易版的企业员工手册，但是手册中必须有对企业使命、企业愿景、企业价值观、企业组织架构、管理层分工及职责、企业员工日常考核制度等企业核心要素的详细阐述。

3.1.4 工商行政登记

根据我国法律规定，新办企业必须经工商行政管理部门核准登记，发给营业执照（营业执照是企业主依照法定程序申请的、规定企业经营范围等内容的书面凭证），并获得有关部门颁发的营业许可证（如卫生、环保、特殊行业许可证等），方可开展各项法定的经营业务。

在正式开始经营之前，生产制造企业首先必须到仿真市场的工商行政管理部门进行核准登记。在企业登记前，由企业自行制订企业名称和公司章程，创立品牌、商标等。做好上述准备，就可以到工商行政管理部门进行核准登记，取得企业的营业执照。

生产制造企业核准登记之后，需要到仿真市场的税务部门进行税务登记，取得企业的税务登记号。在取得新的营业执照和税务登记号后，需要选定开户银行，开立银行结算账户，并取得银行账号。

仿真市场中其他公司或是经营性组织，都需要按照上述步骤登记注册，领取营业执照，取得税务登记号，开立银行账户。企业登记及组织结构信息表如表3-4所示。

表3-4 企业登记及组织结构信息表

企业核准登记			
企业名称			工商局填写
开户银行			银行填写
银行账号			银行填写
税务登记号			税务局填写
企业组织架构			
部门	职位（角色）	主要职责	姓名
行政部			
人力资源部			
财务部			
市场部			
生产部			
采购部			
物流部			

在手工沙盘实训环节中，生产制造企业已经创立了三年，从第四年起，企业将由新一届管理团队经营管理，在正式开始经营之前，企业新管理团队必须到仿真市场的工商行政管理部门进行企业变更登记。在进行变更登记时，可以变更企业名称和公司章程，换发新的营业执照。同样的，生产制造公司变更登记之后，需要在仿真市场的税务部门重新进行税务登记，取得新的公司税务登记号。在取得新的营业执照和税务登记号后，需要选定开户银行，开立银行结算账户，并取得银行账号。

3.2 组建生产制造企业外部相关企业及商业服务机构

生产制造企业外部相关企业及商业服务机构主要包括1个原材料供应商、1个设备供应商、5家分属不同区域的购买生产制造企业产品的客户企业、1家物流企业、1家商业银行、1个认证中心、1个综合信息中心以、1家会计师事务所，工商行政管理部门及税务部门。

外部相关企业及商业服务机构主要是为配合生产制造企业开展相对完整的生产经营活动

而设置的。模拟经营实习中，外部相关企业及商业服务机构的业务不像生产制造企业那样完整，只是抽取了一部分与生产制造企业生产经营活动直接相关的业务，如供应商业务只选择了与生产制造企业原材料和设备的交易环节；客户企业业务只选择了组织召开销售会议环节及与生产制造企业的产成品的交易环节；银行业务也只是向生产制造企业提供资金往来、融资服务；会计师事务所主要是提供企业财务状况的外审服务。所以，组成外部相关企业及商业服务机构的学生人数根据不同部门（企业）业务需要而有所不同，多则2名，如客户企业；少则1名，如客户企业、供应商、租赁企业等。因为业务单纯且专业，所以对外部相关部门（企业）团队专业搭配的要求也不像生产制造企业那么高，可尽量选择专业对口的学生，发挥他们的特长。

3.3　企业沙盘模拟经营"实物沙盘"的设置

企业沙盘模拟经营"实物沙盘"角色盘面的定位，如图3-1所示。

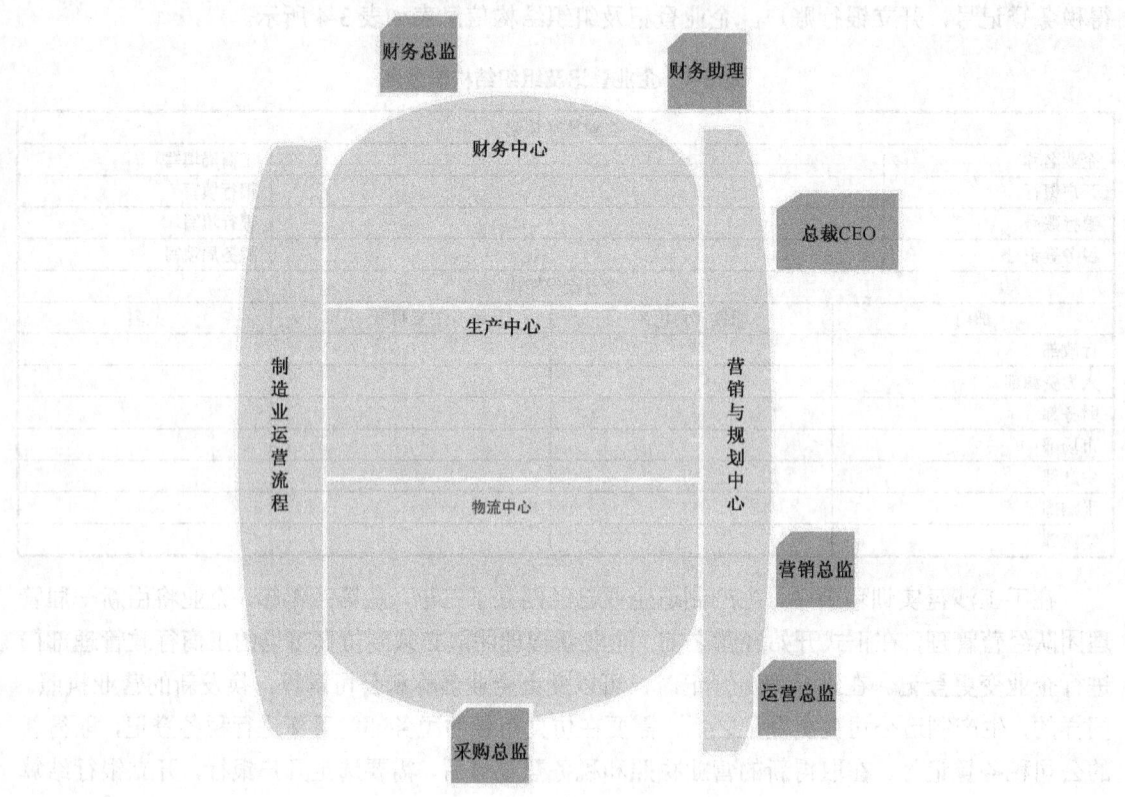

图3-1　"实物沙盘"角色定位

企业沙盘模拟经营"实物沙盘"盘面全貌，详见图3-2所示。

【本阶段任务总结】

1．企业基本情况书面材料。

2．企业基本情况陈述——由CEO介绍本企业概况及企业团队。

3．企业员工手册书面资料——作为企业员工日常管理的依据。

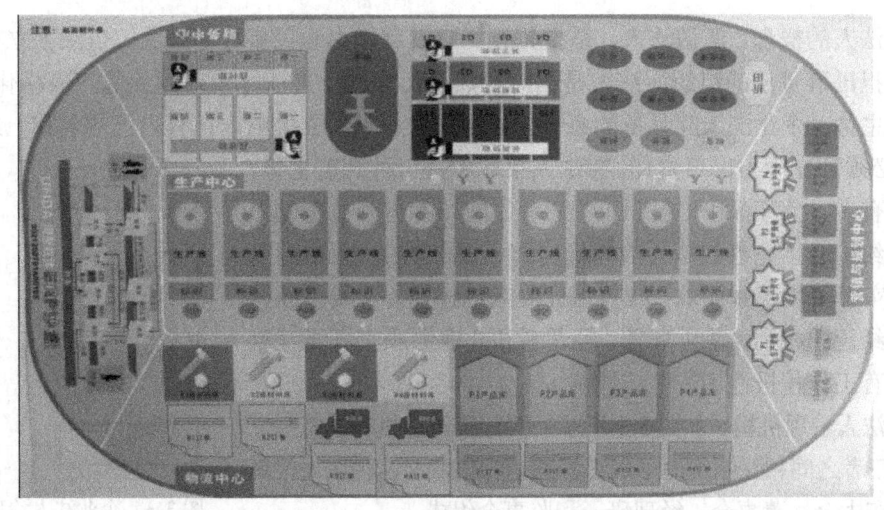

图 3-2 "实物沙盘"盘面全貌

 **必备知识**

1. 企业及现代企业制度

（1）企业的概念

企业是从事商品生产、流通和其他服务活动，以产品或服务满足社会需要并获取赢利为目的，实行自主经营、自负盈亏、自我约束、自我发展的经济组织。从动态的角度看，企业是一个人或一个群体，以赢利为目的而进行商品（产品或服务）生产和交换活动。企业是宏观经济系统的细胞，是社会产品和服务的生产者，是市场经济中的利益主体，也是人们劳动就业的场所。

一个企业既要从市场上采购商品（产品或服务），又要在市场上向顾客出售其生产的商品（产品或服务），因此企业的经营活动就形成了两股流：商品流和现金流。商品流是指从市场上购买商品（原材料、设备等），并向市场销售商品（产品或服务）的商品活动流。现金流是指资金支付（原材料费用、设备购置费、维护费、租金等）和资金流入（销售收入等）的资金活动流。由于企业的目的是赢利，因此，流入企业的资金应多于流出的资金。一家成功的企业就是一家能够不断赢利和增长，并能持续经营下去的企业。

（2）现代企业制度

现代企业制度是现代市场经济体制下适应社会化大生产需要的产权清晰、权责明确、政企分开、管理科学的新型企业制度，是一系列规范和制约现代企业行为的准则或法规。现代企业制度的实质主要是以产权制度为核心，以完善的法人制度为基础，以有限责任制度为保证，以企业制企业为主要形态，以科学管理为手段，使企业真正成为自主经营、自负盈亏、自我发展、自我约束的企业法人和市场竞争主体的一种企业微观经济体制。

企业产权制度是指企业的财产制度，是企业制度的核心，决定了企业财产的组织形式和经营机制。产权是财产权利的简称，指财产所有权及与财产所有权有关的财产权。财产所有权是指财产所有者依法对自己的财产享有占有、使用、收益和处分的权利。企业制企业产权制度的基本内容：① 企业制企业拥有独立的法人财产；② 企业制企业的所有权与经营权分离；③ 企业制企业的投资者有限责任制度。

企业法人的概念。所谓法人，是指具有民事权利能力和民事行为能力，依法独立享有民事权利和承担民事责任的组织。法人是相对自然人而言的，是法律上对组织的"人格化"，是独立的民事主体。企业法人应具备的条件：依法成立；有独立的财产；有自己的名称、组织机构和场所；必须独立承担民事责任。在法人企业中有三种利益主体，分别是所有者、经营者和一般职工。三者之间在各自利益基础上的相互制约构成了完善的法人治理机构。所谓完善的法人治理机构，必须实现两项基本要求：既要保证股东的权益，又要使经营者有自主经营的权利；使所有者、经营者和企业的职工既相互制衡，又具有工作积极性。

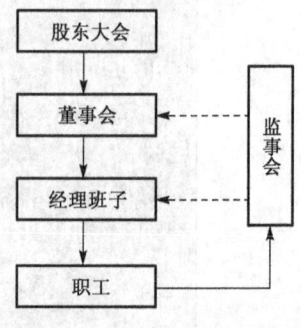

企业法人治理机构（如图3-3所示）实行决策、执行、监督三权分离，三者之间相互制约而形成良好的运行机制。这种法人治理机构由股东大会、董事会、经理班子和监事会组成。

图 3-3 企业法人治理机构图

2. 企业使命、愿景、价值观的概念内涵

（1）企业使命

企业使命是关于企业存在的目的或是企业期望对社会发展的某方面应做出的贡献的陈述。企业使命不仅陈述了企业未来的任务，而且要阐明为什么要完成这个任务。尽管企业的使命陈述千差万别，但主要回答三个基本问题：第一，我们的企业是干什么的（从事的经营活动的范围）；第二，我们的顾客是谁（目标顾客定位）；第三，我们的企业能够给顾客提供什么样的独特的价值。

（2）企业愿景

企业愿景是企业最高管理者对企业未来的设想，代表企业的长期愿望及未来状况，是组织发展的蓝图，体现着组织永恒的追求。企业愿景是对"我们希望成为什么样的企业"持久性的回答和承诺。企业愿景能够不断地激励着企业员工奋勇向前，拼搏向上。

（3）企业价值观

企业价值观是企业在经营活动中的基本行为规则和原则，是对企业经营思想的陈述。企业价值观是企业及全体员工选择自身行为的总规范和总指导。个人的行为和目标，部门的行为和目标乃至整个企业的行为和目标是否符合企业发展的方向，其最高的价值标准就是企业的价值观。

总之，企业使命、愿景及价值观为企业战略制订者确定企业战略目标，选择战略主题，制订企业政策，有效利用资源提供了方向性指导。也就是说，企业使命、愿景及价值观为企业确定战略目标和为了实现战略目标应进行哪些经营活动（生产哪些产品，进入哪些市场）及以什么方式（制订什么政策，如何配置资源）进行这些活动指明了方向，提供了依据。

相关资料

知名企业的使命、愿景、价值观

※联想

企业愿景——未来的联想应该是高科技的联想、服务的联想、国际化的联想。

企业使命——为客户利益而努力创新。

企业价值观——成就客户、创业创新、精准求实、诚信正直。

- 成就客户：致力于客户的满意与成功。
- 创业创新：追求速度和效率，专注于对客户和企业有影响的创新。
- 精准求实：基于事实的决策与业务管理。
- 诚信正直：建立信任与负责任的人际关系。

※华为

企业愿景——丰富人们的沟通和生活。

企业使命——聚焦客户关注的挑战和压力，提供有竞争力的通信解决方案和服务，持续为客户创造最大价值。

- 创造世界最优秀、最具创新性的产品。
- 像对待技术创新一样致力于成本创新。
- 让更多的人获得更新、更好的技术。
- 最低的总体拥有成本（TCO），更高的工作效率。

※万科

企业愿景——成为中国房地产行业领跑者。

企业（宗旨）使命——建筑无限生活。

企业价值观——创造健康丰盛的人生。

- 客户是我们永远的伙伴。
- 人才是万科的资本。
- 阳光照亮的体制。
- 持续的增长和领跑。

※索尼

企业愿景——为包括我们的股东、顾客、员工，乃至商业伙伴在内的所有人提供创造和实现他们美好梦想的机会。

企业使命——体验发展技术造福大众的快乐。

企业价值观——体验以科技进步、应用与科技创新造福大众带来的真正快乐；提升日本文化与国家地位；做先驱，不追随别人，但是要做不可能的事情；尊重、鼓励每个人的能力和创造力。

※IBM

企业愿景——无论是一小步，还是一大步，都要带动人类的进步。

企业价值观——成就客户、创新为要、诚信负责。

※迪斯尼

企业愿景——成为全球的超级娱乐企业。

企业使命——使人们过得快活。

企业价值观——极为注重一致性和细节刻画；通过创造性、梦幻和大胆的想象不断取得进步；严格控制、努力保持迪斯尼"魔力"的形象。

※苹果电脑

企业使命——藉推广公平的资料使用惯例，建立用户对互联网的信任和信心。

企业愿景——让每人拥有一台计算机。

企业核心价值观——提供大众强大的计算能力。

※微软

企业愿景（使命）——计算机进入家庭，放在每张桌子上，都使用微软的软件。

企业使命——致力于提供使工作、学习、生活更加方便、丰富的个人计算机软件。

※惠普

企业使命——为人类的幸福和发展做出技术贡献。

惠普企业价值观——我们对人充分信任与尊重，我们追求高标准的贡献，我们将始终如一的情操与我们的事业融为一体，我们通过团队，通过鼓励灵活与创新来实现共同的目标——我们致力于科技的发展是为了增进人类的福利。

※麦肯锡

企业（愿景与使命合一）——帮助杰出的企业和政府更为成功。

● 为高层管理综合研究和解决管理上的问题和机遇。

● 对高层主管所面临的各种抉择方案提供全面的建议。

● 预测今后发展中可能出现的新问题和各种机会，制订及时且务实的对策。

3. 企业组织设计及组织结构设计

（1）企业组织设计

企业组织设计是通过设计和维持组织内部的结构和相互之间的关系，使组织中的各部门和各成员能为实现组织目标而协调一致地工作。

进行组织设计的目的和意义包括：① 落实组织发展战略，将实现组织目标所必须开展的各项工作落到实处；② 明确每个部门和岗位的分工，使每个组织成员清楚自己在实现组织目标过程中的职责，以清楚地开展工作，并为考核和奖惩奠定基础；③ 明确各部门和各岗位之间的配合关系，把分散的个体凝聚成为强大的群体，以提高组织运作效率，并充分发挥群体的力量。

（2）企业组织结构设计

企业组织结构设计是通过以部门职能说明书和岗位职责说明书的形式来体现组织内部的分工协作关系和权力配置情况。组织结构图描述的是一个组织内部部门的设置情况及其各部门之间的关系。所谓部门是指具有独立职能的工作单元的组合。在组织结构设计过程中，首先要根据组织目标体系，明确为实现组织目标必须开展哪些工作，并将这些工作按方便管理的原则进行部门化，详见图3-4所示。

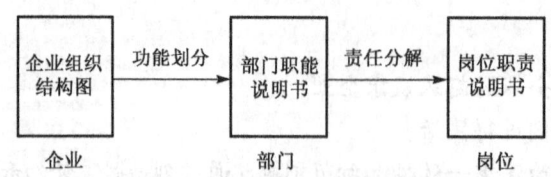

图3-4 企业组织结构设计过程示意图

由于每个企业的目标、所处的环境、所拥有的资源是不同的，因此其组织结构也必然会有所区别。可以这样说，有多少企业，就会有多少种组织结构，但各种组织结构之间会有很大的相似性，也就是说，基本构成形式是差不多的。常见的组织结构形式包括：直线—职能制、事业部制、模拟分权制、矩阵制、项目组、委员会、详见图 3-5。

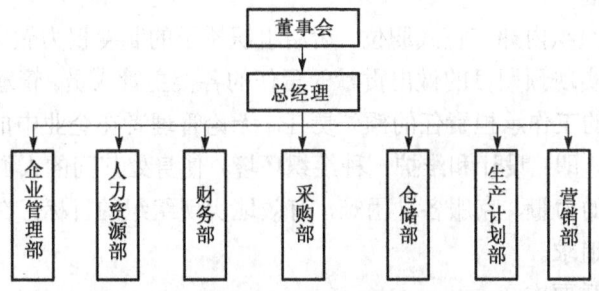

图 3-5 典型生产制造企业组织结构图

4. 人员配置

一个企业能力的大小，在很大程度上取决于企业所聘用与保有的人员的素质。得到并保有合适的员工，是一个企业能够得以成功的关键因素之一。企业组织结构的设计为贯彻、落实及实现组织目标所必须开展的工作奠定了基础，但若不能根据各岗位的要求选配到合适的人员，则再好的组织结构也无法有效地发挥作用。因此，在设计合理的组织结构的同时，还需为所设计的各岗位选配合适的人员，如图 3-6、图 3-7 所示。

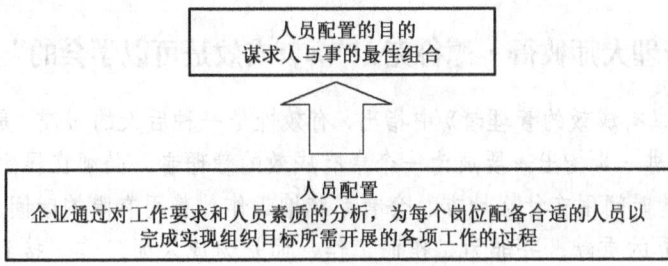

图 3-6 人员配置概念及其目的

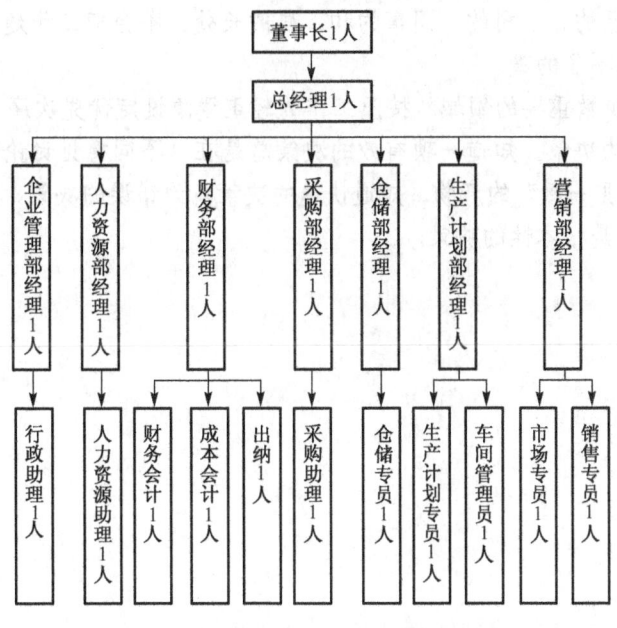

图 3-7 典型生产制造企业岗位设置

5. 管理者及管理者素质

（1）管理者的内涵

管理者是在正式组织内拥有正式职位，运用组织授予的制度权力做出决策，负责指挥别人的活动并承担对组织实现预期目的做出贡献的责任的各类主管人员。管理者拥有指挥下属的特权，但也负有对下属的工作承担责任的额外责任。无论管理者在企业中的地位如何，其所担负的基本任务是一样的，即：设计和维护一种组织环境，使身处其间的人们能在组织内协调地工作，以充分发挥组织的力量，克服各种困难，有效地实现组织的目标，在此基础上最大限度地满足每个组织成员的追求。

（2）管理者的素质要求

不是任何人都可以成为管理者的，管理者必须具备一定的特殊素质。管理者的职责不同，所需要的素质也会有所侧重。但不管是哪个层次的管理者，都应该具备一些基本的管理素质。

① 品质：具有强烈的管理意识、奉献精神、讲信誉、能为群体接受。

② 知识：懂政治、法律，精经济、管理，了解人文、社科和所在行业科技知识。

③ 能力：具有计划、组织、执行和创新能力，技术技能，概念技能，人际技能。

相关资料

管理大师彼得·德鲁克："卓有成效是可以学会的"

德鲁克在其《卓有成效的管理者》中指出，有效性是一种后天的习惯，是一种实践的综合，是可以学会的。并进一步指出，要成为一个卓有成效的管理者，必须在思想上养成五项习惯。

1. 知道自己的时间用在什么地方。会有系统地工作，善用有限的时间。

2. 重视对外界的贡献。并非为工作而工作，而是为成果而工作。接到工作首先会自问："别人期望我做出什么成果？"

3. 善于利用自己的、上司的、同事的和下属的长处。不会把工作建立在自己的短处上，也绝不会去做自己做不了的事。

4. 集中精力于少数重要的领域。按照工作的轻重缓急设定优先次序，坚持要事第一。

5. 善于做有效的决策。知道一项有效的决策总是在"不同意见讨论"的基础上做出的判断，它绝不会是"意见一致"的产物。知道快速的决策多为错误的决策，真正不可或缺的决策数量并不多，但一定是根本性的决策。

第 4 章

生产制造企业各部门主要工作内容及业务流程

企业业务流程对于企业的意义不仅在于其是对企业关键业务的一种描述，更在于其对企业的业务运营有着指导意义，这种意义体现在其能促进资源的优化、企业组织机构的优化及管理制度的优化等。这种优化的目的实际上就是企业所追求的目标——降低企业的运营成本，提高企业对市场需求的响应速度，争取企业利润的最大化。

良好的业务流程设计是保证企业灵活运行的关键，清晰地定义业务流程之间的接口，可以降低业务之间的耦合度，使得对局部业务流程的改变不会对全局的流程产生灾难性的后果。

 ## 本阶段主要任务

了解典型的生产制造企业的主要业务流程

一家典型的生产制造型企业的基本流程是由采购环节、生产制造环节及销售环节构成的，如图 4-1 所示。

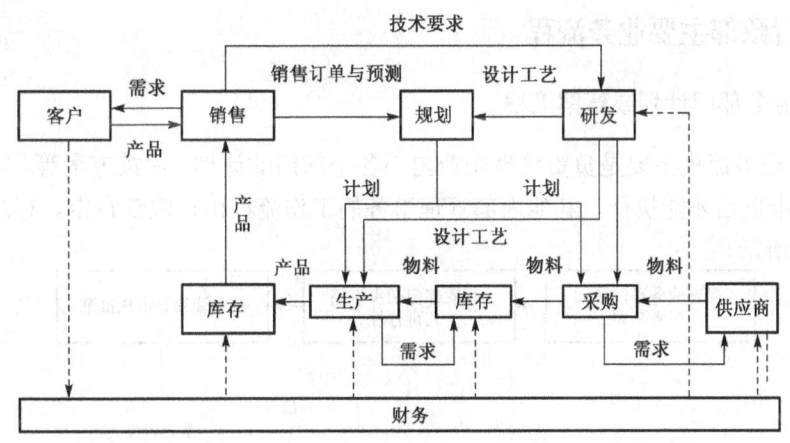

图 4-1 典型的生产制造企业的基本业务流程

从图 4-1 中，可以看出生产制造企业的主要业务流程涉及行政部、人力资源部、市场部、采购部、生产部、财务部、物流部等部门。因此，生产制造企业业务流程是针对企业内部各部门的主要业务而设计的。设计各部门业务流程的目的在于引导实训人员在办理企业职能部门专业业务时，能够按照一定的思路和流程，落实办理业务的具体岗位，有针对性地去收集办理某业务所需的信息资料，明确业务处理的结果和表现形式，并将处理结果顺利地传递到下一个环节，以确保企业主要业务能够顺利开展，以及不同岗位、不同部门之间业务的连续性。对于尚未接触和亲自处理过企业具体业务的实训人员，业务流程可以提供一个思路和线索。本教程只是对企业关键性业务流程进行描述,其他一些非主要业务或是没有固定、统一业务流程的业务,就交给实训人员,发挥主观能动性自己动手设计。

4.1 行政部主要工作内容及业务流程

4.1.1 行政部主要工作内容

行政部受企业董事会、CEO 委托,负责企业日常事务和管理工作。行政部主要工作内容如下:

① 负责企业各项规章制度的制订、检查、监督及修订。起草工作计划、总结相关上报材料和公文;对各部门送审的计划、方案进行初审后转呈主管领导审批。

② 负责企业的联络接待工作。负责本部门的行政管理和日常事务,协助 CEO 搞好各部门之间的综合协调,落实企业规章制度,保证上情下达和下情上报,负责对会议决定的事项进行催办、查办和落实;积极、稳妥地做好与其他公司及外部管理与服务部门的联系工作;根据公司领导的要求,做好来访客人的登记接待工作。

③ 负责内务管理。负责企业正式文件、决议的编号、登记、存档工作及企业合同等档案的管理;按照规定保管和使用企业营业执照、税务登记证等企业证明;做好企业会议记录或纪要;负责有关文件、资料的打印、复印、校对和分发工作;负责企业后勤管理工作(对宿舍、食堂、水电、办公用品、零星修缮、部分固定资产、卫生、环境、车辆等进行管理)。

④ 负责宣传工作,<u>塑造企业形象</u>。努力做好企业的宣传工作,负责企业网页制作和信息发布,利用多种途径开展宣传活动,提高企业影响力;负责企业重要会议和大型活动的组织工作。

4.1.2 行政部主要业务流程

1. 受理业务部门计划或草案流程

行政部的业务流程主要是负责受理企业内部各个部门的计划、决策方案等,需要报请主管领导或 CEO 审批后才能执行。其他内部管理事务的工作流程由行政部自定。行政部主要业务流程如图 4-2 所示。

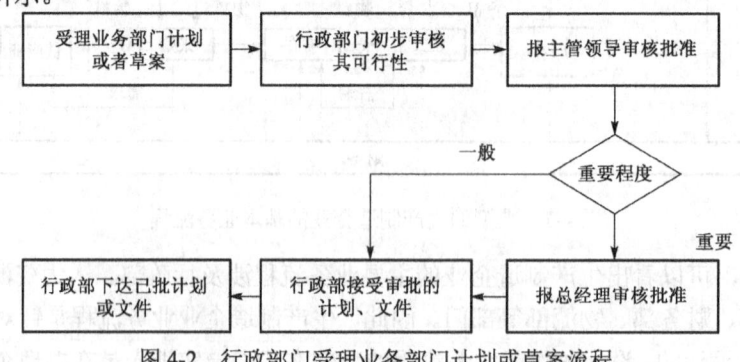

图 4-2 行政部门受理业务部门计划或草案流程

2. 会议流程

党委会/行政办——会议通知——会议准备——布置会场——材料分发——会场服务——会议记录——会后工作——贯彻落实——会议纪要。

备注：会议含党政联席会、工作例会、座谈会、专题会、业务会等。

4.2 市场部主要工作内容及业务流程

4.2.1 市场部主要工作内容

① 负责市场开发与管理：市场调研；目标市场规划；制订营销计划与组织实施；市场推广，收集、提供市场信息；分销渠道的建设与管理；部门预算与费用管理。

② 负责销售与管理：销售人员管理；制订销售政策；参加订货会；订单与销售合同执行与管理；生产、销售与库存的协调；销售统计。

③ 负责客户管理：客户档案管理；售后服务；客户信息收集与反馈。

4.2.2 市场部主要业务流程及要求

1. 收集、提供市场信息流程及要求

收集、提供市场信息流程为：收集市场信息——整理市场信息——提供市场信息——收集反馈意见——信息归档管理，如表4-1所示。

表4-1 收集、提供市场信息

工 作 流 程	任 务 来 源	所 需 信 息	执 行 岗 位	结果及处理方式
收集市场信息	岗位要求	1. 市场信息 2. 竞争者信息 3. 客户反馈信息 4. 其他相关信息	市场与客户主管	存档备用
整理市场信息	岗位要求	1. 收集的上述信息 2. 公司经营活动要求	市场与客户主管	存档备用
提供市场信息	接受	1. 收集整理的市场信息 2. 相关分析与建议	市场与客户主管	活动记录
收集反馈意见	岗位要求	1. 使用信息者的反馈意见 2. 公司相关规定	市场与客户主管	存档
信息归档管理	岗位要求	未归档保存的信息	市场与客户主管	存档

备注：策划方案审批权依市场推广活动规模有所不同；仅为公司内部需要信息者提供信息；归档信息一般指归类、总结性信息。

2. 参加订货会流程及要求

参加订货会流程为：制订洽谈方案——确定洽谈客户——洽谈——签订销售合同，如表4-2所示。

表4-2 参加订货会流程及要求

工 作 流 程	任 务 来 源	所 需 信 息	执 行 岗 位	结果及处理方式
制订洽谈方案	岗位要求	1. 市场需求及竞争状况 2. 公司营销计划与方案 3. 公司销售计划 4. 公司销售政策 5. 公司生产计划	销售主管	存档备用

工作流程	任务来源	所需信息	执行岗位	结果及处理方式
确定洽谈客户	业务要求	1. 市场调查报告 2. 客户管理信息 3. 订货会现场情况	销售主管	存档备用
洽谈	业务要求	1. 洽谈方案 2. 客户管理信息 3. 订货会现场情况	销售主管	洽谈记录 存档备用
签订销售合同	业务要求	1. 洽谈方案 2. 洽谈记录 3. 订货会现场情况	销售主管	销售合同 存档备用

备注：必须采用规范的销售合同。

3. 订单与销售合同执行、管理流程及要求

订单与销售合同执行、管理流程为：订单信息记录与统计——执行订单与合同——跟踪订单执行——订单与合同存档，如表 4-3 所示。

表 4-3　订单与销售合同执行、管理流程与要求

工作流程		任务来源	所需信息	执行岗位	结果及处理方式
订单信息记录与统计		岗位要求	销售合同	销售主管	存档备用
执行订单与合同（传递订单信息）		业务要求	统计的销售订单	销售主管	存档备用
跟踪订单执行		业务要求	1. 相关部门执行订单回执 2. 客户单据信息 3. 查询	销售主管	订单执行记录 存档备用
订单与合同存档	订单（合同）执行结果统计分析	业务要求	1. 订单执行记录 2. 市场信息 3. 查询	销售主管	存档备用
	订单（合同）执行结果存档	业务要求	1. 销售合同 2. 订单执行记录 3. 订单（合同）统计分析表	销售主管	存档备用

备注：订单信息必须及时传递至生产部、采购部、物流部；订单（合同）执行结果统计分析及订单（合同）执行结果存档两项工作必须在年末完成。

4. 产销存协调流程及要求

产销存协调流程为：建立协调制度——确定协调人——产销存信息沟通——解决存在问题，如表 4-4 所示。

表 4-4　产销存协调流程及要求

工作流程	任务来源	所需信息	执行岗位	结果及处理方式
建立协调制度	岗位要求	1. 公司相关部门职能的规定 2. 相关岗位的职责 3. 公司信息管理手段与制度	销售主管/生产主管/仓储主管	存档备用
确定协调人	业务要求	产销存协调制度	销售主管/生产主管/仓储主管	存档备查

工 作 流 程		任 务 来 源	所 需 信 息	执 行 岗 位	结果及处理方式
产销存信息沟通		业务要求	1. 产销存协调制度 2. 产销存信息 3. 市场信息 4. 客户信息	产销存协调人	存档备用
解决存在问题	订单（合同）执行结果统计分析	业务要求	1. 产销存信息 2. 订单执行记录 3. 市场信息 4. 客户信息	产销存协调人	存档备案
	订单（合同）执行结果存档	业务要求	1. 产销存信息 2. 订单执行记录 3. 市场信息 4. 客户信息	产销存协调人	存档备案

备注：产销存协调制度由市场部、生产部、仓储部、财务部共同协商制订；市场部、生产部、仓储部、财务部应各指定一人为协调人；期初信息、新订单信息、异常信息必须及时进行沟通；销售部侧重分析执行订单中存在的问题。

4.3 采购部主要工作内容及业务流程

4.3.1 采购部主要工作内容

① 制订采购计划与方案：对原材料、设备供求形势进行分析；规划原材料、设备采购方案；制订采购价格策略；编制采购预算；分析选择供应商。

② 采购组织与管理：采购订单管理；与供应商洽谈订货；采购信息反馈；采购合同执行与管理；采购业务统计；采购效益评估。

③ 供应商管理：供应商档案管理；供应商信息收集与反馈；供应商评估。

4.3.2 采购部主要业务流程及要求

1. 规划原材料、设备采购方案流程及要求

规划原材料、设备采购方案流程为：接受生产部采购计划——规划采购方案，如表 4-5 所示。

表 4-5 产销存协调流程及要求

工 作 流 程		任 务 来 源	所 需 信 息	执 行 岗 位	结果及处理方式
接受生产部采购计划		常规接受	1. 采购部岗位职责 2. 生产部采购请求	采购主管	备案；用于规划采购批量
规划采购方案	起草方案	接受	1. 原材料市场供求分析报告 2. 生产部采购计划 3. 公司经营条件 4. 公司相关规定	采购主管	明确采购批量和采购时间；报批
	审批方案	上报	1. 待批准采购方案 2. 原材料市场供求分析报告 3. 生产部采购计划 4. 公司经营条件 5. 公司相关规定	采购部经理	实施

备注：依公司制度确定最后审批权限；依据审批意见，可能需要修改后再实施。

2. 采购预算流程及相关要求

采购预算流程为：核算年度采购资金——制订采购资金使用方案，如表 4-6 所示。

表 4-6　采购预算流程及要求

工 作 流 程		任务来源	所 需 信 息	执 行 岗 位	结果及处理方式
核算年度采购资金		接受工作任务	1. 生产部原材料、设备需求计划 2. 已批准采购方案 3. 已批准采购价格策略 4. 公司相关财务规定、价格政策 5. 市场新情况	采购主管、财务主管	存档
制订采购资金使用方案	起草方案	接受工作任务	1. 生产部原材料、设备需求计划 2. 已批准采购方案 3. 已批准采购价格策略 4. 年度采购资金 5. 市场新情况	采购主管、财务主管	报批
	审批方案	上报	1. 待批采购资金使用方案 2. 生产部原材料、设备需求计划 3. 已批准采购方案 4. 已批准采购价格策略 5. 年度采购资金 6. 市场新情况	采购部经理、财务总监	实施

备注：审批方案依据评审意见，可能需要修改后再实施。

3. 采购信息反馈流程及要求

采购信息反馈流程为：通知生产部原材料、设备到货信息——通知物流部原材料到货信息，如表 4-7 所示。

表 4-7　采购信息反馈流程及要求

工 作 流 程	任 务 来 源	所 需 信 息	执 行 岗 位	结果及处理方式
通知生产部原材料、设备到货信息	岗位要求	购销合同	采购主管	执行并记录
通知物流部原材料到货信息	业务要求	购销合同	采购主管	执行并记录

备注：合同信息必须及时传递至生产部和物流部。

4. 采购合同执行与管理流程及要求

采购合同执行与管理流程为：跟踪合同执行情况——接受原材料设备——通知财务部支付货款——确认原材料运输——确认原材料入库——采购合同执行情况总结，如表 4-8 所示。

表 4-8　采购合同执行与管理流程及要求

工 作 流 程	任 务 来 源	所 需 信 息	执 行 岗 位	结果及处理方式
跟踪合同执行情况	岗位要求	1. 原材料、设备购销合同 2. 供应商执行进度与结果 3. 公司相关制度	采购主管	记录备用
接受原材料设备	业务要求	1. 原材料、设备购销合同 2. 供应商通知 3. 公司相关制度	采购主管	记录
通知财务部支付货款	业务要求	1. 原材料、设备购销合同 2. 到货信息 3. 公司相关制度	采购主管	执行记录

工 作 流 程	任 务 来 源	所 需 信 息	执 行 岗 位	结果及处理方式
确认原材料运输	业务要求	1. 原材料、设备购销合同 2. 到货信息 3. 物流部信息 4. 公司相关制度	采购主管	执行记录
确认原材料入库	业务要求	1. 原材料、设备购销合同 2. 到货信息 3. 物流部信息 4. 公司相关制度	采购主管	执行记录
采购合同执行情况总结	岗位要求	1. 原材料、设备购销合同 2. 财务部、物流部相关信息 3. 供应商相关信息 4. 相关记录	采购主管	记录或书面报告存档

备注：如有与合同条款不一致处或异常情况应及时与供应商沟通。

4.4 物流部主要工作内容及业务流程

4.4.1 物流部主要工作内容

物流部主要工作内容包括：制订企业物流战略和规划；进行各项物流业务的过程管理；评价企业的物流绩效。

1. 物流战略与规划

① 客户服务目标：分析物流产品；了解客户要求；确定客户服务水平；形成客户服务目标。

② 仓储战略：预测仓储容量需求；了解仓库信息；制订基本仓储方案；制订组合方案计划。

③ 库存战略：分析库存变动特点；权衡相关成本；形成库存目标；制订库存管理计划。

④ 运输战略：预测运输需求；明确运输要求；了解运输资源；制订运输计划。

2. 物流业务管理

① 订单管理：接收订单；订单录入；订单履行；订单执行记录；订单执行反馈；订单执行分析。

② 仓储管理：接收入库通知单；货物验收；选择仓库；入库确认；接收出库通知单；出库备货；出库确认；出库统计与分析。

③ 库存管理：库存盘点；库存审核；盘点差异转结；库存统计与分析。

④ 运输管理：接收发运单；选择运输方式；确定运输时间；车辆安排；运输执行确认；运输执行反馈；运输统计与分析。

⑤ 报关管理：接收出口购销合同；签订委托报关协议；支付委托保管费用；接收已报关单据；办理出口退税；报关业务统计。

⑥ 外包管理：外包决策分析；提出外包要求；签订外包合同；支付外包费用；监控外包执行情况；外包执行情况分析。

3. 物流绩效评估

① 物流成本管理：制订物流成本计划；接收成本核算信息；物流成本分析报告；综合成本控制总结。

② 物流绩效分析：制订绩效评价指标；收集指标相关信息；综合绩效分析报告。

③ 客户满意评价：建立评价指标；设计调查问卷；客户满意度调查；统计调查问卷；调查分析报告。

④ 物流改进建议：提出现有物流问题；分析物流问题原因；提出物流改进方案。

4.4.2　物流业务管理流程及要求

1. 订单管理流程及要求

订单管理流程为：接收订单——订单录入——订单履行——订单执行记录——订单执行反馈——订单执行分析，如表4-9所示。

表4-9　订单管理流程及要求

工 作 流 程	任 务 来 源	所 需 信 息	执 行 岗 位	结果及处理方式
接收订单	采购部或销售部下达	采购订单或销售订单	仓储主管	接收、下达
订单录入	接受	已接受订单	仓储主管	录入、下达
订单履行	接受	已录入订单	仓储主管	操作执行
订单执行记录	岗位职责	订单执行情况	仓储主管	原始记录单据汇总
订单执行反馈	岗位职责	订单执行情况	仓储主管	反馈表传至采购部/销售部
订单执行分析	岗位职责	1. 订单执行情况 2. 订单执行反馈	仓储主管	分析报告，用于总结

2. 仓储管理流程及要求

仓储管理流程为：接收入库通知单——货物验收——选择仓库——入库确认——接受出库通知单——出库备货——出库确认——出库统计与分析，如表4-10所示。

表4-10　仓储管理流程及要求

工 作 流 程	任 务 来 源	所 需 信 息	执 行 岗 位	结果及处理方式
接收入库通知单	采购部或生产部下达	入库产品类型、数量、价值、保管要求	仓储主管	接收 准备验货
货物验收	接受	1. 入库通知单 2. 产品实物	仓储主管	验收单 准备入库
选择仓库	接受	入库产品类型、数量、价值、保管要求、自有仓库剩余容量	仓储主管	决策方案下达
入库确认	接受	1. 决策方案 2. 验收单	仓储主管	制入库单，通知采购或生产部
接受出库通知单	生产或销售部下达	出库产品类型、数量、价值、出库时间要求	仓储主管	接收 准备发货
出库备货	接受	出库通知单	仓储主管	完成拣货 准备出库
出库确认	接受		仓储主管	制出库单 准备运输
出库统计与分析	岗位职责	1. 入库单 2. 出库单	仓储主管	统计分析报告，用于总结

3. 库存管理流程及要求

库存管理流程为：库存盘点——库存审核——盘点差异转结——库存统计与分析，如表4-11所示。

表 4-11　库存管理流程及要求

工作流程	任务来源	所需信息	执行岗位	结果及处理方式
库存盘点	岗位职责	库存产品类型、数量、损耗程度	仓储主管	统计表，用于审核
库存审核	接受	1. 库存盘点统计数 2. 出入库统计分析	仓储主管	盘点差异分析，用于转结
盘点差异转结	接受	盘点差异分析	仓储主管	调整账面数量
库存统计与分析	岗位职责	库存盘点统计数	仓储主管	库存统计分析，用于总结

4. 运输管理流程及要求

运输管理为：接收发运单——选择运输方式——确定运输时间——车辆安排——运输执行确认——运输执行反馈——运输统计与分析，如表 4-12 所示。

表 4-12　运输管理流程及要求

工作流程	任务来源	所需信息	执行岗位	结果及处理方式
接收发运单	采购部或销售部下达		运输主管	接收 收/发货
选择运输方式	岗位职责	1. 发运货物类型、数量、价值 2. 自有运输剩余资源	运输主管	制订运输方案 下达
确定运输时间	接受	采购部或销售部对运输时间的要求	运输主管	运输时间 下达
车辆安排	接受	车辆容量及空闲时间	运输主管	车辆安排表下达
运输执行确认	接受		运输主管	制运表传至司机、采购或销售部
运输执行反馈	岗位职责	运输执行情况	运输主管	反馈表传至采购部或销售部
运输统计与分析	岗位职责	1. 运输单 2. 反馈表	运输主管	分析报告，用于总结

5. 物流外包管理流程及要求

物流外包管理流程为：外包决策分析——提出外包要求——签订外包合同——支付外包费用——监控外包执行情况——外包执行情况分析，如表 4-13 所示。

表 4-13　运输管理流程及要求

工作流程	任务来源	所需信息	执行岗位	结果及处理方式
外包决策分析	采购部或销售部下达		物流主管	外包决策下达
提出外包要求	岗位职责	仓储或运输货物类型、数量、价值、时间、要求等	物流主管	外包方案报批
签订外包合同	接受	1. 外包方案 2. 第三方物流公司仓储运输业务规则	物流主管	签订外包合同传第三方物流公司
支付外包费用	物流公司要求	签订外包合同	物流主管	现金支付单据传财务部
监控外包执行情况	岗位职责	第三方物流公司外包执行情况反馈表	物流主管	接收反馈表 待汇总分析
外包执行情况分析	岗位职责	第三方物流公司外包执行情况反馈表	物流主管	分析报告，用于总结

4.5 生产部主要工作内容及业务流程

4.5.1 生产部主要工作内容

① 生产规划：产销排程前信息准备；粗能力计划；生产计划；物料需求计划。

② 车间管理：制作标准；车间管理；外协管理。

③ 产能管理：产能管理流程；变更管理；产能绩效。

④ 制订并执行生产内部管理制度：产销会议制度；生产计划管理制度；生产作业管理制度；物料需求管理制度；生产设备管理制度。

4.5.2 生产部主要业务流程及要求

1. 产销排程前信息准备流程及要求

产销排程前信息准备流程为：接收市场预测信息——接收市场订单信息——下达生产命令，如表 4-14 所示。

表 4-14 产销排程前信息准备流程及要求

工 作 流 程		任务来源	所 需 信 息	执 行 岗 位	结果及处理方式
订单/生产命令单	接收市场预测信息	接受	市场部预测信息	生产规划	生产规划
	接收市场订单信息	接受	市场部订单信息	生产规划	车间生产计划
	下达生产命令	下传	市场预测与订单	生产规划	车间执行生产命令

2. 粗能力计划流程及要求

粗能力计划流程为：厂房容量规划——生产能力规划——人工需求规划，如表 4-15 所示。

表 4-15 粗能力计划流程及要求

工 作 流 程		任务来源	所 需 信 息	执 行 岗 位	结果及处理方式
厂房容量规划	厂房容量长期规划	接受	1. 市场预测 2. 生效的 MPS	生产主管	报批厂房容量规划
	厂房容量短期规划	接受	1. 市场预测 2. 生效的 MPS	生产主管	报批厂房容量规划
	厂房投资计划	接受	厂房规划	生产主管	报批厂房投资计划
	厂房租赁计划	接受	厂房规划	生产主管	报批厂房租赁计划
生产能力规划	生产能力规划	接受	1. 市场预测 2. 生效的 MPS	生产主管	报批生产能力计划
	产能负荷分析	接受	1. 产能标准 2. 生效的 MPS	生产主管	产能负荷
	生产能力不足加班计划	接受	产能负荷分析	生产主管	加班计划
	外协计划	接受	产能负荷分析	生产主管	外部协作计划
人工需求规划	各期基准人工需求	接受	1. 市场预测 2. 生效的 MPS	生产主管	报批人工需求计划
	各期加班人工需求	接受	产能负荷分析	生产主管	加班人工需求计划

3. 生产计划流程及要求

生产计划流程为：产销排程——滚动生产计划，如表4-16所示。

表4-16　生产计划流程及要求

工 作 流 程		任 务 来 源	所 需 信 息	执 行 岗 位	结果及处理方式
产销排程	起草 MPS	接受	1. 客户订单 2. 市场预测 3. 库存信息	生产主管	报批起草 MPS
	MPS 批准	上报	待批准 MPS	上级主管	下达 MPS
滚动生产计划	月生产计划	下传	批准 MPS	生产主管	月度生产计划
	日生产计划	下传	批准 MPS	生产主管	日生产计划

4. 物料需求流程及要求

制订物料需求计划流程为：MRP 计算——MRP 结果处理，如表4-17所示。

表4-17　物料需求流程及要求

工 作 流 程		任 务 来 源	所 需 信 息	执 行 岗 位	结果及处理方式
MRP 计算	MRP 展算	接受	1. 生效的 MPS 2. 物料清单 BOM	生产主管	报批
	汇集相同物料	下传	MRP 展算结果	生产主管	物料分类汇总
	计算物料净需求	接受	1. 库存信息 2. 已订未交量 3. 应领未领量	生产主管	物料净需求量
MRP 结果处理	生成生产指令	接受	MRP 计算结果	生产主管	下达
	生产采购请求	接受	MRP 计算结果	生产主管	传递至采购部
	生产外协请求	接受	MRP 计算结果	生产主管	下达

5. 制订标准流程及要求

制订标准流程为：BOM 清单——生产路线安排——标准工时——加工批量，如表4-18所示。

表4-18　制订标准流程及要求

工 作 流 程	任 务 来 源	所 需 信 息	执 行 岗 位	结果及处理方式
BOM 清单	接受	生产流程规则	车间主管	报批
生产路线安排	接受	生产流程规则	车间主管	报批
标准工时	接受	标准工时规则	车间主管	报批
加工批量	接受	标准工时规则	车间主管	报批

6. 车间管理流程及要求

车间管理流程为：作业分配——生产进度管理——完工验收入库——生产绩效评估，如表4-19所示。

表4-19　车间管理流程及要求

工 作 流 程		任 务 来 源	所 需 信 息	执 行 岗 位	结果及处理方式
作业分配	下达生产指令	接受	生效的生产指令	车间主管	下达
	下达生产路线单	接受	生产路线安排表	车间主管	下达
	下达派工单	接受	生效的生产指令	车间主管	下达
	下达领料单	接受	生效的生产指令	车间主管	下达
	下达领用工具单	接受	生效的生产指令	车间主管	领用工具
	临时更改生产计划	接受	规划	车间主管	更改后的生产计划

	工作流程	任务来源	所需信息	执行岗位	结果及处理方式
生产进度管理	生产进度统计	接受	生效的生产指令	车间主管	统计表
	生产进度修订	接受	更改后生产计划	车间主管	
	生产进度报告	接受	生效的生产指令	车间主管	进度报告
完工验收入库	半成品完工验收	接受	生效的生产指令	车间主管	半成品验收单
	产成品完工验收	接受	1. 生产指令 2. 生产路线安排	车间主管	产成品验收单
	合格半成品入库	接受	生产情况	车间主管	半成品入库单
	合格产成品入库	接受	生产情况	车间主管	产成品入库单
	废品登记处理	接受	验收情况	车间主管	废品统计表
	生产工具转回	接受	生产情况	车间主管	
生产绩效评估	作业效率	接受	生产情况	车间主管	
	生产计划完成率	接受	生产情况	车间主管	
	交货延迟天数	接受	交货情况	车间主管	延迟交货记录
	良品率	接受	验收情况	车间主管	
	生产作业统计分析	接受	车间生产记录	车间主管	披露分析报告

7. 产能管理流程及要求

产能管理流程为：设备档案管理——厂房发展——设备发展——设备维护与维修，如表 4-20 所示。

表 4-20　产能管理流程及要求

	工作流程	任务来源	所需信息	执行岗位	结果及处理方式
设备档案管理	厂房档案登记	接受	设备投资建设单	生产主管	报批
	设备档案登记	接受	设备投资建设单	生产主管	
	租赁业务备查登记	接受	租赁合同	生产主管	
厂房发展	厂房建设	接受	生效的厂房规划	生产主管	建设计划
	厂房租赁	接受	生产规划	生产主管	租赁计划
	厂房出售	接受	生产规划	生产主管	出售计划
设备发展	设备建设	接受	生效的设备规划	生产主管	报登记
	设备租赁	接受	生产规划	生产主管	租赁计划
	设备出售	接受	生产规划	生产主管	出售计划
设备维护与维修	设备维修	接受	规则标准	生产主管	维修计划
	设备维护	接受	规则标准	生产主管	维修计划

备注：厂房建设与设备维修都需要报登记。

8. 变更管理流程及要求

变更管理流程为：生产线变更申请——生产线变更批准——生产线变更处理，如表 4-21 所示。

表 4-21　变更管理流程及要求

工 作 流 程	任 务 来 源	所 需 信 息	执 行 岗 位	结果及处理方式
生产线变更申请	接受	生效的生产指令	生产主管	变更申请
生产线变更批准	接受	生产规则	生产主管	批准变更
生产线变更处理	接受	生产变更决策	生产主管	执行变更

备注：生产线变更需要报批。

9. 产能绩效评估

产能绩效评估包括：厂房绩效评估及设备绩效评估，如表 4-22 所示。

表 4-22　产能绩效评估

工 作 内 容	任 务 来 源	所 需 信 息	执 行 岗 位	结果及处理方式
厂房绩效评估	厂房利用率	接受	当年厂房记录	生产主管	披露
设备绩效评估	设备利用率	接受	当年厂房记录	生产主管	披露

4.6　财务部主要工作内容及业务流程

4.6.1　财务部主要工作内容

① 会计制度：会计机构和会计人员；会计核算制度；内部会计管理制度；会计电算化管理制度；档案管理制度。

② 会计核算：筹资与投资业务；生产准备业务；主要生产业务；主要销售业务；利润形成业务；利润分配业务；资金退出业务；期末业务。

③ 会计管理：全面预算管理；成本管理；财务分析。

4.6.2　财务部主要业务流程

1. 筹资业务

筹资业务流程，如表 4-23 所示。

表 4-23　筹资业务流程（部分）

工 作 内 容		任 务 来 源	所 需 信 息	执 行 岗 位	结果及处理方式
资金需求计划		汇总	1. 各部门资金预算 2. 财务部现金预算	预算岗	资金需求计划
筹资计划	起草计划	接受	1. 资金需求计划 2. 查阅文件	预算岗	报批并批准
	计划审批	接受	资金需求计划	筹资岗	下达
可行性分析报告		接受	筹资计划	筹资岗	可行性报告
筹资方案	起草方案	1. 接受 2. 查阅资料	1. 资金需求计划 2. 筹资计划 3. 可行性分析报告	筹资岗	筹资方案
	审批方案	接受	筹资方案	筹资岗	批准并下达
筹资合同		接受	筹资方案	主管部门	筹资合同

2. 投资业务

投资业务流程，如表 4-24 所示。

表 4-24　投资业务流程（部分）

工 作 内 容		任 务 来 源	所 需 信 息	执 行 岗 位	结果及处理方式
投资计划	起草计划	接受	1. 现金预算 2. 部门预算或计划	投资岗	投资计划
	计划审批	接受	投资计划	投资岗	审批并下达
可行性分析报告		接受	投资计划	投资岗	投资项目可行性分析报告
投资方案	起草方案	1. 接受 2. 查阅文件	1. 现金预算 2. 投资计划 3. 可行性分析报告	投资岗	投资方案
	审批方案	接受	投资方案	投资岗	审批并下达
投资合同		接受	投资方案	主管部门	投资合同

3. 劳动资料准备业务

劳动资料准备业务流程，如表 4-25 所示。

表 4-25　生产准备业务流程

工 作 内 容		任 务 来 源	所 需 信 息	执 行 岗 位	结果及处理方式	备　注
采购计划	起草计划	内部传递	1. 生产计划 2. 资本支出预算	生产采购	采购计划	报批
	计划审批	接受	固定资产采购计划	采购	审批并下达	主管领导审批
购买固定资产	购买固定资产	接受	1. 固定资产采购计划 2. 生产计划	采购	采购单据 实物验收	审核原始凭证
	支付款项	接受	采购发票等	出纳	付款单据	按合同、发票付款
	制单业务	内部传递	1. 实物验收证明 2. 付款单据等	会计	记账凭证	填制记账凭证
	审核记账	内部传递	记账凭证	出纳 会计	日记账簿 分类账簿	出纳登记 日记账簿
自建固定资产	采购工程物资	接受	1. 基建计划或者合同 2. 库存信息	采购	采购发票等	审核原始凭证
	采购制单	内部传递	1. 固定资产建造合同 2. 采购发票 3. 付款单据	会计	记账凭证	填制记账凭证
	材料验收入库	接受	到货单、运输单等	仓储	仓库验收证明（收料单）	审核原始凭证
	材料验收制单	内部传递	仓库验收证明（收料单）	会计	记账凭证	填制记账凭证
	建造业务制单	接受	1. 领用工程物资 2. 支付工资等	会计	记账凭证	填制记账凭证
	固定资产验收业务制单	接受	固定资产验收证明	会计	记账凭证	填制记账凭证
	凭证审核记账	内部传递	记账凭证	出纳 会计	会计账簿	会计账簿档案
租入固定资产	起草租赁计划	提出方案	1. 生产计划 2. 租赁需求报告	生产	租赁计划	报批
	计划审批	接受	租赁计划	生产 采购	审批并下达	主管领导审批
	签订租赁合同	接受	1. 租赁计划 2. 租赁公司信息	采购	租赁合同	收集市场 租赁信息

工 作 内 容	任 务 来 源	所 需 信 息	执 行 岗 位	结果及处理方式	备　注
租入固定资产	接受	租赁合同	采购	固定资产验收证明	执行租赁合同
付款	接受	1. 租赁合同 2. 实物验收证明	出纳	付款单据	按照合同付款
制单	内部传递	1. 租赁合同 2. 实物验收证明 3. 付款证明	会计	会计凭证	填制记账凭证
凭证审核记账	内部传递	记账凭证	出纳 会计	日记账簿 分类账簿	会计账簿档案

4. 主要生产业务

主要生产业务流程，如表 4-26 所示。

表 4-26　主要生产业务流程

	工 作 内 容	任 务 来 源	所 需 信 息	执 行 岗 位	结果及处理方式	备　注
领用材料	接收单据	接受	接收生产部、仓储部单据	会计	审核接收的原始凭证	
	制单业务	接受	1. 领料单 2. 发料单（出库单）	会计	记账凭证	填制记账凭证
	凭证审核	内部传递	待审记账凭证	审核	已审核记账凭证	审核
	凭证记账	内部传递	审核无误记账凭证	会计	分类账簿	会计账簿档案
计提折旧	计算折旧	接受 查阅	1. 固定资产使用部门一览表 2. 折旧政策	会计	折旧计算表	审核原始凭证
	制单业务	内部传递	折旧计算表	会计	记账凭证	填制记账凭证
	审核记账	内部传递	记账凭证	会计	分类账簿	会计账簿档案
计算生产成本	成本计算	查阅	1. 生产成本账户记录 2. 车间产量记录 3. 产品合格率	成本	成本计算表	审核原始凭证
	结转成本	内部传递	成本计算表	会计	记账凭证	填制记账凭证
	审核记账	内部传递	记账凭证	会计	记账凭证	填制记账凭证

5. 主要销售业务

主要销售业务流程，如表 4-27 所示。

表 4-27　主要销售业务流程

	工 作 内 容	任 务 来 源	所 需 信 息	执 行 岗 位	结果及处理方式	备　注
产品销售业务	接收销售发票	接受	1. 销售合同 2. 发货单（出库单）	销售	待处理	财务接受
	销售类型与结算形式	接受	1. 销售合同 2. 收款方式	销售	销售发票发货单	审核原始凭证
	确认收货	内部传递	1. 销售发票 2. 发货单（出库单） 3. 收款单据	会计	记账凭证	可能尚未收款
	审核记账	内部传递	记账凭证	出纳 会计	日记账簿 分类账簿	出纳登记 日记账簿
收款业务	收取款项	接受	销售发票	出纳	收款单据	审核原始凭证
	制单业务	内部传递	收款单据或银行收账通知	会计	记账凭证	填制记账凭证
	审核记账	内部传递	记账凭证	会计 出纳	分类账簿 日记账簿	会计账簿档案

	工作内容	任务来源	所需信息	执行岗位	结果及处理方式	备注
结转销售成本	计算成本	接受	1. 发出存货计价方式 2. 销售汇总表	会计	销售成本计算表	产品销售 其他销售
	结转销售成本	内部传递	1. 销售成本计算表 2. 提货单（出库单）	会计	记账凭证	产品销售 其他销售
	审核记账	内部传递	记账凭证	会计	分类账簿	会计账簿档案

6. 利润形成业务

利润形成业务流程，如表 4-28 所示。

表 4-28　利润形成业务流程

	工作内容	任务来源	所需信息	执行岗位	结果及处理方式	备注
计算所得税	计算利润总额	内部传递	"本年利润"账户记录	会计	利润计算表	审核原始凭证
	计算应纳所得税	内部传递	1. 利润计算表 2. 查阅税法相关规定	会计	所得税计算表	审核原始凭证
	制单	内部传递	1. 所得税计算表 2. 纳税申报表	会计	记账凭证	填制记账凭证
	审核记账	内部传递	记账凭证	会计	分类账簿	会计账簿档案
计算净利润	计算净利润	内部传递	1. 利润总额计算表 2. 所得税计算表	会计	净利润计算表	审核原始凭证
	结转净利润	内部传递	净利润计算表	会计	记账凭证	填制记账凭证
	审核记账	内部传递	记账凭证	会计	分类账簿	会计账簿档案

7. 利润分配业务

利润分配业务流程，如表 4-29 所示。

表 4-29　利润分配业务流程

	工作内容	任务来源	所需信息	执行岗位	结果及处理方式	备注
利润分配具体业务	弥补亏损	接受	补亏方案	会计	弥补亏损计算表	税后利润补亏
	制单	接受	弥补亏损计算表	会计	记账凭证	填制记账凭证
	提取法定盈余公积金	内部传递	利润分配方案	会计	提取法定公积金计算表	利润分配
	制单	内部传递	提取法定公积金计算表	会计	记账凭证	填制记账凭证
	提取任意盈余公益金	内部传递	利润分配方案	会计	任意盈余公益金计算表	利润分配
	制单	内部传递	任意盈余公金计算表	会计	记账凭证	填制记账凭证
	向股东分配利润	内部传递	利润分配方案	会计	普通股利润分配表	利润分配
	制单	内部传递	普通股利润分配表	会计	记账凭证	填制记账凭证
	审核记账	内部传递	记账凭证	会计	分类账簿	会计账簿档案
	结转利润分配	内部传递	"利润分配"账户记录	会计	记账凭证	结转
	审核记账	内部传递	记账凭证	会计	分类账簿	会计账簿档案

8. 资金退出业务

资金退出业务流程，如表 4-30 所示。

表 4-30　资金退出业务流程

工作内容	任务来源	所需信息	执行岗位	结果及处理方式	备注
向税务部门报税	接受	1. 增值税计算表 2. 所得税计算表 3. 销售税金及附加计算表	会计	纳税申报表	财务计算并申报

工 作 内 容		任 务 来 源	所 需 信 息	执 行 岗 位	结果及处理方式	备 注
缴纳税金		接受	1. 纳税申报表 2. 税款缴款书	出纳	付款单据	审核原始凭证
归还借款本息		内部处理	1. 借款合同 2. 利息计算表	出纳	付款单据	审核原始凭证
调出固定资产	转入清理	内部传递	固定资产调出方案	会计	记账凭证	填制记账凭证
	清理费用	内部传递	付款单据	出纳	记账凭证	填制记账凭证
	残值收入	内部传递	1. 收款单据 2. 验收入库单	出纳、仓库	记账凭证	填制记账凭证
	计算并结转清理净损益	内部传递	清理损益计算表	会计	记账凭证	填制记账凭证
	审核记账	内部传递	记账凭证	出纳、会计	日记账簿 分类账簿	填制记账凭证

9. 期末业务

期末业务流程，如表 4-31 所示。

表 4-31　期末业务流程

工 作 内 容		任 务 来 源	所 需 信 息	执 行 岗 位	结果及处理方式	备 注
期末其他业务	接收单据	接受	1. 原始凭证 2. 账簿记录	会计、出纳	自制原始凭证	审核原始凭证
	制单业务	内部传递	原始凭证	会计	记账凭证	财务接收并制单
	审核记账	内部传递	记账凭证	会计、出纳	日记账簿 分类账簿	会计账簿档案
期末结账		接受	各种账簿	出纳、会计	日记账结账、分类账结账	提供正式会计信息
财务报告	编制资产负债表	接受	1. 各种账簿 2. 其他资料	会计	资产负债表	会计档案
	编制利润表	接受	1. 各种账簿 2. 其他资料	会计	利润表	会计档案
	编制利润分配表	接受	1. 各种账簿 2. 其他资料	会计	利润分配表	中期末或年末编制
	编制现金流量表	接受	1. 各种账簿 2. 其他资料	会计	现金流量表	年末编制
预算执行情况分析		接受	1. 预算表 2. 各种账簿 3. 报表	预算岗	分析报告	分析总结
财务分析		接受	1. 各种账簿 2. 报表	会计	分析报告	分析总结

4.7　人力资源部的主要工作内容及业务流程

4.1.7　人力资源部的主要工作内容

① 人事工作：职称管理；职员管理；技术人员管理；晋升管理；人员招聘录用；人员解聘与辞退。

② 劳资工作：职工变动统计；职工分类统计；工作量统计；工资变动统计；计算工资。

③ 培训工作：职工培训计划；培训经费预算；职工培训方案；实施培训方案；培训效果分析。

4.7.2 人力资源部主要业务流程及要求

1. 职工管理工作内容及要求

职工管理工作内容及要求，如表 4-32 所示。

表 4-32 职工管理工作内容及要求

	工作内容	任务来源	所需信息	执行岗位	结果及处理方式
职工管理办法	制订职工管理办法	岗位职责	1. 职工管理制度 2. 有关文件	人事岗	本公司制订的职工管理办法（草案）
	审批职工管理办法	岗位职责	本公司制订的职工管理办法（草案）	主管领导	审批并下达
职工考核标准	制订职工考核标准	岗位职责	1. 职工管理制度与管理办法 2. 有关文件	人事岗	职工考核标准（草案）
	审批职工考核标准	岗位职责	职工考核标准（草案）	主管领导	审批并下达
职工考核制度	制订职工考核制度	岗位职责	1. 职工管理办法 2. 职工考核标准 3. 有关文件	人事岗	职工考核制度（草案）
	审批职工考核制度	岗位职责	职工考核制度（草案）	主管领导	审批并下达
职工变动管理办法	制订职工变动管理办法	岗位职责	1. 职工管理制度与管理办法 2. 职工考核制度 3. 有关文件	人事岗	职工变动管理办法（草案）
	审批职工变动管理办法	岗位职责	职工变动管理办法（草案）	主管领导	审批并下达

2. 人员招聘录用流程及要求

人员招聘录用流程及要求，如表 4-33 所示。

表 4-33 人员招聘录用流程及要求

	工作流程	任务来源	所需信息	执行岗位	结果及处理方式
人员录用计划	制订人员录用计划	岗位职责	1. 生产设备变动信息 2. 部门用人计划	人事岗、劳资岗	人员录用计划
	审批人员录用计划	内部传递	人员录用计划	主管领导	审批并下达
招聘人员	招聘计划	岗位职责	已审批的人员录用计划	人事岗、劳资岗	招聘计划
	招聘文件	内部传递	已审批的招聘计划	人事岗、劳资岗	招聘文件
	发布招聘信息	内部传递	已审批的招聘文件	人事岗	发布招聘信息
	组织考核	接受	拟招聘人员类别和岗位职责	人事岗	考核内容、考核形式并组织考核
	招聘人员录用	接受	应聘人员的考核结果	人事岗	录用通知
	支付招聘费用	接受	员工招聘成本规则	人事岗、出纳	支付款项，收到付款单据
岗位安排	签订劳动合同	接受	有关文件规定	人事岗	劳动合同
	安排招聘员工岗位	接受	1. 部门用人计划 2. 招聘计划 3. 招聘文件	人事岗、劳资岗	招聘人员到岗
	增加在册职工	内部传递	1. 招聘人员录用通知 2. 岗位安排	劳资岗	增加在册职工

3. 计算职工工资流程及要求

计算职工工资流程及要求，如表 4-34 所示。

表 4-34　计算职工工资流程及要求

工 作 内 容	任 务 来 源	所 需 信 息	执 行 岗 位	结果及处理方式
计算管理人员工资	岗位职责	1. 职工分类统计表 2. 职称工资标准	劳资岗	管理人员工资表
计算直接生产人员工资	岗位职责	1. 工人技术等级分类统计表 2. 技术级别工资标准及计件工资 3. 技术工人生产量统计表	劳资岗	直接生产工人工资表
计算辅助生产人员工资	岗位职责	1. 直接生产工人工资表 2. 按员类别统计表 3. 辅助生产工人工资标准	劳资岗	辅助生产工人工资表
计算销售人员工资	岗位职责	1. 销售人员销售量统计 2. 销售人员底薪及提成比例	劳资岗	销售人员工资表
计算其他人员工资	岗位职责	1. 职称分类统计表 2. 无职称人员工资标准	劳资岗	其他人员工资表
工资汇总	内部传递	1. 管理人员工资表 2. 直接生产工人工资表 3. 辅助生产工人工资表 4. 销售人员工资表 5. 其他人员工资表	劳资岗	本月工资汇总表

【本阶段任务总结】

1. 每个岗位角色职责阐述。
2. 每个部门业务流程描述。

 必备知识

1. 业务流程概念的产生

20 世纪 90 年代早期，美国企业为寻回在上个十年间丢掉的竞争力，广泛开展了称为"再造工程"（Reengineering）的企业改造活动，这一趋势后来蔓延到了全世界。和一般意义上的企业重组、改造相比，"再造工程"有一系列特定的内涵，围绕着一个基本的焦点，即业务流程（Business Process）。典型的解释是：业务流程开始于客户需求，终止于客户需求的满足，为客户创造价值。设计良好的业务流程，具有更高的效力（增加客户价值）和效益（降低企业成本）。这种新业务流程理念的形成，伴随着对传统企业组织理念与模式的一次彻底的反思。在新的业务流程理念基础上，进一步形成了"以流程为中心"的理念，以此打破传统组织常见的部门隔阂的弊端。

2. 业务流程概念的发展

对业务流程的定义为："一系列结构化的、可度量的活动，设计它的目标是为特定客户或市场产生规定的输出。"针对这一定义，他进一步指出："上述界定强烈地暗示一个组织应如何运作，与聚焦于产品形成鲜明对比。这样的流程是跨越时空的、规定的作业活动序列，具有起点和终点，并清楚地定义了输入和输出——行动的结构。采用这种流程途径，意味着采纳客户

的观点。'流程'就是组织内为其客户产生价值所必需的活动构成。"这一定义包含了流程的基本特征。这些特征取决于对流程的业务逻辑（工作如何做），而非采用产品的视角（做什么）。按照 Davenport 的流程定义，可以得出，一个流程必须具有界定清晰的边界、输入和输出，由小的部分——活动组成，它们在时空中是有序的，还必须有一个流程结果的接收者——客户，同时在流程中发生的转换必须为客户增加价值。

Hammer 与 Champy（1993）的定义可以看做 Davenport 定义的子集，他们对流程的定义为："一种活动的集合，具有一种或多种输入和确定的输出，这些输出对客户产生价值。"可以看出，Hammer 与 Champy 有更强的面向转换的观点，对结构化部分——流程边界和时空上的活动顺序强调较少。Rummler 与 Brache（1995）使用的定义，清晰地围绕着组织的外部客户这个焦点，叙述道："业务流程是为产生产品或服务而设计的一系列步骤。多数的流程跨越职能，贯穿组织机构图上矩形之间的空白。一些流程的结果是由组织外的客户所接受的产品或服务，称为主要流程；另一些流程的产出不为外部客户所见，但是有效管理所必需的，称为支持流程。"

以上定义区分了两种类型的流程：主要流程和支持流程，区分的依据是流程直接参与客户价值的创造还是仅与组织内部活动有关。由此可见，Rummler 与 Brache 的定义承接了 Porter 的价值链（Value Chain）模型，这个模型同样建立在主要和次要活动的区分之上。按照 Rummler 与 Brache 的意见，成功的基于流程的组织有一项典型特征，即在面向客户的主要流程上的主要价值流中，次要活动的分离。穿越组织机构图上的空白这一特征，意味着这些流程牢牢地嵌入在某些组织结构形式中，流程可以跨越职能，其范围可以覆盖多个业务单位。

最后考察一下 Johansson 等的流程定义。他们将流程定义为："互相连接的活动集合，它们将输入转换为输出。理想情况下，在流程中发生的转换将为输入增加价值，并形成对接受者更有效用的输出，无论接受者处于上游还是下游。"这个定义同样强调了活动之间的连续性，以及在流程中所发生的转换。Johansson 等还将价值链的上游部分也包括在可能的流程输出接收者内。

3. 业务流程的意义

1774 年，亚当·斯密在《国富论》中提出了著名的劳动分工论（Division of labor），这成为产业革命以来管理学理论与实践的重要基础。由此以后，工作分工、职能划分与界定、职业化与专业化，一直都是管理理论与实践的主线或核心。在这一基础上形成的企业组织机构，具有典型的金字塔结构。虽然 20 世纪以来，多种多样的管理学说形成了所谓管理理论丛林，人们也提出过多种组织原则，如矩阵型组织、网络型组织、组织扁平化等，都没有动摇这一理念的根基。公认标志性的改变在 20 世纪 90 年代初期，也就是"再造工程"的出现。再造工程的倡导者们明确地对亚当·斯密的劳动分工论做了反思，并提出了以流程为中心这一新的组织原则。再造工程的实践和思想在短短几年传遍全世界，被一些学者称为"第二次管理革命"，在革命的狂热渐趋平静之后，可以看到，"业务流程"这一概念被明确地界定和广泛地接受，以业务流程为中心已经取代了"职能分工"，成为管理的首要原则，而围绕着流程所建立的组织，具有更高的敏捷性、效率和效益，同时也自然地呈现出扁平化、网络化的特征。

4. 业务流程的特征

● 可界定性：必须清晰地定义其边界、输入和输出。

- 顺序：构成流程的活动，必须在时间和空间里具有确定的顺序。
- 客户：流程的结果必须有接收者——客户。
- 增值：在流程中发生的转换必须为接收者增加价值，无论接收者是在流程的上游还是下游。
- 嵌入性：流程不能自己单独存在，必定嵌入在组织结构中。
- 跨越职能：流程通常但非必须跨越多个职能。

5. 业务流程的基本类型

① 管理流程——对系统运作进行管制、协调的流程。典型的管理流程，如企业治理、战略管理等。

② 运作流程——构成核心业务和创造基本价值的流程。典型的运作流程，如采购、制造、市场营销、销售等。

③ 支持流程——支撑管理流程和运作流程的流程。例如，会计、人力资源、技术支持等。

6. 企业业务流程的构建

构建整个企业的业务流程是一个相当复杂而有挑战性的工作，但是并不代表没有方法可循。一般来说，需要处理好以下几个方面。

（1）建立流程

主要的业务流程是由直接存在于企业的价值链条上的一系列活动及其业务流程之间的关系构成的。一般来说包含了采购、生产、销售等活动。 辅助的业务流程是由为主要业务流程提供服务的一系列活动及其之间的关系构成的。一般来说包含了管理、后勤保障、人事、财务等活动。

（2）层次关系

业务流程之间的层次关系反应业务建模由总体到部分、由宏观到微观的逻辑关系。这样一个层次关系也符合人类的思维习惯，有利于企业业务模型的建立。一般来说，可以先建立主要业务流程的总体运行过程，然后对其中的每项活动进行细化，建立相对独立的子业务流程及为其服务的辅助业务流程。业务流程之间的层次关系一定程度上也反映了企业部门之间的层次关系。为使得所建立的业务流程能够更顺畅地运行，业务流程的改进与企业组织结构的优化是一个相互制约、相互促进的过程。

（3）合作关系

企业不同的业务流程之间及构成总体的业务流程的各个子流程之间往往存在着形式多样的合作关系。一个业务流程可以为其他的一个或多个并行的业务流程服务，也可能以其他的业务流程的执行为前提。可能某个业务流程是必须经过的，也可能在特定条件下是不必经过的。在组织结构上，同级的多个部门往往会构成业务流程上的合作关系。

第 2 篇

仿真企业沙盘模拟经营操作流程篇

第 5 章

仿真企业经营基础数据与基本规则

正所谓"知己知彼，百战不殆"。要熟练掌握企业模拟经营实训的内容和技巧，了解和掌握基础数据、基本规则是至关重要的，而这里所说的了解和掌握并不仅仅是记忆，更重要的是全面、系统地分析每个决策会给自身的企业造成什么样的影响，是否会造成现金流断裂的后果，是否会大幅度地降低企业的所有者权益。在做每个决策前，应当做到心中有数，切忌偷懒或想当然。千里之堤，溃于蚁穴，在正式经营之前，请耐心学习和领悟实训的基础数据和基本规则。

 本阶段主要任务

◇ 了解生产制造企业经营背景信息
◇ 了解企业运营的基本数据
◇ 熟悉并掌握企业运营的基本规则

作为新一代的企业经营者，需要了解和掌握企业经营的背景信息，为企业下阶段的经营做好前期准备，也为制订企业的经营战略提供详细的依据。

需要重点说明的是，企业沙盘模拟经营实训包括手工沙盘实训环节和电子沙盘实训环节。本章基础数据和基本规则主要是围绕手工沙盘实训进行介绍。在手工沙盘实训中，同一个仿真环境的 6～12 家生产制造企业的历史与起点完全一样，未来所面临的经营和竞争环境也完全相同。而在电子沙盘实训中，生产制造企业可以是白手起家，也可以设定一个初始状态。

5.1 仿真生产制造企业的经营背景信息

1. 仿真生产制造企业所属行业及行业特点

企业沙盘模拟经营实训中的仿真生产制造企业，属于技术含量较高的电子产品生产制造公司。生产制造企业是一个虚拟公司，该公司所在的电子行业，是一个从生产技术水平相对较低向研发、生产高技术产品发展的行业，这意味着管理层必须创新。

电子行业技术发展快速，虚拟的电子产品正朝着多功能、复合化、轻便化、智能化和品位化的方向发展；产品应用范围广，广泛应用于从航空、航天等高科技领域到冶金、机械等基础产业，从国防军工到百姓日常生活的各领域。在应用本教程组织仿真企业运作时，指导教师可以将虚拟电子产品限定在某特定的领域甚至某几种特定的产品上，以便更具操作性。

2. 仿真生产制造企业的现状概括

本企业长期以来一直专注于 P 产品的生产与经营，目前生产的 P1 产品在本地市场知名度很高，客户也很满意。公司财务状况较好，资金比较充裕，公司运转正常。原来的管理层在产品研发、市场开发、生产设施建设方面，都付出了艰辛的努力，奠定了一定的基础，公司具有一定的发展实力。但是，原来的管理层也存在某些疏漏和不足，在公司发展战略上存在一定失误，需要新一届管理层吸取经验教训。

最近，一家权威机构对该行业的发展前景进行了预测，认为 P 产品将会从目前的相对低水平发展为一个高技术产品。为此，公司董事会及全体股东希望新的管理层能做出如下举措：

① 投资新产品的开发，使公司的市场地位得到进一步提升。

② 开发本地市场以外的其他新市场，进一步拓展市场领域。

③ 扩大生产规模，采用现代化生产手段，努力提高生产效率。

3. 仿真生产制造企业的财务状况及经营成果

目前企业总资产为 1.05 亿元（模拟货币单位 105M，M 表示百万元，下同），其中，流动资产 52M，固定资产 53M；负债 41M，所有者权益 64M；销售收入 35M，净利润 3M。

（1）流动资产 52M

流动资产包括现金、应收账款、存货等，其中，存货又分为在制品、成品和原料。该企业现有现金 18M；三个账期（3Q，Q 表示季度，下同）的应收账款为 15M；在制品价值，4 条生产线上分别有不同周期的 P1 在制品 1 个，每个价值 2M，共计 8M；原料库有 3 个 R1 原料，每个价值 1M，共计 3M，并且已下 R1 原料订单 2 个。成品库有 3 个 P1 产品已完工，每个价值 2M，共计 6M。

（2）固定资产 53M

固定资产包括土地及厂房、生产设施、在建工程等。其中，土地及厂房在此实训中专指厂房，生产设施指生产线，在建工程指未建设完工的生产线。该企业现有价值 40M 的大厂房和价值 13M 的机器设备，包括三条手工生产线和一条半自动生产线，目前没有在建工程。手工生产线原值 5M，净值 1M；半自动生产线原值 8M，净值 3M。

（3）负债 41M

负债包括短期负债、长期负债、高利贷和各项应付款，其中短期负债主要指短期贷款，长期负债主要指长期贷款，各项应付款包括应付税金、应付货款等。该企业现有长期贷款 40M，应付税金 1M，目前没有短期负债。

（4）所有者权益 64M

所有者权益包括股东资本、利润留存、年度净利等。股东资本是指股东的投资，利润留存是指历年积累下来的年度利润，而年度净利是指当年度的净利润。该企业股东资本 50M，利润留存 11M，年度净利 3M。

4. 产品市场需求预测（以 6 组竞赛为例）

P1 产品是目前市场上的主流技术，P2 作为对 P1 的技术改良产品，也比较容易获得大众的认同。P3 和 P4 产品均为 P 系列产品里的高端技术，各市场上对它们的认可度不尽相同，需求量与价格也会有较大的差异。

本地市场将会持续发展，客户对低端产品的需求可能要下滑。伴随着需求的减少，低端产品的价格很有可能会逐步走低。以后几年，随着高端产品的成熟，市场对 P3、P4 产品的需求将会逐渐增大。同时，随着时间的推移，客户的质量意识将不断提高，可能会对厂商是否通过 ISO9000 认证和 ISO14000 认证有更多的要求。本地市场 P 系列产品的预测，如图 5-1 所示。

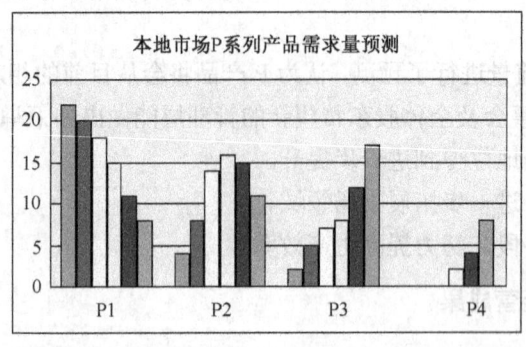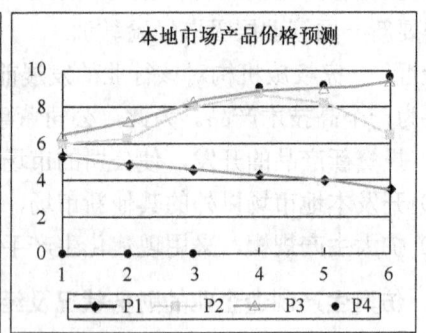

图 5-1　本地市场 P 系列产品的预测情况

区域市场的客户对 P 系列产品的喜好相对稳定，因此市场需求量的波动也很有可能会比较平稳。因其紧邻本地市场，所以产品需求量的走势可能与本地市场相似，价格趋势也应大致一样。该市场的客户比较乐于接受新的事物，因此对于高端产品也会比较有兴趣，但由于受到地域的限制，该市场的需求总量非常有限。并且这个市场上的客户相对比较挑剔，因此在后几年客户会对厂商是否通过了 ISO9000 认证和 ISO14000 认证有较高的要求。区域市场 P 系列产品的预测，如图 5-2 所示。

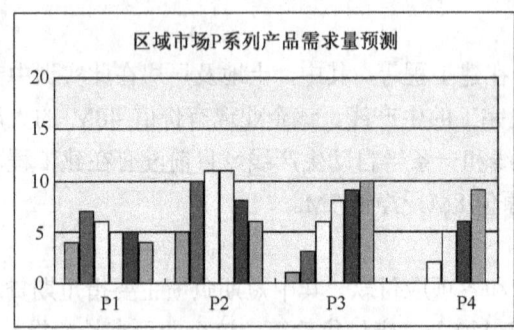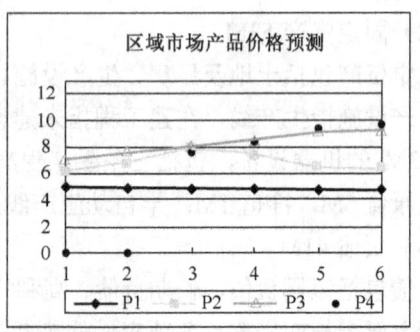

图 5-2　区域市场 P 系列产品的预测情况

因 P1 产品带有较浓的地域色彩，估计国内市场对 P1 产品不会有持久的需求。但 P2 产品因为更适合于国内市场，所以估计需求会一直比较平稳。随着对 P 系列产品新技术的逐渐认同，估计对 P3 产品的需求会发展较快，但这个市场上的客户对 P4 产品却并不是那么认同。当然，对于高端产品来说，客户一定会更注重产品的质量保证。国内市场 P 系列产品的预测，如图 5-3 所示。

亚洲市场上的客户喜好一向波动较大，不易把握，所以对 P1 产品的需求可能起伏较大，估计对 P2 产品的需求走势也会与 P1 相似。但该市场对新产品很敏感，因此，估计对 P3、P4 产品的需求会发展较快，价格也可能不菲。另外，这个市场的消费者很看中产品的质量，所以在后几年里，如果厂商没有通过 ISO9000 和 ISO14000 的认证，其产品可能很难销售。亚洲市场 P 系列产品的预测，如图 5-4 所示。

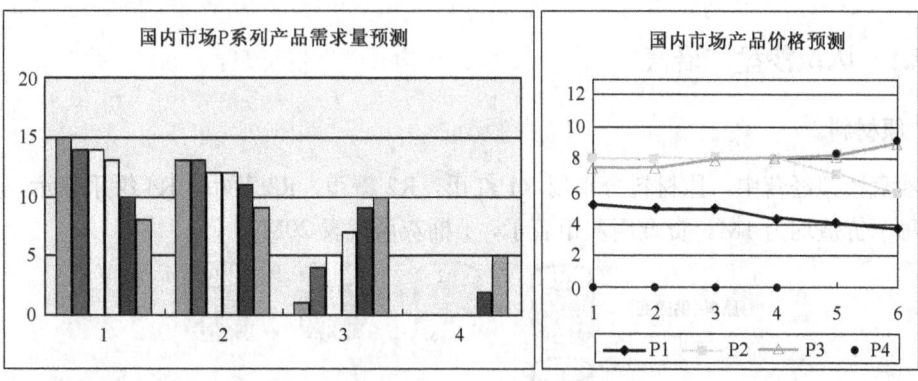

图 5-3　国内市场 P 系列产品的预测情况

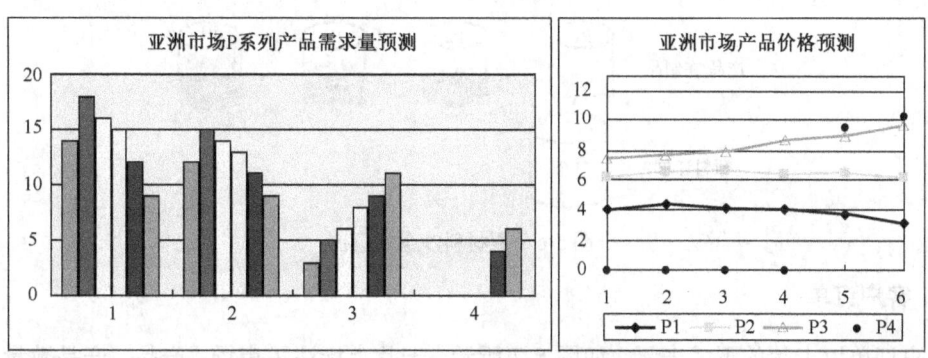

图 5-4　亚洲市场 P 系列产品的预测情况

进入国际市场可能需要一个较长的时期。有迹象表明，目前这一市场上的客户对 P1 产品已经有所认同，需求也会比较旺盛。对于 P2 产品，客户将会谨慎地接受，但仍需要一段时间才能被市场所接受。对于新兴的技术，这一市场上的客户将会以观望为主，因此对 P3 和 P4 产品的需求将会发展极慢。因为产品需求主要集中在低端，所以客户对于质量认证的要求并不如其他几个市场那么高，但也不排除在后期会有这方面的需求。国际市场 P 系列产品的预测，如图 5-5 所示。

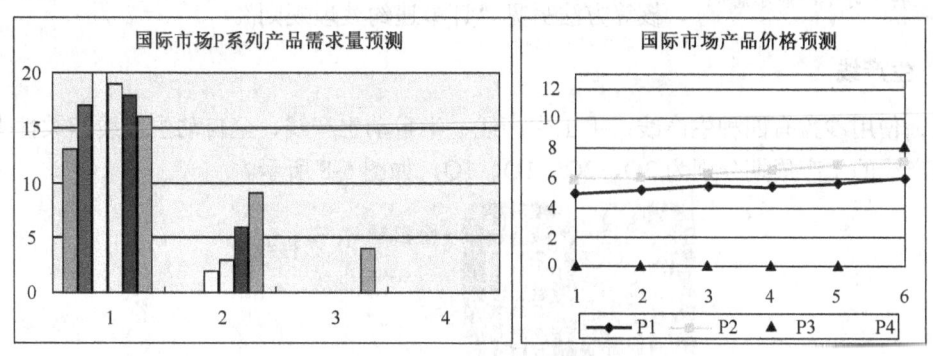

图 5-5　国际市场 P 系列产品的预测情况

5.2　手工沙盘初始盘面的设定

5.2.1　认识沙盘"语言"

1. 原材料

在沙盘模拟经营中，原材料分别用 R1 红币，R2 橙币，R3 蓝币，R4 绿币表示，如图 5-6 所示。每个价值均为 1M。资金用灰币表示，1 桶灰币代表 20M。

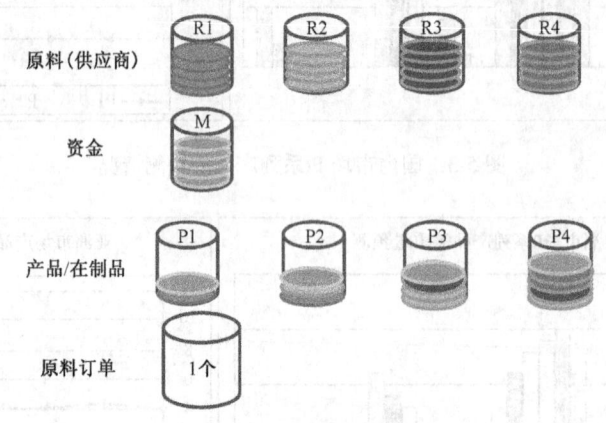

图 5-6　原材料沙盘示意图

2. 客户订单

客户订单以卡片的形式表示，如图 5-7 所示。卡片上标注了市场、产品、产品数量、单价、订单价值总额、账期、特殊要求等。订单上的账期代表客户收货时货款的交付方式。若为 0 账期，则现金付款；若为 3 账期，则表示客户付给企业的是 3 个季度到期的应收账款。如果订单上标注了"ISO9000"或"ISO14000"，则要求生产单位必须取得相应的认证并投放了认证的广告费，两个条件都具备才能接受此订单。如果订单上有"加急！！！"字样，表示此订单为加急订单，必须在第一季度交货；其余为普通订单，可以在当年任一季度交货。若不按期交货将要交违约金，违约金核算方法另见"订单违约处理规则"。

图 5-7　客户订单沙盘示意图

3. 生产线

实训使用沙盘有四种生产线：手工生产线、半自动生产线、全自动生产线和柔性生产线，四种生产线的生产周期分别为 3Q、2Q、1Q、1Q，如图 5-8 所示。

图 5-8　生产线沙盘示意图

4. 资格标志

实训使用沙盘有三大类资格标志：产品生产资格标志（见图 5-9）、认证资格标志（见图 5-10）及市场准入资格标志（见图 5-11）。

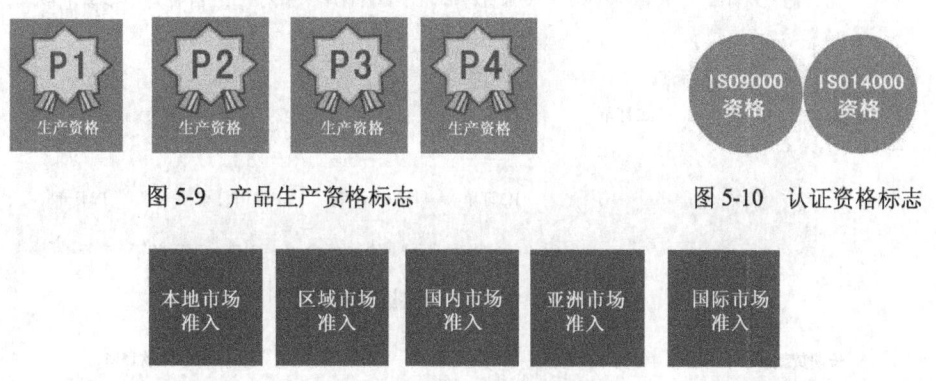

图 5-9　产品生产资格标志　　　　　　　图 5-10　认证资格标志

图 5-11　市场准入资格标志

5.2.2　各中心的初始设定

1. 生产中心的初始设定（见图 5-12）

生产中心的初始盘面中，企业拥有价值 40M 的大厂房和价值 13M 的生产设备，包括三条手工生产线和一条半自动生产线，目前没有在建工程。手工生产线原值 5M，现阶段净值为 3M；半自动生产线原值 8M，现阶段净值 4M。4 条生产线上分别有不同周期的 P1 在制品 1 个，每个价值 2M，在制品价值共计 8M。

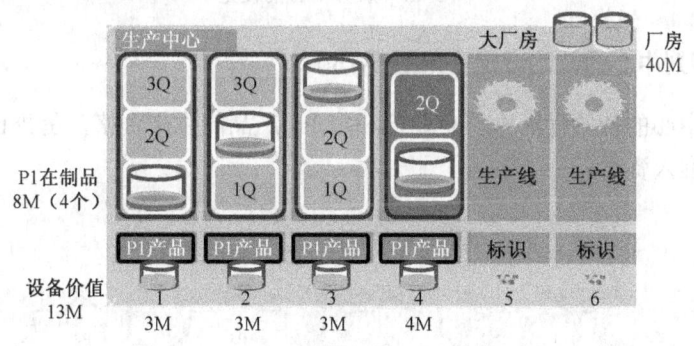

图 5-12　生产中心的初始设定

2. 物流中心的初始设定（见图 5-13）

初始盘面状态中，物流中心的原料库有 3 个 R1 原料，每个价值 1M，原材料价值共计 3M；成品库有 3 个 P1 产品的库存，每个价值 2M，产成品价值共计 6M；另外企业已发出 R1 原料订单，采购数量为 2 个 R1。

3. 财务中心的设定（见图 5-14）

财务中心的初始盘面中，企业拥有现金 20M，三个账期的应收账款 15M，五年期的长期贷款 40M。

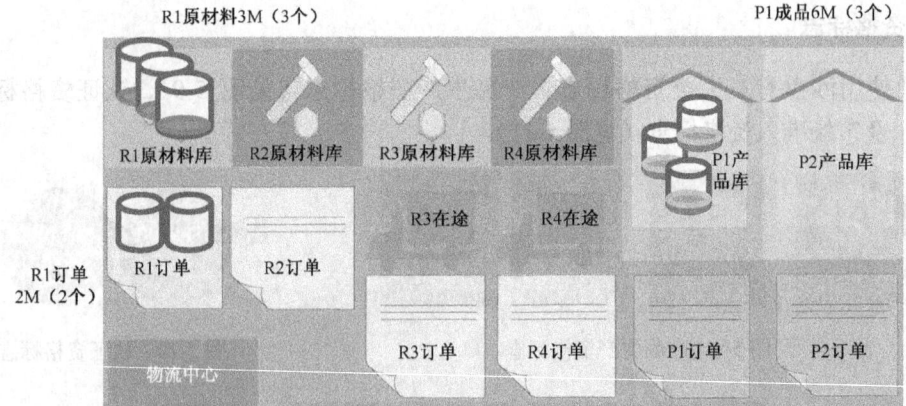

图 5-13　物流中心的初始设定

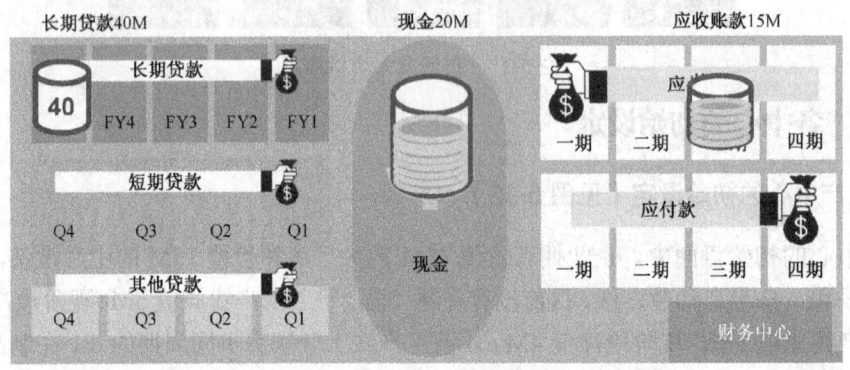

图 5-14　财务中心的设定

4. 营销与规划中心的初始设定（见图 5-15）

营销与规划中心的初始盘面中，企业已获得 P1 产品的生产资格，另外已开拓本地市场，拥有本地市场的准入资格。

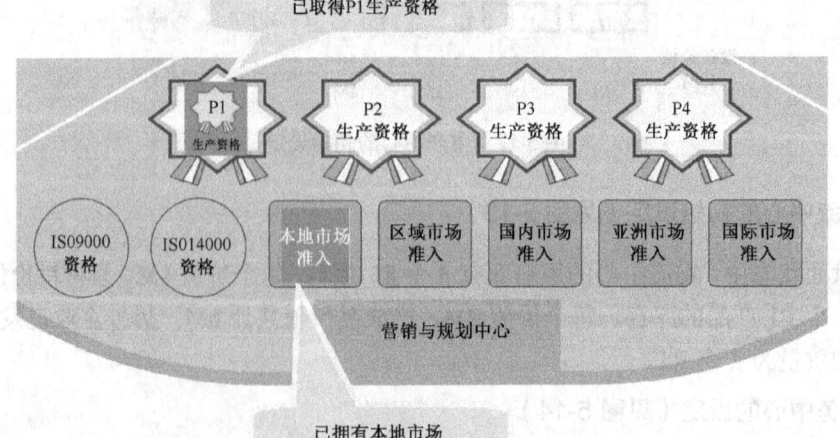

图 5-15　营销与规划中心的初始设定

5.3 仿真企业经营的基本规则

1. 市场划分与市场准入

企业目前在本地市场经营，新市场包括区域、国内、亚洲、国际市场，如图 5-16 所示。

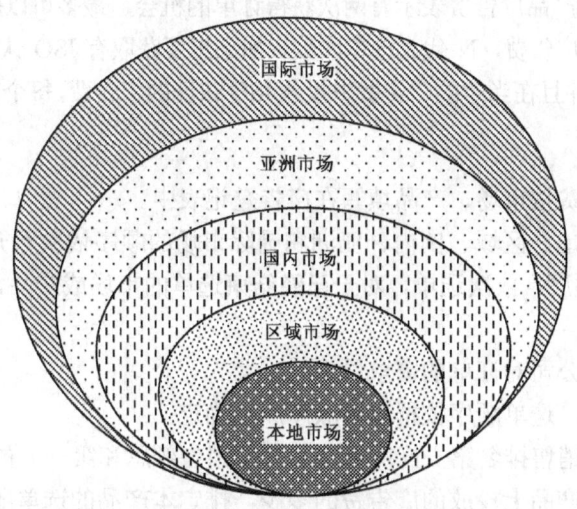

图 5-16 企业新市场示意图

不同市场投入的费用及时间不同，只有市场投入全部完成后方可接单，市场开发规定如表 5-1 所示。各市场间没有必然的联系，可以有选择地开发其中若干个市场。所有已进入的市场，每年最少需投入 1M 维持，否则视为放弃了该市场。

表 5-1 市场开发投资

市　　场	每年投资额	投 资 周 期	全部投资总额	操　　作
本地	无			直接获得准入证
区域	1M	1 年	1M	1. 将投资放在准入证的位置处；
国内	1M	2 年	2M	2. 当完成全部投资后，经主裁判核准，统一换取相应的市场准入证
亚洲	1M	3 年	3M	
国际	1M	4 年	4M	

2. 销售会议与获取订单

销售预测和客户订单是企业生产的依据。每年初各企业的销售经理与客户见面并召开销售会议，根据市场地位、市场投入、市场需求及竞争态势，按规定程序领取订单。其中市场地位是针对每个市场而言的，企业的市场地位根据上一年度各企业的实际销售额排列，销售额最高的企业称为该市场的"市场的领导者"，俗称"市场老大"。市场老大不是一成不变的，是有可能改变的。

3. 市场预测

市场预测的数据是各企业可以信任的客户需求数据，各企业可以根据市场预测来安排经营活动。

4. 广告费

投入广告费有两个作用，一是获得拿取订单的机会，二是判断选单顺序。广告分为产品广告和认证广告。

投入 1M 产品广告费，可以获得一次拿取订单的机会（如果不投产品广告没有选单机会），一次机会允许取得一张订单；如果要获得更多的拿单机会，每增加一个机会需要多投入 2M 产品广告费。例如，投入 3M 产品广告费表示有两次获得订单的机会，最多可以获得 2 张订单，其关系式为 Y=2N−1，Y 代表广告费，N 代表选单次数。如果想要获取有 ISO 认证要求的订单，必须获得 ISO 认证资格证书，并且在当年的广告费中投入 ISO 认证的广告费，每个市场相关的认证需 1M。

5. 选单流程

① 各公司将广告费按市场、产品填写在广告登记表中。

② 订货会依照本地、区域、国内、亚洲和国际市场的顺序依次召开，在每个市场中依照 P1、P2、P3 和 P4 的顺序，依次选单，对于已经结束选单的市场或产品，同一年份中，不允许再进行选单。

③ 产品广告确定公司对订单的需求量。

④ 排定选单顺序，选单顺序依据以下顺序原则确定：

a. 由上年本市场销售排名第一（所有产品订单销售额总和第一）的市场老大优先选单；

b. 按某市场、某产品上投放的广告费的多少，排定本产品的选单顺序；

c. 如果在同一市场、同一个产品投入的广告费用相同时，按照投入本市场的广告费总额（包括 ISO 认证的广告），排定选单顺序；

d. 如果该市场广告投入总量也一样时，按照上年在该市场各产品订单总额的排名次序，排定选单顺序；

e. 如果以上情况仍不能确定选单顺序时，由双方协商或抽签确定。

⑤ 按选单顺序分轮次进行选单，有资格的公司在各轮中只能选择一张订单。当第一轮选单完成后，如果还有剩余的订单，还有选单机会的公司可以按选单顺序进入下一轮选单。

注：选择订单时，企业可以根据能力放弃选择订单的权利，当某轮放弃了选单后，视为本轮退出本产品的选单，即在本轮中，不得再次选单；对于放弃的机会可以在本市场下一轮选单中使用。

当一个参赛队某次选定了订单之后，在下一个选订单者选定了订单的情况下，不允许其更改已做的选择。

相关资料

选单实际操作范例

以第四年 P3 为例，有三组 A、B、C 分别在本地市场投入广告 2M、5M、1M，由此竞单首先由 B 组选单，并且有 2 次选单机会。本地市场上共有 4 张单，如图 5-17 所示。

B 首先选销售额为 32M 的订单，然后 A 组选单，A 组选销售额为 23M 的订单；接下来是 C 组选单，通常选法是 C 组选 18M 的订单；最后 B 组又拿走了 17M 的订单。如果从竞争的角度来看，C 组可考虑选 17M 的订单，虽然损失了 1M 的销售额和利润，但 B 组却失去了第二次拿单的机会。因为 B 组没有打 ISO14000 的广告，没有资格拿带有 ISO14000 的订单，也就是 18M 的订单。市场竞单的实际操作与技巧如表 5-2 所示。

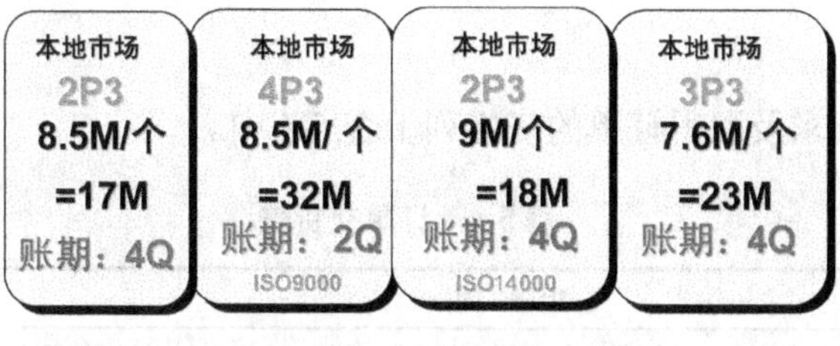

| 本地市场
2P3
8.5M/个
=17M
账期：4Q | 本地市场
4P3
8.5M/个
=32M
账期：2Q
ISO9000 | 本地市场
2P3
9M/个
=18M
账期：4Q
ISO14000 | 本地市场
3P3
7.6M/个
=23M
账期：4Q |

图 5-17　本地市场订单示意图

表 5-2　市场竞单的实际操作与技巧

\multicolumn{6}{第四年–A 组（本地）}				
产品	广告	订单总额	数量	ISO 9000	ISO 14000
P1					
P2					
P3	2				
P4					

第四年–B 组（本地）			
产品	广告	订单总额	数量
P1			
P2			
P3	5		
P4			

第四年–C 组（本地）			
产品	广告	订单总额	数量
P1			
P2			
P3	1		
P4			

注意：各个市场的产品数量是有限的，并非打广告一定能够拿到订单。所以各家企业必须仔细研究"市场预测"，掌握各个市场每种产品的市场表现，实时可采用"商业间谍"，获取竞争对手的经营信息，预测竞争对手的广告投放模式，从而让己方在获取订单中占据优势地位。

模拟企业唯有销售产品以获得利润，因此，如何选择最有价值的销售订单对企业来讲才有意义。销售订单的选取一般需要考虑以下几个方面的因素：企业的实际产能、产品销售价格、应收账款的账期、订单的约束条件（如加急单或需 ISO 认证资格等）。

6. ISO 认证投资规则

如果企业想要获得 ISO 认证资格，必须遵循一定的投资规则，具体投资规则如表 5-3 所示。

表 5-3　ISO 认证投资规则

ISO 类型	每年投资金额	完成认证投资	最小投资周期	操作说明
ISO9000	1M	2M	2 年	1. 每年按照投资额将投资放在 ISO 证书位置
ISO14000	1M	3M	3 年	2. 当投资完成后，带上所有投资到主裁判处换取 ISO 资格证 3. 只有获得 ISO 资格证后才能在市场中投入 ISO 广告

说明：ISO 认证需分期投资开发，每年一次，每次 1M。可以中断投资，但不允许集中或超前投资。ISO9000 简称 9K，ISO14000 简称 14K。

7. 订单交货问题

订单类型、交货要求及取得订单的资格列于表 5-4 中。

表 5-4　订单交货表

订单类型	交货时间	获得订单资格要求
普通订单	本年度 4 个季度运行中任一规定的交货时间	任何参赛队
ISO9000 订单	本年度 4 个季度运行中任一规定的交货时间	只要具有研发资格就可以
ISO14000 订单	本年度 4 个季度运行中任一规定的交货时间	只要具有研发资格就可以
加急订单	在本年度第一季度末交货	任何参赛队

8. 关于订单违约问题

所有订单要求在本年度完成（按订单上的产品数量整单交货）。如果订单没有完成，按下列条款加以处罚：

① 普通订单，在本年度最后关账前交纳违约罚款，并收回订单，罚款按订单销售总额的 20%（即销售总额*0.2 后向下取整）计算违约金；

② 有违约表现（包括加急订单违约）的参赛队，当年的市场地位均下降一级，如果市场老大违约，则本市场没有市场老大。

9. 厂房的购买、租赁与出售

厂房的购买、租赁与出售情况如图 5-18 所示。

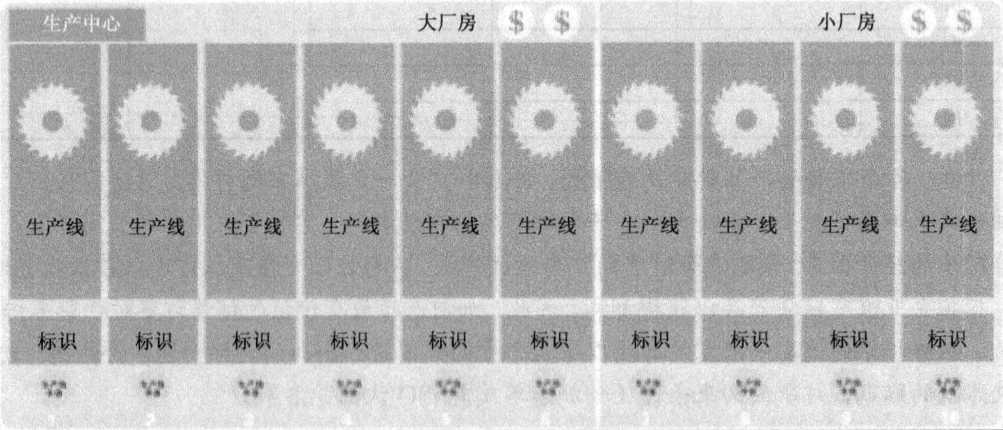

厂房	买价	租金	售价	容量
大厂房	40M	5M/年	40M（4Q）	6 条生产线
小厂房	30M	3M/年	30M（4Q）	4 条生产线

图 5-18　厂房的购买、租赁与出售示意图

租用或购买厂房可以在任何季度进行。如果决定租用厂房或厂房买转租，租金在开始租用的季度交付。

（1）厂房变卖问题

厂房可以在运行的每个季度规定的时间进行变卖。变卖时，需要财务总监携带运行记录本、应收账款登记表和厂房价值（大厂房：40M，小厂房：30M），到交易处进行交易。经核准运作时间后，由交易处收回厂房价值，发放 4Q 的应收账款欠条，并在应收账款登记表中登记。说明：这个应收账款不是可以马上使用的现金，急需用钱可以贴现。

（2）购买厂房问题

购买厂房只能在每年年末规定的时间进行，购买时只需要将等值现金放到厂房价值位置即可，厂房不提折旧。要建生产线，必须购买或租用厂房，没有租用或购买厂房不能新建生产线。如果厂房中没有生产线，可以选择退租，若有生产线，购买厂房即可不支付当年的厂房租金，即到缴纳厂房租金的操作时，在购买厂房与缴纳租金中，只选择一种操作即可。

（3）支付厂房租金问题

是否支付厂房租金的判定条件是：当运行到"支付租金"任务项时，如果厂房中有生产线，则不管什么时间投资的，也不管厂房是否是当年出售的，都需要支付租金，即从现金处取等量钱币，放在租金费用处，一年租期到期时，如果决定续租，需重复以上动作，厂房租入后，一年后可做租转买、退租等处理。如果当年使用过厂房（其中有过生产线），但到最后一个季度将生产线出售了，也就是说运行到"支付租金"项目时，厂房中已经没有生产线了，这种情况不需要缴纳租金。已购买的厂房不需要缴纳租金。大厂房租金 5M，小厂房租金 3M。

10. 生产线购买、调整与维护

生产线购买、调整与维护如表 5-5 所示。

表 5-5　生产线购买、调整与维护

生　产　线	购　置　费	安　装　周　期	生　产　周　期	转　产　费	转　产　周　期	维　修　费	残　　　值
手工线	5M	无	3Q	无	无	1M/年	1M
半自动	10M	2Q	2Q	1M	1Q	1M/年	2M
自动线	15M	3Q	1Q	4M	1Q	1M/年	3M
柔性线	20M	4Q	1Q	无	无	1M/年	4M

（1）生产线购买

购买生产线必须按照该生产线安装周期分期投资并安装，全部投资到位后方可生产（翻转或领用），所有生产线都能生产所有产品。

投资生产线的费用不一定需要连续支付，可以在投资过程中中断投资，也可以在中断投资之后的任何季度继续投资，但必须按照上表的投资原则进行操作。

提示：

● 自己领取生产线牌，放置到某个厂房位置且背面朝上，待安装完成后才翻到正面；

● 一条生产线待最后一期投资到位后，下一季度才算且必须算安装完成，安装完成的生产线当季可以投入使用；

● 资金短缺可以中断投资；

● 生产线安装完成后，翻到正面且必须将投资额放在设备价值处，以证明生产线安装完成，切记不是将钱交给老师；

● 参赛队之间不允许相互购买生产线，只允许向设备供应商（交易处）购买；

● 生产线一经开始投资，不允许搬迁移动（包括在同一厂房内的生产线）。

（2）转产（生产变更）

某生产线生产由 A→B 产品，则需要变更，变更费用应提前支付，最后一笔支付到期一个季度后方可更换产品的标志。

（3）生产线维护

① 必须交纳维护费的情况：生产线安装完成的当年，不论是否开工生产，都必须交纳维护费；正在进行转产的生产线也必须交纳维护费。

② 免交维护费的情况：凡已出售的生产线和新购正在安装的生产线不交纳维护费。

（4）生产线折旧

每条生产线单独计提折旧，分四年折旧完，各种生产线每年折旧额的计算如表 5-6 所示。

表 5-6　生产线折旧

生产线	购置费	残值	折旧额				
			建成第 1 年	建成第 2 年	建成第 3 年	建成第 4 年	建成第 5 年
手工线	5M	1M	0	1M	1M	1M	1M
半自动	10M	2M	0	2M	2M	2M	2M
自动线	15M	3M	0	3M	3M	3M	3M
柔性线	20M	4M	0	4M	4M	4M	4M

完成规定年份的折旧后，生产线可以继续使用，但不用提取折旧。生产线的剩余的残值可以保留，直到该生产线变卖为止。当年新建成的生产线不提折旧。

（5）生产线变卖

生产线无论何时变卖，价值均为残值放入现金区，如果还有剩余的价值（即没有提完折旧），即将净值减去残值后的剩余价值直接计入损失，记入当年"综合费用——其他"，并将生产线交还给供应商即可完成变卖。在交维护费之前已出售的生产线，当年不用交维护费。

相关资料

生产线购买具体操作示例

例如，自动线安装操作可按下表 5-7 进行。

表 5-7　全自动线投资安装

操作	投资额	安装完成
1Q	5M	启动 1 期安装
2Q	5M	完成 1 期安装，启动 2 期安装
3Q	5M	完成 2 期安装，启动 3 期安装
4Q		完成 3 期安装，生产线建成

从上表可看出，自动线若在 1Q 投资，连续投资到 3Q，投资完成，4Q 才算安装完成可以生产，因此这条生产线的建成时间是本年的 4Q，而不是 3Q。为此，生产线在这一年需要交维护费 1M，但不用交折旧费，第二年就要交维护费和折旧费。若从策略角度，为了省下 1M 维

护费，该条生产线可以从 2Q 开始投资，到次年 1Q 完成安装，那么维护费就可以在第二年交，在第三年才开始计提折旧，即在第一年尚在建设中，既不用交维护费，也不需要折旧；第二年是建成的第一年，不用折旧，但要交维护费；第三年是建成的第二年，既要交维护费，也要提折旧。

生产线出售具体操作示例

例如，出售半自动生产线一条，若其净值为 2M，其净值等于出售残值，直接将净值 2M 转换为现金；若净值为 4M，大于残值 2M，则将相对于残值的 2M 净值转换为现金，另外 2M 净值计入综合费用里的其他费用。

11. 原材料采购

采购原材料需经过下原料订单和采购入库两个步骤，这两个步骤之间的时间差称为订单提前期，各种原材料提前期如表 5-8 所示。

表 5-8 原材料订单提前期

原　材　料	订单提前期
R1（红色）	1Q
R2（橙色）	1Q
R3（蓝色）	2Q
R4（绿色）	2Q

订货：用空桶表示原材料订购，将其放在相应的订单上，订购注意提前期。

收货：根据已下采购订单接收相应原料入库，并按规定付款或计入应付款。

提示：

① 没有下订单的原材料不能采购入库；

② 所有下订单的原材料到期必须采购入库；

③ 原材料入库时必须到交易处支付现金购买已到期的原材料；

④ 下原料采购订单时必须填写采购订单登记表，然后携带采购总监的运行记录和采购订单登记表到交易处登记。

注意：原材料订单早了会造成原材料积压，占用资金；晚了会造成停工待料，影响生产效率。

12. 产品研发和生产

（1）产品研发

要想生产某种产品，先要获得该产品的生产资格证。而要获得生产许可证，则必须经过产品研发。P1 产品已经有生产许可证，可以在本地市场进行销售。P2、P3、P4 产品都需要研发后才能获得生产许可。研发需要分期投入研发费用。投资规则如表 5-9 所示。

表 5-9 产品研发投资

产　品	每季度投资金额	完成开发所需投资	最小投资周期	操　作　说　明
P2	1M	4M	4Q	1. 每季度按照投资额将现金放在生产资格位置
P3	1M	6M	6Q	2. 当投资完成后，带上所有投资的现金到主裁判处换取生产许可证
P4	2M	12M	6Q	3. 只有获得生产许可证后才能开工生产该产品

说明：产品研发可以中断或终止，但不允许超前或集中投入；已投资的研发费不能回收；开发过程中，不能生产。

（2）产品原材料、加工费、成本

产品原材料、加工费、成本如表 5-10 所示。

表 5-10　产品原材料、加工费、成本

产　品	原　材　料	原料价值	加工费（手工/半自动/自动/柔性）	直接生产成本
P1	R1	1M	1M	2M
P2	R1+R2	2M	1M	3M
P3	2R2+R3	3M	1M	4M
P4	R2+R3+2R4	4M	1M	5M

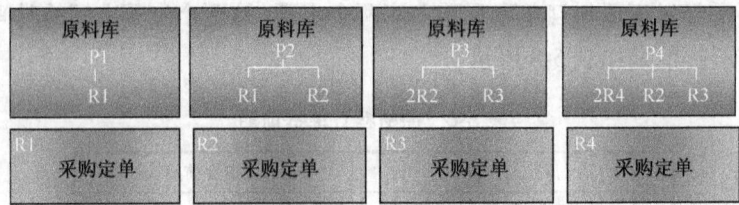

生产：开始生产，将原料放在生产线上并支付加工费。

13.　市场开发

市场开发按照表 5-11 所列规定进行。

表 5-11　市场开发规则

市　　场	每年投资额	投资周期	全部投资总额	操　　作
本地	无			直接获得准入证
区域	1M	1 年	1M	1. 将投资放在准入证的位置处
国内	1M	2 年	2M	2. 当完成全部投资后，经主裁判核准，统一换取相应的市场准入证
亚洲	1M	3 年	3M	
国际	1M	4 年	4M	

每个市场开发每年最多投入 1M，允许中断或终止，不允许超前投资。投资时，将 1M 投入到"市场准入"的位置处。换取准入证后，将其放在盘面的相应位置处。只有拿到准入证后才能参加相应市场的订货会。研发投资计入当年综合管理费。

特别提示：

产品研发：研发完毕之后才能上线"生产"。

市场开拓：开拓完毕之后才能进行"竞单"。

认证建设：ISO 证书拿到之后才能广告"宣传"。

14.　融资贷款与资金贴现

企业间不允许私自融资，在经营期间，只允许向银行贷款。银行贷款的品种如表 5-12 所示。

（1）长期和短期贷款信用额度

长、短期贷款的额度分别为上年权益的 2 倍（长、短期分别计算贷款额度）。短期贷款必须按 20M 的倍数申请。如果权益为 11~19M，只能按 10 的 2 倍申请短期贷款，如果上年权益低于 10M，将不能获得短期贷款（只能获得长期贷款）。长期贷款最低的申请额为 10M，最低的受信权益为 5M，上年权益低于 5M 的公司，不能申请任何（长期和短期）贷款。

表 5-12　融资贷款与资金贴现规则

类　　型	额　　度	利息/年	归　还　方　式
长期贷款 （基本贷款单位 10M）	长期贷款的总额度为上年权益的 2 倍（与短贷分别计算）	10%	每年年初支付利息，每年年初申请新贷款，到期还本
短期贷款 （基本贷款单位 20M）	短期贷款的总额度为上年权益的 2 倍（与长贷分别计算）	5%	每季度初申请新贷款，利随本清
高利贷	80M（基本贷款单位 10M）	30%	可以随时申请高利贷，高利贷的还款在每季度初进行，利随本清
资金贴现	视应收款额	1:6	变现时贴息
库存拍卖	原材料八折，成品原价		随时

（2）长、短期贷款的时间

长期贷款每年只有一次，即在每年末（详见运行任务清单）；短期贷款每年为四次，分别为每季度初。

（3）贷款规则

① 长期贷款每年必须归还利息，到期还本，本利双清后，如果还有贷款额度时，才允许重新申请贷款。即：如果有贷款需要归还，同时还拥有贷款额度时，必须先归还到期的全部长期贷款，才能申请新贷款。不能以新长贷还旧长贷（续贷），短期贷款也按本规定执行。

② 结束年时，不要求归还没有到期的长、短期贷款。

③ 长期贷款最多可贷 5 年。

④ 除最后一年的高利贷，所有类型的贷款不允许提前还款。

（4）高利贷规则

高利贷使用期限为一年（同短期贷款）。高利贷以 10M 为基本贷款单位，最多可以贷 80M。高利贷可以随时申请，即在运行过程的任何时间，都可以申请高利贷，将收到的现金记入当季度短期贷款（高利贷）运行项目下，但高利贷计息时间为运行当季的短期贷款申请时间，并随短期贷款的更新时间更新。高利贷必须按照短贷归还时间进行还本付息。

提示：

① 凡借入高利贷的企业均按 5 分/贷 10M 扣减总分；

② 除最后一年的高利贷，所有贷款不允许提前还贷。

（5）贴现规则

若提前使用应收款，必须按 6:1 提取贴现费用，即从应收账款中取 7M 或 7 的整数倍数的应收账款，6M 或 6 的整数倍数放入现金，其余为贴现费用（只能按 7 的倍数贴现）计入当季的贴现费用项目中。只要有足够的应收账款，可以随时贴现（包括次年支付广告费时，使用应收账款贴现）。

15. 综合费用与折旧、税金、利息

综合管理费：行政管理费、市场开拓、营销广告、生产线变更、设备维护、厂房租金、ISO

认证、产品研发、紧急采购损失等计入综合管理费。其中，行政管理费每季度末支付 1M，其他费用于年底根据实际发生情况进行核算。

说明：紧急采购，付款即到货，原料价格为直接成本的 2 倍，成品价格为直接成本的 3 倍，多于直接成本的支出计入损失（综合费用——其他）。

折旧：设备折旧按 5 年平均年限法折旧，当生产线净值等于残值时，不再计提折旧，当年建成的生产线不计提折旧，厂房不折旧。

税金：每年所得税计入应付税金，在下一年初交纳。

利息：利息、贴息等费用在利润表（损益表）中单列为财务支出，不计入综合费用。

16. 排行榜计分标准

$$总成绩＝所有者权益×（1+企业综合发展潜力/100）–罚分$$

其中：企业综合发展潜力加分表如表 5-13 所示。

表 5-13　企业综合发展潜力加分表

项　　目	综合发展潜力系数
手工线	+3/条
半自动线	+5/条
自动线	+8/条
柔性线	+10/条
区域市场开发	+7
国内市场开发	+8
亚洲市场开发	+9
国际市场开发	+10
ISO9000	+8
ISO14000	+10
P2 产品开发	+8
P3 产品开发	+9
P4 产品开发	+10
大厂房	+10
小厂房	+5

在加权系数中，以下情况不能在加权系数中加分：

企业购入的生产线，只要没有生产出一个产品，都不能获得加分；已经获得各项资格证书的市场、ISO、产品才能获得加分；正在开发但没有完成的，不能获得加分。

17. 罚分规则

在企业运行过程中，对于不能按照规则运行或不能按时完成运行的企业，在最终评定的总分中，给予减分的处罚。

（1）违规操作扣分

① 没有按照规定的流程顺序进行运作，罚总分 20 分/次；

② 违反规则运作，如新建生产线没有执行规定的安装周期、没有按照标准的生产周期进行生产等，罚总分 20 分/次；

③ 不如实填写管理表单（采购订单、贷款、应收、生产线状况登记表）的情况，一经核实按情节严重扣减总分 5～10 分/次。

（2） 运行超时扣分

运行超时有两种情况：一是指不能在规定时间完成广告投放（可提前投广告）；二是指不能在规定时间完成当年经营。

处罚：按总分 2 分/分钟（不满一分钟算一分钟）计算罚分，最多不能超过 10 分钟。如果到 10 分钟后还不能完成相应的运行，由裁判组协助运行并扣 50 分/次。

（3）交报表延时或有误扣分

对上交报表时间会做规定，延误交报表 1～10 分钟内罚 1 分/分钟，10～15 分钟 2 分/分钟，15 分钟之后，由裁判组强行平账；如果上交的报表有误，在总得分中扣罚 5 分/次。

18. 破产标准及说明

当参赛队权益为负（指当年结束系统生成资产负债表时为负）或现金断流时（权益和现金可以为零），企业破产。参赛队破产后，由裁判视情况适当增资后继续经营。破产队不参加有效排名。

为了确保破产队不过多影响比赛的正常进行，限制破产队每年用于广告投放总和不能超过 5M。

【本阶段任务总结】

1. 分析、阐述仿真制造企业的行业背景及发展现状。
2. 分析产品市场需求的趋势。
3. 初始盘面设置考核。
4. 企业经营规则中期考核。

第 6 章

手工沙盘经营

细节决定成败，商场环境变幻莫测，一切皆有可能，各团队必须时刻关注竞争对手的经营动态，随时准备调整或改变具体的经营管理活动，以使自身的绩效优于竞争对手。

是创造辉煌还是惨淡收场，从现在开始，企业的未来就掌握在你们手中······

 本阶段主要任务

- ◇ 组建生产制造企业
- ◇ 手工沙盘初始年度试运营
- ◇ 熟悉一个经营年度完整的运行流程
- ◇ 熟悉并掌握本岗位的工作内容，掌握相关工作表格的填写规范
- ◇ 完成为期 5～6 年的经营活动
- ◇ 根据每个阶段的经营结果，调整自身的经营活动，确保经营的连续性

作为新一代的企业经营者，大家已经了解和掌握了企业经营的基本背景信息和企业运行的基本规则，为下阶段的企业经营做好了前期准备。但是考虑到参加实训的人员还缺乏企业经营的实战经验，因此，本教程将带领大家进行企业初始年度的试运行，以帮助大家熟悉企业运行的流程和运行表格的使用，为将来新管理层的独立经营打下良好的基础。

需要再次强调的是，在手工沙盘模拟经营实训的仿真环境中，6～12 家生产制造企业的历史与起点完全一样，未来所面临的经营和竞争环境也完全相同，但模拟运营开始后，这 6～12 家生产制造企业自主选择的经营战略和决策，就注定要把它们带上不同的发展道路，也将会有各自不同的结局。

6.1 生产制造企业起始年初的财务状况信息

新一代的管理者接手生产制造企业时，该企业已经创办了三年，长期以来专注于 P1 产品的生产与经营，声誉良好，客户较为满意。表 6-1 和表 6-2 分别是企业起始年初的利润表和资产负债表。通过考察企业的利润表和资产负债表，可以初步了解到企业当前的财务状况及经营成果（企业详细的初始状态信息请参见本教程第 5 章"仿真生产制造企业的经营背景信息"和"手工沙盘初始盘面的设定"两部分内容）。

表 6-1　生产制造企业起始年初利润表

序　号	项　　目		上　年　数	本　年　数
1	销售收入	+	35	
2	直接成本	−	12	
3	毛利	=	23	
4	综合费用	−	11	
5	折旧前利润	=	12	
6	折旧	−	4	
7	支付利息前利润	=	8	
8	财务收入/支出	+/−	4	
9	其他收入/支出	+/−		
10	税前利润	=	4	
11	所得税	−	1	
12	净利润	=	3	

表 6-2　生产制造企业起始年初资产负债表

资　　产	期　初　数	期　末　数	负债和所有者权益	期　初　数	期　末　数
流动资产：			负债		
现金	20		长期负债	40	
应收款	15		短期负债	0	
在制品	8		应付账款	0	
成品	6		应交税金	1	
原料	3		一年内到期的长期负债		
流动资产合计	52		负债合计	41	
固定资产：			所有者权益		
土地和建筑	40		股东资本	50	
机器与设备	13		利润留存	11	
在建工程			年度净利	3	
固定资产合计	53		所有者权益合计	64	
资产总计	105		负债和所有者权益总计	105	

　　备注：① 其初始状态中，除了按照企业起始年初利润表（表 6-1）、起始年初资产负债表（详见表 6-2）上的价值分布定位外，另外还有两个 R1 原材料订单；② 应收账款为三期 15M；③ 长期贷款共计 40M，其中 4 年期 20M、5 年期 20M；④ 贷款利息：长期贷款年利率为 10%；短期贷款年利率为 5%；⑤ 应交税来源于损益表，股东资本与上一年度相同，年度净利来源于损益表。赢利时，按当年利润的 25% 计算所得税，下一年初交纳。当企业弥补前五年亏损而赢利之后，所得税的计算方法：[税前利润+(前五年净利润之和)]×25%。

6.2　手工沙盘年度运行流程任务

　　手工沙盘经营分成年初、四季、年末三个时间段，整体的经营活动内容如表 6-3 所示。

　　每年经营由首席执行官 CEO 指挥，各岗位管理人员分别填写本部门的相关运行表格（详见附表 A-1），有序地完成一年的经营。各岗位管理人员需要各司其职，在部门运行表格中填写自己负责的经营数据。CEO 在经营流程表（表 6-4）中打勾，表示完成该项任务；财务总监记录明细现金流入流出、费用发生、融资发生情况；采购总监记录原材料订货、出入库情况；

生产总监记录生产线建设和变动情况，及在制品变化情况；营销总监记录生产资格、ISO、市场开发情况、产成品的出入库情况。表 6-4 是手工沙盘年度经营流程表，表中列出了手工沙盘操作的顺序及操作要点。

表 6-3　企业整体经营活动（年度）

阶　　段	任　　务	备　　注
年初	年度规划、广告投放、参加订货会、调整新年度计划、核算应付税、长贷	8 项工作
四季	短贷、采购、生产任务、交货及开发	16 项工作，每季重复一次
年末	年末付款、结账	7 项工作
特殊工作	应收账款贴现、厂房贴现、紧急采购、出售库存	4 项工作，紧急时采用，可随时进行

备注：考虑到监控难度较大，建议在手工沙盘模拟经营实训中，不允许紧急采购和出售库存。

表 6-4　手工沙盘年度经营流程表（CEO 使用表）

企业经营第＿＿年				
企业经营流程 请按顺序执行下列各项操作。	每执行完一项操作，CEO 请在相应的方格内打勾。 财务总监（助理）在方格中填写现金收支情况。			
新年度规划会议				
投放广告				
参加订货会选单/登记销售订单				
调整新年度经营计划				
支付应付税款				
支付长贷利息				
更新长期贷款/长期贷款还款				
申请长期贷款				
季初现金盘点（请填余额）				
更新短期贷款/短期贷款还本付息				
申请短期贷款				
原材料入库/更新原料订单				
下原料订单				
更新生产/完工入库				
新建/在建/转产/变卖生产线				
开始下一批生产				
更新应收款/应收款收现				
按订单交货				
产品研发投资				
厂房出售（买转租）				
支付行政管理费				
缴纳违约订单罚款				
支付设备维护费				
支付租金/购买厂房				
计提折旧				

新市场开拓/ISO 资格认证投资			
新市场/ISO 资格换证			
结账			
现金收入合计			
现金支出合计			
期末现金对账（请填余额）			

总经理：

6.2.1 企业经营任务——年初任务

1. 召开年度规划会议

常言道"预则立，不预则废"。新一年开始之际，企业管理团队要研究市场预测，制订或调整企业战略，做出经营计划、设备投资计划、营销方案等。具体来讲，企业需要完成三项工作。第一，编制销售预算，主要是对本年度要达到的销售目标进行预测；第二，计算企业的可接单量，该数据主要取决于企业的现有库存和生产能力；第三，做出资金预算，判断企业是否有足够的资金支持本年度的运行。企业起始年规划会议决议如图 6-1 所示。

企业起始年规划会议决议

本年度以稳健为主，制订如下经营策略：
- 年初支付 1M 广告费；
- 本年度不作任何贷款（包括长贷、短贷）；
- 每季度下 1 个 R1 原料订单；
- 本年度不作任何投资（包括产品开发和市场开发）。

图 6-1　企业起始年规划会议决议

2. 投放广告

各个企业需要填写并上交广告费用登记表。

例如：本企业起始年度在本地市场针对 P1 产品投放 1M 的广告费，营销总监据此填写广告费登记表，如表 6-5 所示。

表 6-5　广告费用登记表

公司编码	××××	公司名称	××××	投入时间	××××
广告费					
产品类型	本地市场	区域市场	国内市场	亚洲市场	国际市场
P1	1				
P2					
P3					
P4					
合计	1				

3. 参加订货会选订单

广告投放完毕，核实后，订货会正式开始，各个企业按照排定的顺序依次选单，选单结束后，及时填写销售订单信息登记表。

例如：本企业起始年获得本地市场一张订单——6 个 P1，2Q 应收账期，32M 销售额。营销总监据此填写销售订单登记表，如表 6-6 所示。

表 6-6 销售订单登记表

订　单　号	×××								合　计
市场	本地								
产品	P1								
数量	6								
账期	2Q								
销售额									
成本									
毛利									
未售									

4. 调整新年度经营计划

管理层根据企业本年度获取的订单实际情况，调整企业本年度的设备投资计划、营销计划、产品研发计划等。

5. 支付应付税款

财务总监按照上一年利润表的"所得税"一项数值取出相应的现金放置于沙盘"税金"处，并做好现金收支记录。例如：本企业在起始年度应上交上一年度的"所得税"1M。

6. 支付长贷利息

财务总监取出相应现金放置于沙盘"利息"处，并做好现金收支记录。例如：本企业在起始年度年初应支付长贷利息 4M。

7. 更新长期贷款/长期贷款还款

在盘面上将长贷空桶往现金方向推一格（表示 1 年），从现金库取出到期本金，归还至银行，并做好现金收支记录。

8. 申请长期贷款

如企业还有贷款额度，财务总监可到商业银行办理长贷手续，获得相应数量长贷现金，做好现金登记，并在长期贷款相应借款年份位置做好标记。

6.2.2 企业经营任务——四季任务

1. 季初现金盘点

财务总监核对盘面现金与记录是否相符。

2. 更新短贷/短贷还本付息

如果企业有短贷，财务总监将所有短贷空桶向现金方向移动一格，移至现金库时，表示短贷到期，财务总监从现金库中取出现金，将短贷利息金额置于盘面"利息"处，将到期本金，归还至银行，并做好现金收支记录。

3. 申请短贷

如企业还有贷款额度，财务总监可到商业银行办理贷款手续，申请短期贷款，获得相应数量短贷现金，做好现金登记，同时将标有贷款额的卡片置于短贷 Q4 处。

4. 更新原料订单/原材料入库

原材料供应商发出的订货已经运抵企业时，企业必须无条件接受货物并支付原料款。采购总监将原料订单区的空桶向库存方向移动一格，到达原料库时，向财务总监申请原料款，支付给供应商，换取相应的原料，同时做好现金登记。

5. 下原料订单

采购总监根据年初制订的生产与采购计划，确定所需原料的品种及数量，每个空桶代表一个原材料，将相应数量的空桶放置于对应品种的原材料订单处。

6. 更新生产，完工入库

生产总监将各条生产线上的在制品推进一格（从小数目方格推到大数目方格）。产品下线表示产品完工，将产品放置于相应的产品库中。

7. 新建/在建/转产/变卖生产线

- 投资新生产线时，生产总监向设备供应商领取新生产线标志及产品标志，生产线标志背面朝上放置于厂房相应生产线处，其上放置与该生产线安装周期相同的空桶数，每个季度向财务总监申请建设资金，财务总监做好现金收支记录。
- 在建生产线。生产线购买之后，需要进行 2 期（含 2 期）以上投资的均为在建生产线，生产总监向财务总监申请建设资金，放置于空桶内，财务总监做好现金收支记录。生产线安装完成后，盘面上必须将投资额放在净值处，以证明生产线安装完成，并将生产线标志翻转过来。
- 生产线转产。建成且没有在制品的生产线方可进行转产，如果需要转产且该生产线需要一定的转产周期和转产费用，由生产总监翻转生产线标志，领取新的产品标志，按季度向财务总监申请并支付转产费用放于生产线标志上。停工满足转产周期要求并支付全部转产费用后，再次翻转生产线标志，开始新的生产。转产完成后，财务总监将转产费置于财务中心"转产费"处，并做好现金收支记录。
- 变卖生产线。将变卖的生产线残值放入现金区，其他剩余价值（净值-残值）放入"其他"费用处，记入当年"综合费用"，并将生产线交还给设备供应商即完成变卖。

8. 开始下一批生产

更新生产，完工入库之后，某些生产线的自制品已经完工，同时某些生产线已经建成，可开始生产新产品。如果有该产品生产资格，由生产总监按照产品结构从原材料库中取出原料，并向财务总监申请产品加工费，将上线产品摆放在第 1 生产周期上。

9. 更新应收款/应收款收现

财务总监将应收账款向现金库方向推进一格，到达现金库时即成为现金，需要做好现金收支记录。

10. 按订单交货

营销总监检查各成品数量是否满足客户订单要求，满足则按照客户订单交付约定数量的产品给客户，并填写产品核算统计表（如表 6-7 所示）。若为现金（0 账期）付款，营销总监直接将现金置于现金库；若为应收账款，营销总监将现金置于应收账款相应账期处。

表 6-7 产品核算统计表

	P1	P2	P3	P4	合计
数量	6				6
销售额	32				32
成本	12				12
毛利	20				20

11. 产品研发投资

按照年初制订的产品研发计划，营销总监向财务总监申请研发资金，置于相应产品的生产资格位置，并做好现金收支记录。当生产资格开发完成，可将资格证置于相应位置。

12. 出售厂房

出售厂房转为租用，增加 4Q 账期应收款，将代表厂房价值的现金放置于 4Q 应收账款的位置。

13. 支付行政管理费

财务总监从现金库中取出 1M 摆放在盘面"管理费"处，并做好现金收支记录。

14. 现金收入合计

财务总监统计本季度现金收入总额。

15. 现金支出合计

财务总监统计本季度现金支出总额。

16. 期末现金对账

财务总监盘点现金余额，并进行核对。

6.2.3 企业经营任务——年末任务

1. 缴纳违约订单罚款

财务总监按照订单销售额的一定比例缴纳罚款，并直接从现金中扣除，将违约扣款置于盘面财务中心"其他"处，并做好现金收支记录。

2. 支付设备维护费

生产总监向财务总监提出申请，财务总监取出现金放置于盘面"维修费"处，并做好现金收支记录（已经建好的每条生产线每年需要支付 1M 的维护费）。

3. 计提折旧

财务总监从生产线净值中取出折旧费计置于盘面财务中心"折旧"处。

4. 支付租金/购买厂房

购买厂房：如果决定购置厂房，财务总监取出厂房价值等量的现金置于盘面厂房价值处（"￥"），同时做好现金收支记录；支付厂房租金：财务总监从现金处取厂房租金等量货币，置于盘面财务中心"租金费用"处。

5. 新市场开拓/ISO 资格认证投资

营销总监向财务总监申请市场开拓或 ISO 资格投资费用，财务总监取出现金放置于相应市场或 ISO 认证处。

6. 新市场/ISO 资格换证

营销总监检查新市场或 ISO 资格投资是否完成，若完成可携带开发费去认证中心处换取相应标志。

7. 结账

由财务总监编制综合费用表、利润表和资产负债表。

6.2.4 企业经营任务——特殊任务

所谓特殊任务是指不受正常流程运行顺序的限制，当需要时就可以操作的任务。

1. 贴现

只要企业有足够的应收账款，可以随时贴现（包括次年支付广告费时，也可使用应收账款贴现），如果进行贴现，由财务总监从应收账款中取出收现部分放于盘面"现金"处，其余（贴息）置于盘面财务中心"贴息"处。

2. 厂房贴现

正常情况下出售厂房后，直接转入 4Q 的应收账款。但是在紧急情况下，且操作步骤还没有轮到变卖厂房的操作时，可以利用本功能直接将厂房的价值按照 4Q 应收账款进行贴现。如果进行厂房贴现，财务总监将厂房价值分别转入盘面"现金"和财务中心"贴息"处。

3. 紧急采购

有两种情况下会用到此功能。

① 如果下一批生产原材料不够，又需要当期使用，可以用成本价的 2 倍现金采购原材料，采购总监向财务总监提出申请，获得现金换取原材料，并将高于直接成本部分置于盘面财务中心"其他"处，财务总监需做好现金收支记录。

② 如果按订单交货发现产成品库存不足，可以用直接成本 3 倍价格采购成品，采购总监向财务总监提出申请，获得现金到供应商处换取产成品，并将高于直接成本部分置于盘面财务中心"其他"处，财务总监需做好现金收支记录。

4. 出售库存

一旦现金断流，可以用此方式进行融资。由采购总监携带产成品或原材料到供应商处兑换相当于直接成本价值的现金，同时将低于直接成本部分置于盘面财务中心"其他"处。

6.3 企业初始年度经营总结——财务处理及经营报表生成

起始年度企业根据自身的经营策略按照年初、四季、年末三个时间段分别依次执行完经营任务后，得到如表 6-8 所列的经营流程表、表 6-9 所列的综合费用表、表 6-10 所列的利润表及表 6-11 所列的资产负债表。

6.3.1 经营流程表

经营流程表可以看做是简单的现金流量表，将每步操作的现金收支情况做出记录，但是又不完全等同于现金流量表，根据岗位的不同也可记录一些与现金无关的内容。每个年度的经营细节可在此表中进行查询，记录如果规范，便于查找错误。表 6-8 是企业起始年度的经营流程表。

表 6-8　起始年度运行流程表

企业经营起始年				
企业经营流程 请按顺序执行下列各项操作。	每执行完一项操作，CEO 请在相应的方格内打勾。 财务总监（助理）在方格中填写现金收支情况。			
新年度规划会议	★			
投放广告	1			
参加订货会选单/登记销售订单	★			
调整新年度经营计划	★			
支付应付税款	1			
支付长贷利息	4			
更新长期贷款/长期贷款还款	★			
申请长期贷款	×			
季初现金盘点（请填余额）	14	10	6	18
更新短期贷款/短期贷款还本付息	★	★	★	★
申请短期贷款	×	×	×	×
原材料入库/更新原料订单	2	1	1	1
下原料订单	★	★	★	★
更新生产/完工入库	★	★	★	★
新建/在建/转产/变卖生产线	★	★	★	★
开始下一批生产	1	2	1	2
更新应收款/应收款收现	★	★	15	32
按订单交货	×	★	×	×
产品研发投资	×	×	×	×
厂房出售（买转租）	×	×	×	×
支付行政管理费	1	1	1	1
缴纳违约订单罚款				×
支付设备维护费				4
支付租金/购买厂房				×
计提折旧				(4)
新市场开拓/ISO 资格认证投资				×
新市场/ISO 资格换证				×
结账				★
现金收入合计	0	0	15	32
现金支出合计	4	4	3	8
期末现金对账（请填余额）	10	6	22	18

　　备注：以上数据是根据企业本年度的经营策略进行统计核算的，相关信息包括：年初支付 1M 广告费；本年度不作任何贷款（包括长贷、短贷）；每季度下 1 个 R1 原料订单；本年度不作任何投资（包括产品开发和市场开发）；本年度企业得到本地市场一张订单：6 个 P1，2Q 应收账期，32M 销售额。

6.3.2 综合费用表

综合费用表用于记录企业在一个会计年度中发生的各项费用。起始年度企业根据实际费用的支出情况填写的费用明细见表6-9，从表中可计算出起始年度企业支出综合费用共9M。

表 6-9　综合管理费用明细表　　　　　　　　　　　　单位：百万

项　目	金　额	备　注
管理费	4	
广告费	1	
维护费	4	
租金		
转产费		
市场准入开拓		□区域　□国内　□亚洲　□国际
ISO 资格认证		□ISO9000　　□1SO14000
产品研发		P2（　）　P3（　）　P4（　）
其他		
合计	9	

6.3.3 利润表

利润表是企业在一定期间的经营成果，表现为企业在该期间所取得的利润，是企业经济效益的综合体现，又称为损益表或收益表。起始年度企业根据经营结果编制的利润表如表 6-10 所示，从表中可以得出，企业本年度赢利 3M，应缴税金 0M。关于所得税的计算见第 8 章 8.1.6。

表 6-10　起始年利润表

序　号	项　目		上 年 数	本 年 数	数 据 来 源
1	销售收入	+	35	32	产品核算统计表中的销售额合计
2	直接成本	−	12	12	产品核算统计表中的成本合计
3	毛利	=	23	20	产品核算统计表中的毛利合计
4	综合费用	−	11	9	综合费用明细表的合计
5	折旧前利润	=	12	11	序号 3 行数据–序号 4 行数据
6	折旧	−	4	4	盘点盘面上的数据
7	支付利息前利润	=	8	7	序号 5 行数据–序号 6 行数据
8	财务收入/支出	+/−	4	4	支付借款、高利贷利息和贴息记入财务支出
9	其他收入/支出	+/−			其他财务收支
10	税前利润	=	4	3	序号 7 行数据–（+）序号 8、9 行数据
11	所得税	−	1	0	序号 10 行数据为正数时除以 4 取整
12	净利润	=	3	3	序号 10 行数据–序号 11 行数据

6.3.4 资产负债表

资产负债表是企业对外提供的主要财务报表，是根据资产、负债和所有者权益之间的相互关系，即"资产=负债+所有者权益"的恒等关系，按照一定的分类标准和一定的次序，把企业特定日期的资产、负债和所有者权益三项汇集要素所属项目予以适当排列，并对日常会计工作中形成的会计数据进行加工、整理后编制而成的，其主要目的是反映企业在某特定日期的财务状况。通过资产负债表，可以了解企业所掌握的经济资源及其分布情况；了解企业的资本结构；分析、评价、预测企业的短期偿债能力和长期偿债能力；正确评估企业的经营业绩。

起始年度企业根据经营结果编制的资产负债表如表 6-11 所示。

表 6-11　起始年资产负债表

资　产		期　初　数	期　末　数	负债和所有者权益		期　初　数	期　末　数
流动资产：				负债：			
现金	+	20	42（盘点现金库中现金）	长期负债	+	40	40（除1年到期长贷）
应收款	+	15	0（盘点应收账款）	短期负债	+	0	0（盘点短期借款）
在制品	+	8	8（盘点线上在制品）	应付账款	+	0	0（盘点应付账款）
成品	+	6	6（盘点线上成品）	应交税金	+	1	0（根据本年度中的利润表填写）
原料	+	3	2（盘点线上原材料）	一年内到期的长期负债	+		（盘点1年到期长贷）
流动资产合计	=	52	58（以上五项之和）	负债合计	=	41	40（以上五项之和）
固定资产：				所有者权益：			
土地和建筑	+	40	40（厂房价值之和）	股东资本	+	50	50（股东不增值的情况下为50）
机器与设备	+	13	9（设备净值之和）	利润留存	+	11	14（上一年度利润留存＋上一年度净利）
在建工程	+		（在建工程价值之和）	年度净利	+	3	3（利润表中净利润）
固定资产合计	=	53	49（以上三项之和）	所有者权益合计	=	64	67（以上三项之和）
资产总计	=	105	107（流动资产＋固定资产）	负债和所有者权益总计	=	105	107

熟悉了企业经营流程和运行规则，新一代的企业经营者们将接过企业发展的重任，开始完全独立的经营，承担企业发展的重任，这将是一个全新的开始，充满了机遇和挑战……

【任务总结】

1. 年度试运行信息反馈（存在的问题点）。
2. 每年经营结束后提交生产线状态表及财务报表。

第 7 章

电子沙盘经营

有了实物沙盘综合认知企业经营后，为了更真实地体现现实社会的运作环境，使学生像真正经营企业一样负责任地做好每项决定，认真执行好每项工作，"创业者"电子沙盘可以让大家得到真实体验。

 本阶段主要任务

✧ 电子沙盘与手工沙盘规则比较
✧ 熟悉电子沙盘操作流程

7.1 "创业者"电子沙盘简介

7.1.1 "创业者"电子沙盘概况

"创业者"电子沙盘是浙江大学城市学院和用友软件股份有限公司联合开发的最新企业经营模拟软件。系统与实物沙盘完美结合，继承了 ERP 实物沙盘形象直观的特点，同时实现了选单、经营过程、报表生成、赛后分析的全自动，将教师彻底从选单、报表录入、监控等具体操作中解放出来，而将教学研究的重点放在企业经营的本质分析。

"创业者"电子沙盘有以下几个特点。

① 采用 B/S 架构，基于 Web 操作平台，实现本地或异地的训练。

② 可以对运作过程的主要环节进行控制：一是可以实现一旦操作，不能返回该环节以前的操作，避免了环节作弊；二是自动核对现金流，并依据现金流对企业运作进行控制，避免随意挪用现金的操作，从而真实地反映现金对企业运行的关键作用。

③ 实现交易活动（包括银行贷款、销售订货、原料采购、交货、应收账款回收、市场调查等）的本地操作，以及操作合法性验证的自动化。

④ 可以与实物沙盘结合使用，也可单独使用。

⑤ 有多组训练的选择，普通版可在 6～12 组中任选。

⑥ 可以有限地改变运行环境参数，调节运行难度。

与实物沙盘相比，"创业者"电子沙盘有以下几个优点：

① 企业经营监控更加完善，在企业运营的各个环节都实现计算机直接控制，控制成本低。

② 可以实现单人承担多个角色，克服人力不足的问题。

③ 可以简化教师工作量，留有更多时间对学生进行点评总结。

7.1.2　电子沙盘与手工沙盘规则比较

本教程选用的电子规则基本沿用第 5 章的手工沙盘规则，但也有区别。

① 与手工沙盘规则相比，电子沙盘可谓是白手起家，只有 60M 的初始资金，所以有很强的自主性。

② 贴现比率有所变动，10%（1 季，2 季），12.5%（3 季，4 季），这样看来增加了贴现费用，对贴现有所抑制。

③ 产品研发和物料需求计划不同，如表 7-1 所示。

表 7-1　产品研发和物料需求计划表（电子沙盘）

P_1	1M/季	2 季	1M/个	2M/个	R_1
P_2	1M/季	4 季	1M/个	3M/个	R_2 + R_3
P_3	1M/季	6 季	1M/个	4M/个	R_1 + R_3 + R_4
P_4	2M/季	6 季	1M/个	5M/个	R_2 + R_3 + 2R_4

由此看来，产品研发的周期明显缩短，使产品组合更具灵活性。

④ 贷款额度由手工沙盘权益的 2 倍上升至 3 倍，解决了模拟运营高费用的问题，使企业扩建能力增强，有利于初期的经营。

7.2　电子沙盘操作流程

7.2.1　系统登录

1. 进入系统步骤

① 打开 IE 浏览器。

② 在地址栏输入 http://服务器地址或服务器机器名，进入"创业者"系统。

③ 点击"创业者"标志图，进入学生端登录窗口，如图 7-1 所示。

④ 用户名为公司代码 A、B、C 等，首次登录的初始密码为"1"。

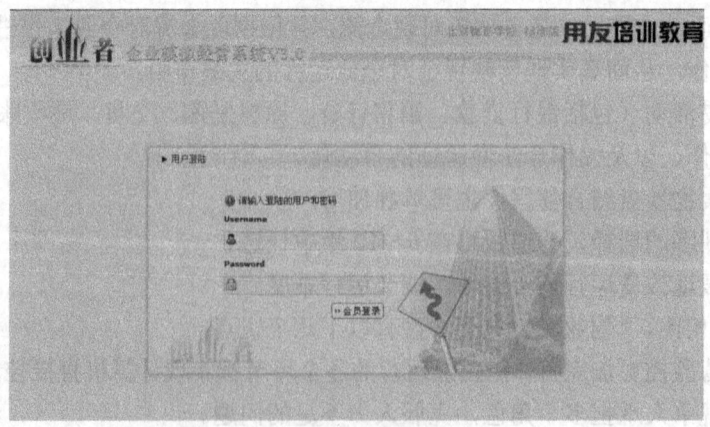

图 7-1　登录界面

2. 首次登录填写信息

只有第一次登录需要填写如下信息，如图 7-2 所示。

① 公司名称（必填）。

② 所属学校（必填）。

③ 各职位人员姓名（如有多人，可以在一个职位中输入两个以上的人员姓名）（必填）。登记确认后不可更改。

④ 重设密码。

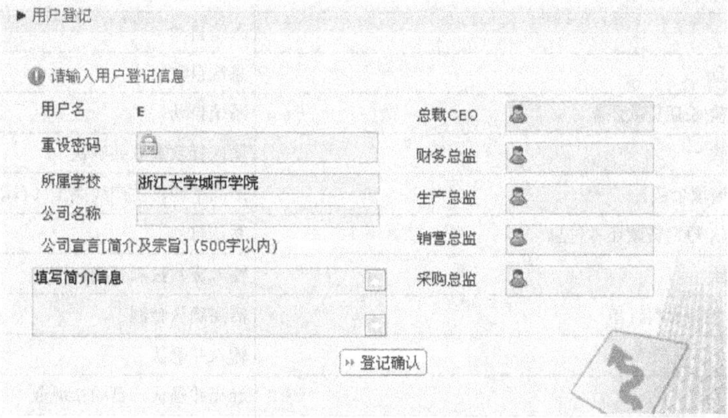

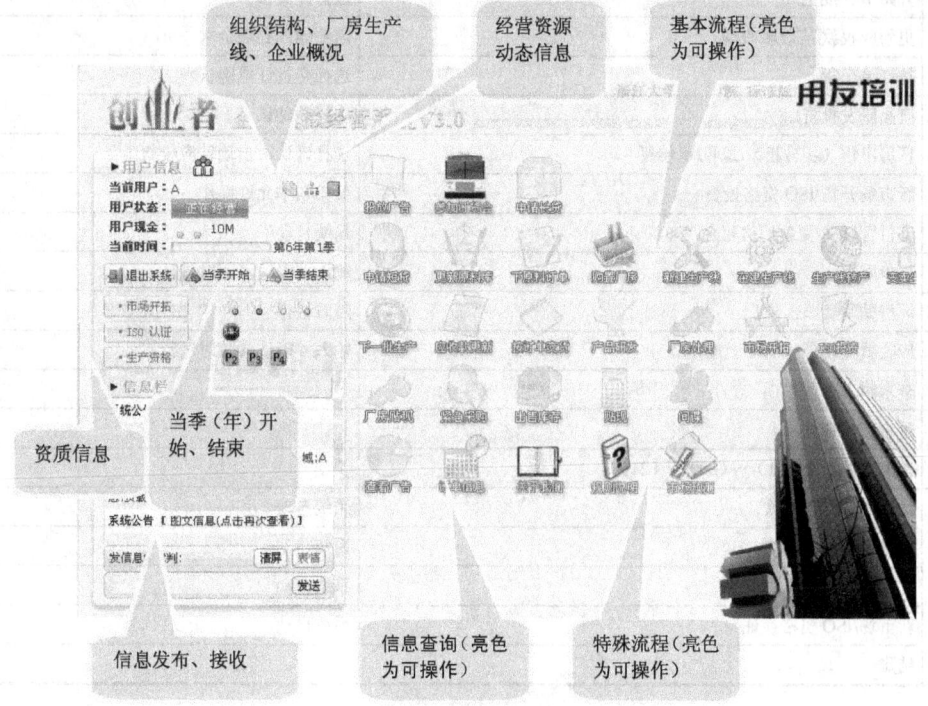

图 7-2　用户登记

创业者企业模拟经营系统 V3.0 的操作界面如图 7-3 所示。

图 7-3　操作界面

7.2.2　流程运行任务

手工和系统操作流程如表 7-2 所示。

表 7-2　手工和系统操作流程

	手工操作流程	系统操作
年初	新年度规划会议	
	广告投放	输入广告费确认
	参加订货会选订单/登记订单	选单
	支付应付税	系统自动
	支付长贷利息	系统自动
	更新长期贷款/长期贷款还款	系统自动
	申请长期贷款	输入贷款数额并确认
1	季初盘点（请填余额）	产品下线，生产线完工（自动）
2	更新短期贷款/短期贷款还本付息	系统自动
3	申请短期贷款	输入贷款数额并确认
4	原材料入库/更新原料订单	需要确认金额
5	下原料订单	输入并确认
6	购买/租用厂房	选择并确认，自动扣现金
7	更新生产/完工入库	系统自动
8	新建/在建/转产/变卖生产线	选择并确认
9	紧急采购（随时进行）	随时进行输入并确认
10	开始下一批生产	选择并确认
11	更新应收款/应收款收现	需要输入到期金额
12	按订单交货	选择交货订单确认
13	产品研发投资	选择并确认
14	厂房出售（买转租）/退租/租转买	选择确认，自动转应收款
15	新市场开拓/ISO 资格投资	仅第四季允许操作
16	支付管理费/更新厂房租金	系统自动
17	出售库存	输入并确认（随时进行）
18	厂房贴现	随时进行
19	应收款贴现	输入并确认（随时进行）
20	季末收入合计	
21	季末支出合计	
22	季末数额对账[（1）＋（20）－（21）]	
年末	缴纳违约订单罚款	系统自动
	支付设备维护费	系统自动
	计提折旧	系统自动
	新市场/ISO 资格换证	系统自动
	结账	

系统操作完成后不能更改，系统中的操作分为基本流程和特殊流程，基本流程要求按照一定的顺序依次执行，不允许改变其执行的顺序，如表 7-3 所示。

表 7-3 基本流程表

年初任务	投放广告
	订货会
	长期贷款
季度任务	贷款及采购
	生产任务及交货
	交货及开发
	生产线设置
年末任务	市场开发及 ISO 认证
	年末付款
	关账

1. 年初任务

（1）投放广告

① 没有获得任何市场准入证时不能投放广告（系统认为其投放金额只能为 0）。

② 在投放广告窗口中，市场名称为红色表示尚未开发完成，不可投广告。

③ 完成所有市场产品投放后，选择"确认投放"退出，退出后不能返回更改。

④ 投放完成后，可以通过广告查询，查看已经完成投放广告的其他公司广告投放情况。

⑤ 广告投放确认后，长贷本息及税金同时被自动扣除，如图 7-4 所示。

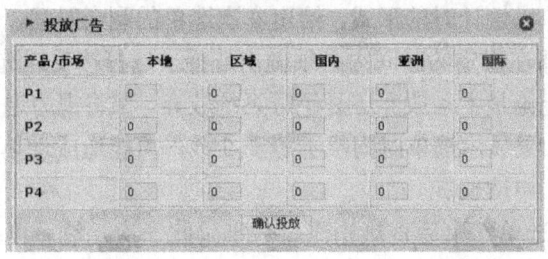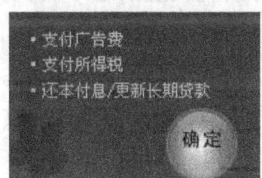

图 7-4 投放广告

（2）选单顺序规则

系统自动依据以下规则确定选单顺序：

① 上年市场销售第一名（无违约）为市场老大，优先选单；若有多队销售并列第一则市场老大由系统随机决定，可能为其中某队，也可能无老大；

② 本市场本产品广告额；

③ 本市场广告总额；

④ 本市场上年销售排名；

⑤ 仍不能判定，先投广告者先选。

注：投 1M 广告有一次选单机会，此后每增加 2M，多一次选单机会。

选单权限系统自动传递；有权限的企业必须在倒计时以内选单，否则系统视为放弃本回合选单（注：单击选择某订单但未确认，倒计时仍在进行，但屏幕显示倒计时停止），如图 7-5 所示。

① 不可选订单显示为红色。

② 系统自动判定是否有 ISO 资格。

③ 可放弃本回合选单，但仍可查看其他队选单。

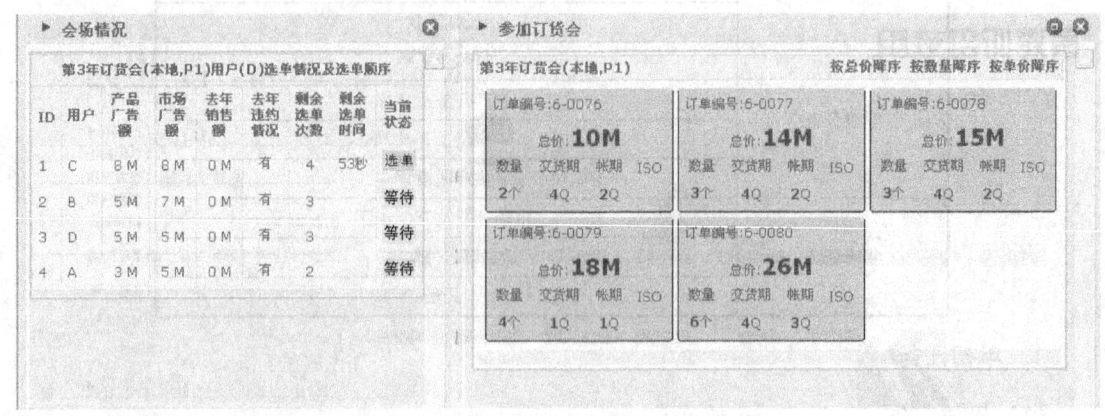

图 7-5　选单

系统中将某市场某产品的选单过程称为回合（最多 20 回合），每回合选单可能有若干轮，每轮选单中，各队按照排定的顺序，依次选单，但只能选一张订单。当所有队都选完一次后，若再有订单，开始进行第二轮选单，各队行使第二次选单机会，依次类推，直到所有订单被选完或所有队退出选单为止，本回合结束。

当轮到某公司选单时，"系统"以倒计时的形式，给出本次选单的剩余时间，每次选单的时间上限为系统设置的选单时间，即在规定的时间内必须做出选择（选择接受或选择放弃），否则系统自动视为放弃选择订单。无论是主动放弃还是超时系统放弃，都将视为退出本回合的选单。如果显示选单时间小于等于 5 秒，可能造成选单无效。

（3）申请长贷

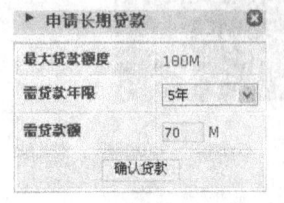

图 7-6　申请长贷

① 选单结束后直接操作，一年只此一次，然后再按"当季开始"按钮。

② 不可超出最大贷款额度。

③ 可选择贷款年限，确认后不可更改。

④ 贷款额为 10 的倍数，如图 7-6 所示。

2.　四季任务

（1）四季任务启动与结束

每季经营开始及结束需要确认——当季开始、当季（年）结束，第四季显示为当年结束；请注意操作权限，亮色按钮为可操作权限；如破产则无法继续经营，自动退出系统，可联系裁判；现金不够请紧急融资（出售库存、贴现、厂房贴现）。

更新原料库和更新应收款为每季必走流程；操作顺序并无严格要求，但建议按流程走，选择操作请双击。

① 当季开始。选单结束或长贷后当季开始；开始新一季经营需要当季开始；系统自动扣除短贷本息；系统自动完成更新生产、产品入库及转产操作，如图 7-7 所示。

② 当季结束。一季经营完成需要当季结束确认；系统自动扣管理费（为 1M/季）及租金并且检测产品开发完成情况，如图 7-8 所示。

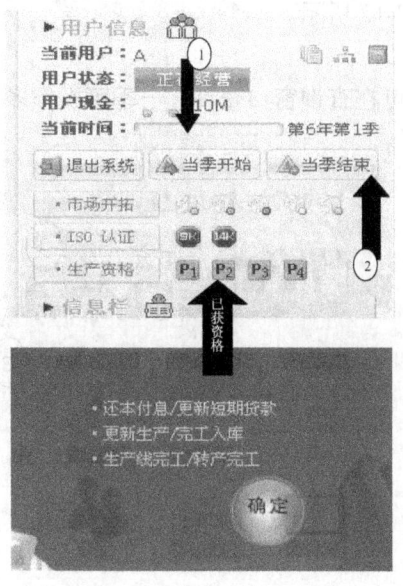

图 7-7　当季开始　　　　　　　　　　图 7-8　当季结束

（2）申请短贷

一季只能操作一次；申请额为 20 倍数；长、短期贷款总额（已贷+欲贷）不可超过上年权益规定的倍数，如图 7-9 所示。

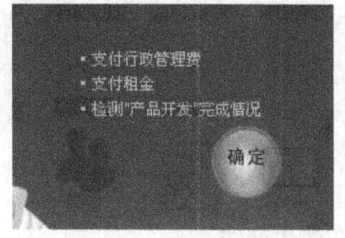

（3）原材料入库

① 系统自动提示需要支付的现金（不可更改）。

② 只需要选择"确认更新"即可。

③ 系统自动扣减现金。

④ 确认更新后，后续的操作权限方可开启（下原料订单到更新应收款），前面操作权限关闭。

图 7-9　申请短贷

⑤ 一季只能操作一次，如图 7-10 所示。

（4）下原料订单

① 输入所有需要的原料数量，然后按"确认订购"，一季只能操作一次。

② 确认订购后不可退订，可以不下订单，如图 7-11 所示。

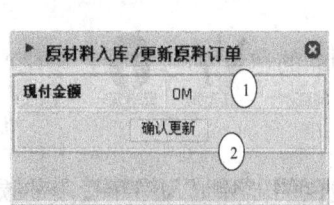

图 7-10　原材料入库

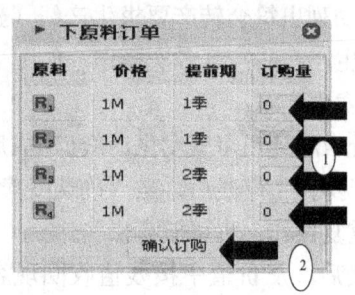

图 7-11　下原料订单

（5）购置厂房

① 厂房可买可租。

② 最多只可使用一大一小两个厂房，如图7-12所示。

（6）新建生产线

需选择厂房、生产线类型、生产产品类型；可在查询窗口查询；一季可操作多次，直至生产位铺满，如图7-13所示。

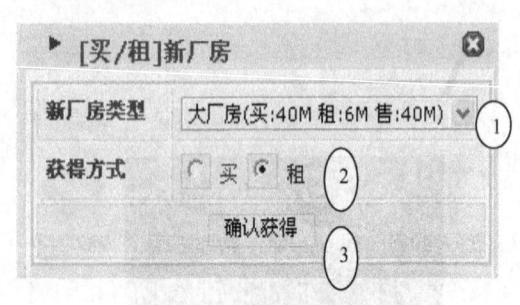

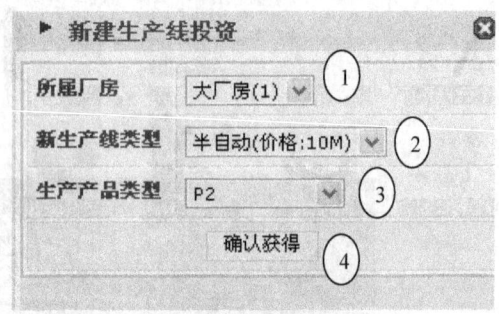

图7-12 购置厂房 　　　　　　　　　图7-13 新建生产线

（7）在建生产线

系统自动列出投资未完成生产线；复选需要继续投资的生产线；可以不选；一季只可操作一次，如图7-14所示。

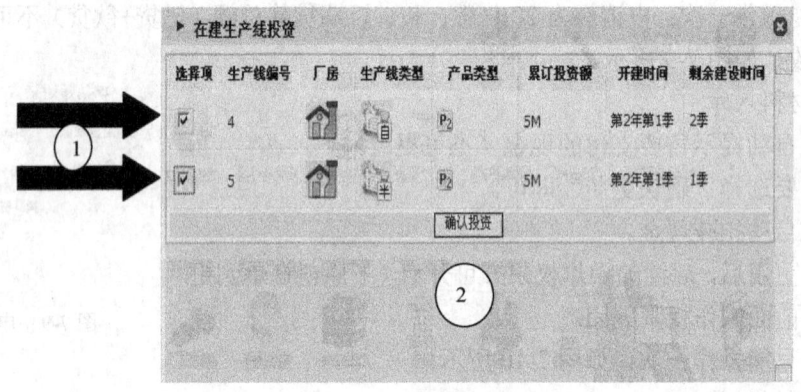

图7-14 在建生产线

（8）生产线转产

系统自动列出符合转产要求生产线（建成且没有在产品的生产线）；单选一条生产线，并选择转产的生产产品；可多次操作，如图7-15所示。

（9）变卖生产线

① 系统自动列出可变卖生产线（建成后没有在制品的空置生产线，转产中生产线也可卖）。

② 选择操作生产线后，按"确认变卖"按钮。

③ 可重复操作，也可放弃操作。

④ 变卖后，从价值中按残值收回现金，高于残值的部分记入当年费用的损失项目，如图7-16所示。

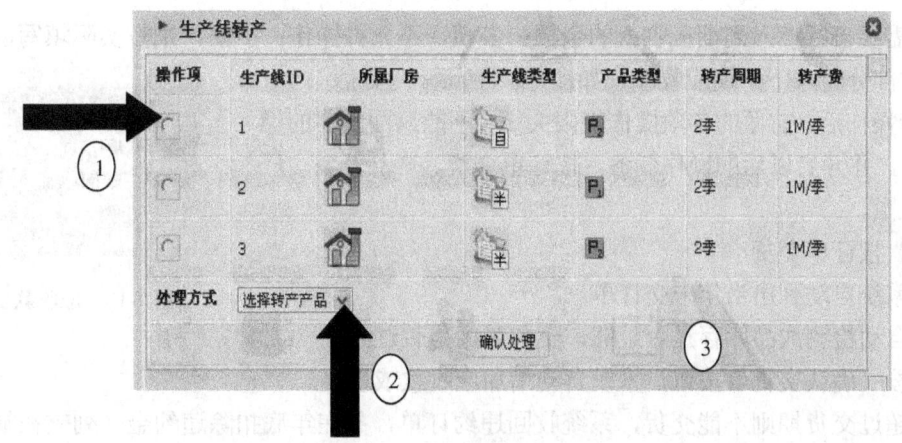

图 7-15　生产线转产

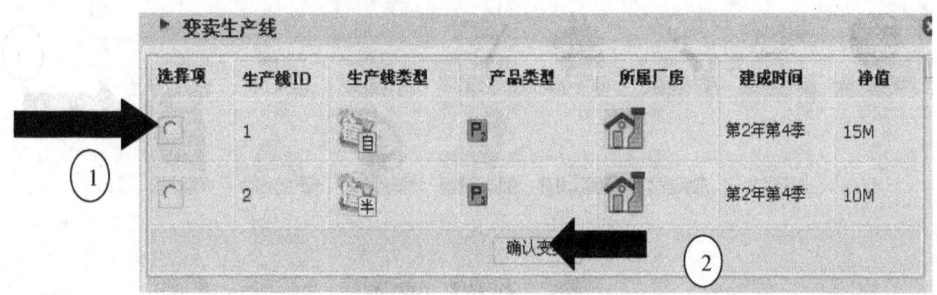

图 7-16　变卖生产线

（10）开始下一批生产

① 系统自动列出可以进行生产的生产线。

② 自动检测原料、生产资格、加工费；依次点击开始生产按钮，直到窗口中没有生产线列示，或提示不能正常开工为止。

③ 系统自动扣除原料及加工费用，如图 7-17 所示。

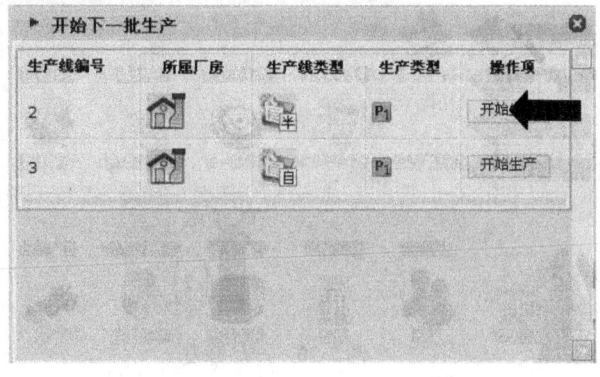

图 7-17　开始下一批生产

（11）应收款更新

① 不提示本期到期的应收款。

② 需要自行填入到期应收款的金额：多填，不允许操作；少填，则按实际填写的金额收现，少收部分转入下一期应收款，如图 7-18 所示。

此步操作后，前面的各项操作权限关闭（不能返回以前的操作任务），并开启以后的操作任务，按订单交货、产品开发、厂房处理权限。

应收款更新
收现金额(1期)
0
M
确认更新

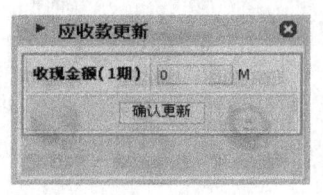

图 7-18　应收款更新

（12）按订单交货

① 系统自动列出当年未交订单。

② 自动检测成品库存是否足够，交单时间是否过期。

③ 按“确认交货”按钮，系统自动增加应收款或现金。

④ 超过交货期则不能交货，系统收回违约订单，并在年底扣除违约金（列支在损失项目中），如图 7-19 所示。

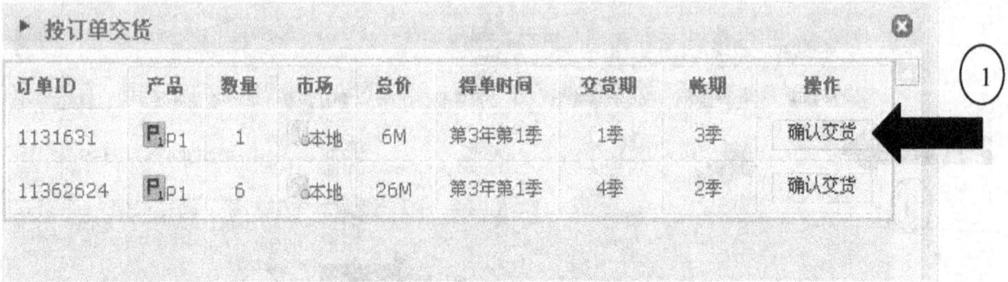

按订单交货
订单ID
产品
数量
市场
总价
得单时间
交货期
帐期
操作
1131631
P1
1
本地
6M
第3年第1季
1季
3季
确认交货
11362624
P1
6
本地
26M
第3年第1季
4季
2季
确认交货
1

图 7-19　按订单交货

（13）产品开发

① 复选操作，需同时选定要开发的所有产品，一季只允许一次。

② 按“确认投资”按钮确认并退出本窗口，一旦退出，则本季不能再次进入。

③ 当本季结束，系统检测开发是否完成，如图 7-20 所示。

产品研发投资
操作项
产品
投资总时间
剩余投资时间
2季
4季
6季
6季
确认投资
1
2

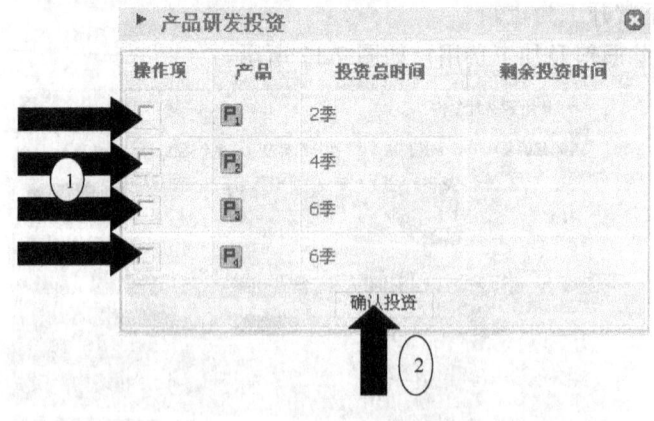

图 7-20　产品开发

（14）厂房处理

① 如果拥有厂房且无生产线，可卖出，增加 4Q 应收款，并删除厂房。

② 如果拥有厂房但有生产线，卖出后增加 4Q 应收款，自动转为租，并扣当年租金，记下租入时间。

③ 租入厂房，如果离上次付租金满一年，可以转为购买（租转买），并立即扣除现金。

④ 如果无生产线，可退租，删除厂房。

⑤ 租入厂房，如果离上次付租金满一年，不执行本操作，视为续租，并在当季结束时自动扣下一年租金，如图 7-21 所示。

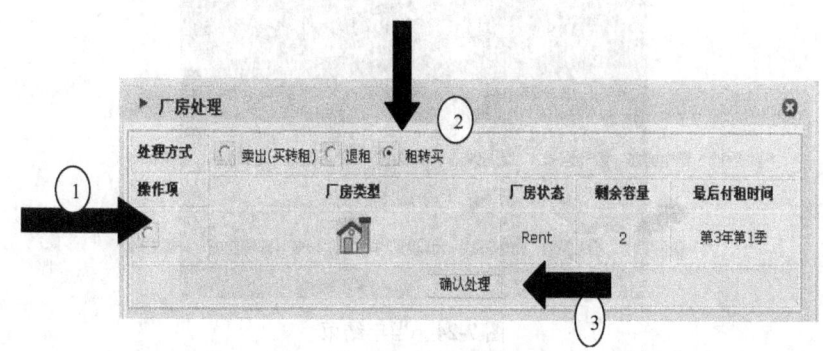

图 7-21　厂房处理

3. 年末任务

（1）市场开拓

① 复选操作选择所有要开发的市场，然后按"确认投资"按钮，如图 7-22 所示。

② 只有第四季可操作一次。

③ 第四季结束，系统自动检测市场开拓是否完成。

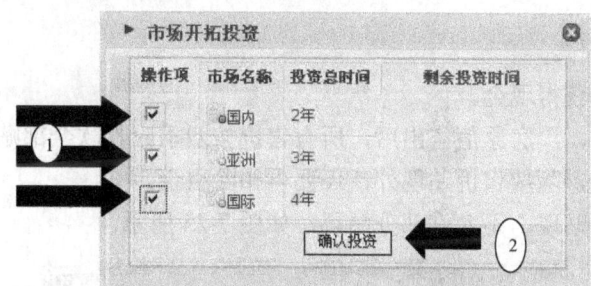

图 7-22　市场开拓投资

（2）ISO 认证投资

① 复选操作选择所有要开发的市场，然后按"确认投资"按钮，如图 7-23 所示。

② 只有第四季可操作一次。

③ 第四季结束，系统自动检测开拓是否完成。

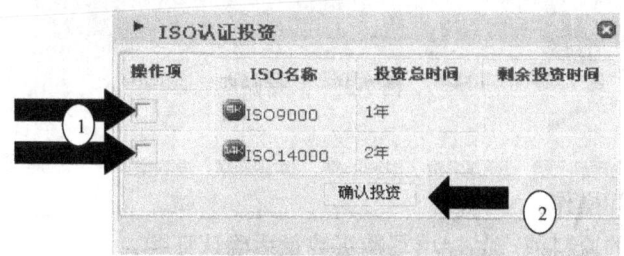

图 7-23　ISO 认证投资

（3）当年结束

① 第四季经营结束，则需要当年结束，确认一年经营完成。

② 系统自动完成右边所示任务，并在后台生成三报表，如图 7-24 所示。

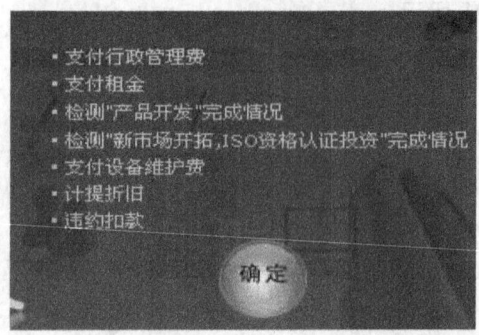

图 7-24　当年结束

7.3　特殊运行任务

特殊运行任务是不受正常流程运行顺序限制，当需要时就可以操作的任务。此类操作分为两类：第一类为运行类操作，这类操作改变企业资源的状态，如固定资产变为流动资产等；第二类操作为查询类操作，该类操作不改变任何资源状态，只是查询资源情况。

1. 厂房贴现

① 任意时间可操作。

② 将厂房卖出，获得现金。

③ 如果无生产线，厂房原值售出后，所有售价按四季应收款全部贴现。

④ 如果有生产线，除按售价贴现外，还要再扣除租金。

⑤ 系统自动全部贴现，不允许部分贴现，如图 7-25 所示。

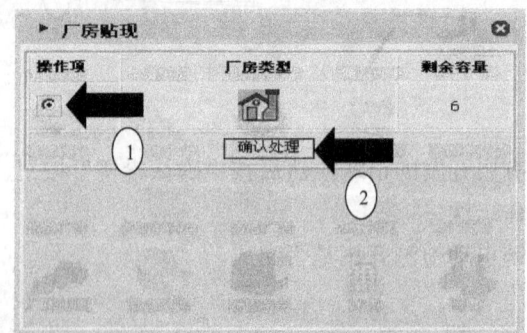

图 7-25　厂房贴现

2. 紧急采购

① 可在任意时间操作。

② 选择需购买的原料或产品，填写购买数量后确认订购。

③ 原料及产品的价格列示在右侧栏中。

④ 立即扣款到货。

⑤ 购买的原料和产品均按照标准价格计算，高于标准价格的部分，记入损失项，如图 7-26 所示。

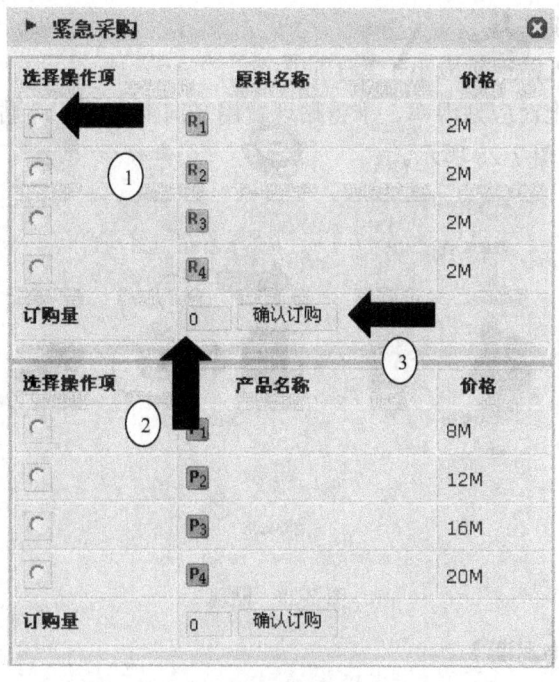

图 7-26　紧急采购

3. 出售库存

① 可在任意时间操作。

② 填入售出原料或产品的数量，然后确认出售。

③ 原料、成品按照系统设置的折扣率回收现金。

④ 售出后的损失部分记入费用的损失项。

⑤ 所取现金向下取整，如图 7-27 所示。

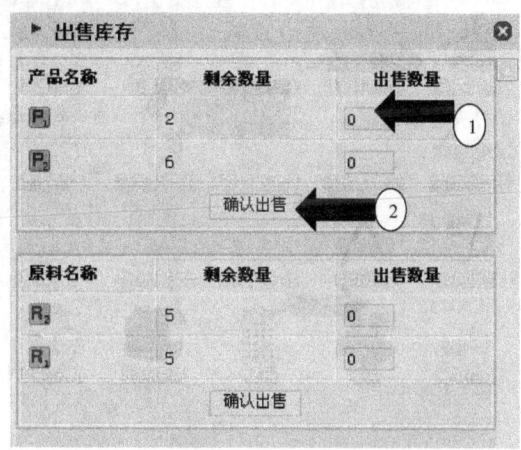

图 7-27　出售库存

4. 贴现

① 1、2 季与 3、4 季分开。

② 1、2（3、4 季）季应收款加总贴现。

③ 可在任意时间操作。

④ 次数不限；填入贴现额应小于等于应收款。

⑤ 输入贴现额乘上对应贴现率，求得贴现费用（向上取整），贴现费用记入财务支出，其他部分增加现金，如图 7-28 所示。

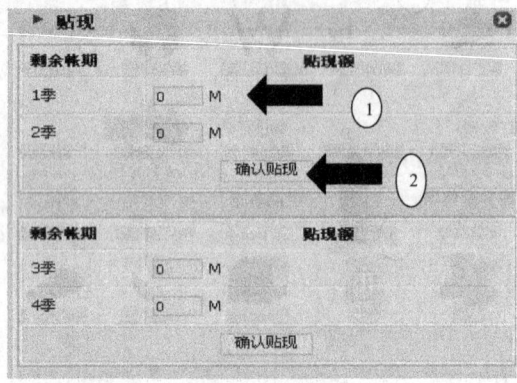

图 7-28　贴现

5. 商业情报收集（间谍）

任意时间可操作；可查看任意一家企业信息，查看总时间为 10 分钟（可变参数），第二次查看必须在 50 分钟后（可变参数）；需要缴纳一定费用或免费（由裁判设定）；可以查看厂房、生产线、市场开拓、ISO 开拓、产品开发情况，如图 7-29 所示。

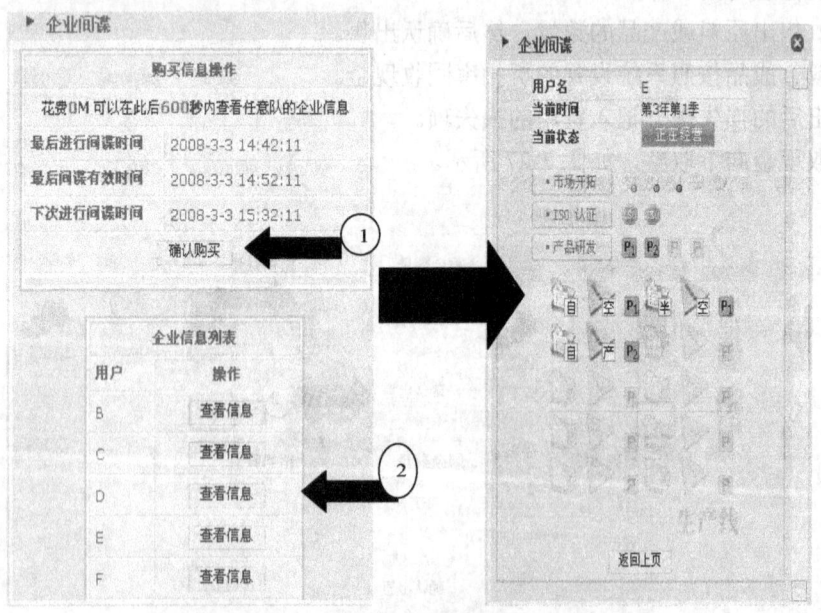

图 7-29　商业情报间谍

6. 订单信息

任意时间可操作；可查所有订单信息及状态，如图 7-30 所示。

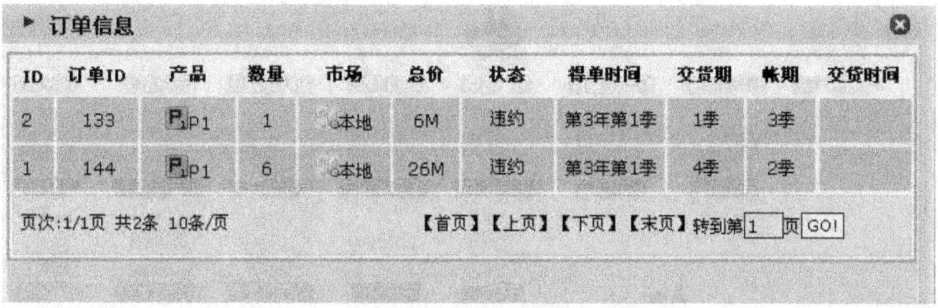

ID	订单ID	产品	数量	市场	总价	状态	得单时间	交货期	帐期	交货时间
2	133	P1	1	本地	6M	违约	第3年第1季	1季	3季	
1	144	P1	6	本地	26M	违约	第3年第1季	4季	2季	

页次:1/1页 共2条 10条/页　　　　【首页】【上页】【下页】【末页】转到第 1 页 GO!

图 7-30　订单信息

7. 破产检测

广告投放完毕、当季开始、当季（年）结束、更新原料库等处，系统自动检测已有现金加上最大贴现及出售所有库存及厂房贴现，是否足够本次支出，如果不够，则破产退出系统。如需继续经营，联系管理员（教师）进行处理。当年结束，若权益为负，则破产退出系统，如需继续经营，联系管理员（教师）进行处理。

8. 其他

① 需要付现操作系统均会自动检测，如不够，则无法进行下去。
② 请注意更新原料库及更新应收款两个操作。
③ 对操作顺序并无严格要求，但建议按顺序操作。
④ 可通过 IM 与管理员（教师）联系。
⑤ 市场开拓与 ISO 认证投资仅第四季可操作。
⑥ 广告投放完，通过查看广告知道其他企业广告投放情况。
⑦ 操作中发生显示不当，立即按 F5 刷新或退出重登。
⑧ 出现小数处理规则：违约金扣除——向上取整；库存拍卖所得现金——向下取整；贴现费用——向上取整；扣税——向下取整。

【本阶段任务总结】

1. 年度试运行信息反馈。
2. 每年经营结束后上交财务报表并与电子报表进行核对。

第 3 篇

仿真企业模拟经营战略规划及绩效评价篇

第 8 章　仿真企业沙盘模拟经营战略规划
第 9 章　仿真企业综合绩效评价

第 8 章

仿真企业沙盘模拟经营战略规划

公司从优秀到卓越的转变，与从事的行业是否在潮流之中没有关系；技术及技术推动的变革，实际上不能激发从优秀到卓越的跨越；合并和并购在推动公司的跨越过程中并没有起到任何作用，革命性的跨越不一定需要革命性过程，卓越不是环境产物，在很大程度上，是一种慎重决策的结果（资料来源：《从优秀到卓越》）。

企业如果想要长久地经营下去，必须具备持续赢利的能力，那么企业所提供的产品和服务对于其目标顾客必须有价值，这样才能获得顾客的青睐，进而实现企业的经营目标。企业通过战略规划和战略实施，使自身区别于竞争者，让自己的企业基业长青，进而实现从优秀到卓越的转变。

 本阶段主要任务

✧ 熟悉模拟企业经营过程的战略选择
✧ 理解沙盘模拟的典型策略
✧ 了解沙盘经营中的团队建设策略

8.1　模拟企业经营过程的战略选择

战略（strategy）源于希腊语（strategyos）：原意是"将兵术"或"将道"。中国古代常称战略为谋略、韬略、兵略。如果说战略是"将军"，那么战术就是"士兵"。战略是战术的指导，战术是战略的执行。《孙子兵法》中说的"将在外军令有所不受"就是从某种角度，强调要学会根据战略灵活的运用战术。

在沙盘模拟运营中，要想在经营几年后的权益及总体规模比竞争对手胜出一筹，必须在运营的开始就对公司的定位、市场预测、生产线的铺设、产品的选择等进行全面分析。战略分析的主要目的是评价影响企业目前和今后发展的关键因素，并确定在战略选择步骤中的具体影响因素。战略分析阶段明确"企业的目前状况"，那么战略选择（战略制订）阶段所要回答的问题是"企业走向何处"。

由此，在战略选择时一定要立足现在，把握全局，有长远眼光，避免和很多的管理者一样，不自觉地运用"哥伦布式管理"：走的时候，不知道去哪儿；到的时候，不知道在哪儿；回来的时候，不知道去过哪儿了。所以，凡事有预则立，不预则废。

8.1.1 公司的定位策略

公司的定位要回答以下问题。公司的规模是大还是小？生产的产品是多品种还是少品种？市场开拓是全面市场还是区域市场？是努力成为领导者还是追随者？

这里推荐几种定位方式：

① 全部市场+有限产品（重点在产品）；

② 全部产品+有限市场（重点在市场）；

③ 有限市场+有限产品（重点在于寻求毛利率高的市场产品组合）；

④ 全部市场+全部产品（仅推荐经营状况很好的小组考虑）。

例如，某模拟公司拟采取"全部市场+有限产品"的策略，所以，第一年只在本地市场上投了 2M 广告费，销售了部分 P1 产品。在随后第二年，模拟公司仍然只生产 P1 产品，并用较低的广告费售出了一部分 P1 产品。模拟公司第一时间开发了所有市场，却并没有开发新产品。正当人们认为其发展滞后时，模拟公司在第三年年初跳过 P2、P3 产品，直接开发了 P4 产品，并开建一条 P1 产品的全自动生产线，保留一条 P1 产品的半自动生产线。在第三年第四期变卖了手工生产线，开始投资建设 4 条 P4 产品的全自动生产线，在第四年第二期与 P4 产品的研发同步完成，第三期开始生产 P4。从第四年开始，由于其独家生产 P4 产品，包揽了 P4 产品的市场。第五年，由于有 4 条全自动生产线全力生产 P4 产品，该模拟公司在本地、区域、国内和亚洲四个有 P4 产品需求的市场上，均以 3M 广告费实现了重复选单，该模拟公司 P4 产品席卷了各市场，并进行了 P1 产品向国际市场的转移。由于其 P1 产品的储备和仍保留的产能，在国际市场实现了 P1 产品的多次选单，抢占了国际市场的老大地位。第六年发展更是锦上添花。由于国际市场 P1 的利润率很高，其余各市场 P4 的利润率也很可观，该公司的权益大幅攀升。最终该公司用三年的时间实现了大逆转，赢得了竞争。

8.1.2 公司的市场定位策略

市场这块，不要盲目跟风，看到哪里好就往哪里跑，哪里产品价格高就都往哪里跑，要根据企业自身发展的动态来决定自己的市场倾向。并不是高利润的区域就最好，因为谁都想分一杯羹，最好先考虑一下竞争力不激烈的市场。

在资源有限的条件下，很多情况是放弃比不计代价的掠取更明智。不可能做到全面开花，因此要选取重点市场和重点产品。例如，A 公司第一年夺得本地市场老大的地位，早早地确立了"主战场"，不断扩大产能，跳过区域市场，又开发国内和亚洲市场，实现了产能与市场之间的平衡，持续稳健发展。又如，B 公司第一年以 5M 的平均广告费获得了平均销量，第二年研发了 P2 产品，投资了两条 P2 全自动生产线，并开发了全部市场。第三年开发 P3，新建了两条 P3 全自动生产线。第四年开始大规模销售 P2、P3。然而由于各公司均大量生产 P2、P3产品而趋于饱和，竞争激烈，B 公司开发了新产品——P4。从第五年开始销售 P4，同时放弃一些利润率低的产品市场。

1. 市场老大——让人欢喜让人忧

首先，将市场老大所带来的优势做一个时间假设，它的真正价值在于前四年的市场选单。暂且把第二年市场老大的效应算到第四年的市场选单，意味着如果第一年投入抢老大的广告费为 19M，后面每年投的广告费分别为 2M、3M，拿走所有的产品订单，3 年来在这个市场共投入了 24M 广告费，平均每年 8M。那么，如果将这 8M 广告费分散投放在不同的产品市场，获得的订单是否会优于抢市场老大的情况呢？

市场老大是把双刃剑，用得好，威力无穷；用得不好，赔了夫人又折兵。因此到底要不要抢市场老大，以多少广告费抢，以什么样的产品组合抢市场老大，这些都是需要经过严密计算再做博弈的。

2. 该投多少广告费

① 通过市场总需求量与不同时期全部队伍的产能比较，可以分析出该产品是"供大于求"还是"供不应求"。通过分析，可以大略看出各个市场竞争的激烈程度，从而帮助广告费的制订。另外，还可以将这些需求量除以参赛的队数，得到一个平均值。那么在投广告时，如果你打算今年出售的产品数量大于平均值，意味着你可能需要投入更多的广告费去抢别人手里的份额。反过来，如果打算出售的产品数量小于平均值，相对来说可以少投入一点广告费。

② 吃透并利用规则：若在同一产品上有多家企业的广告投入相同，则按该市场上全部产品的广告投入量决定选单顺序；若市场的广告投入量也相同，则按上年该市场销售额的排名决定顺序。如果在某市场整体广告费偏高，或者前一年度销售额相对较高的情况下，可以适当优化部分产品的广告费用，从而实现整体最佳的效果。这就要求我们在抢"市场老大"的时候，不能只考虑靠"蛮力"猛砸广告费，更要考虑利用"巧劲"，靠合理的产品组合"偷"来"市场老大"。

③ 注意广告费的奇偶数问题。因为投 1M 可以选一次单，投 3M 可以选两次单，依此类推（前提是还有订单没选完），很多小组会考虑投奇数的广告费，这样就会出现很多"撞车"的现象，一旦因此推后选单，实在可惜，所以在投放广告费时想要先选单，投偶数的广告费不失为一种方法。

④ 关于 ISO 认证投放问题。ISO 认证有 ISO9000 和 ISO14000 两种，企业必须具备相应认证方可获得有认证要求的订单，拥有认证就能占得先机。但在选单时必须在每个市场上另外投放 1M 的广告费，同时也必须结合自身企业的产品确定应该在第几年来投放。因为一般来说第三年市场往往会出现 ISO9000 标志的订单，所以在第一年可以开发该认证。另外若发现竞争对手没有取得 ISO9000 认证资格，在选单时可以优先选择普通的订单，然后再选需要资格认证的订单，这无形中达到"损人利己"的目的。（注意：这里指的是手工沙盘，电子的不要投 ISO 的广告费。）

8.1.3 公司的原材料采购定位策略

关于原材料的计算和采购计划排程是 MRP 的核心内容之一，也是影响一个企业资金周转率的重要因素，减少库存是企业节流的一项重要的举措。

1. "零库存"管理

"零库存"管理作为产生于日本的先进管理方式，在日本企业中有着广泛的应用。截至 1989 年，"零库存"管理方式在日本制造业已经被广泛采用。谈到"零库存"管理在日本的成功应用，日本丰田汽车公司无可争议地成为了"零库存"管理最大的受益者，也是最好的证明。"零库存"是一种特殊的库存概念，零库存并不是等于不要储备和没有储备。所谓的零库存，是指物料(包括原材料、半成品和产成品等)在采购、生产、销售、配送等一个或几个经营环节中，不以仓库存储的形式存在，而均是处于周转的状态。这里以原材料采购为例。

在沙盘模拟中，产品的物料清单（BOM）是确定不变的，且原材料采购的时间周期也是确定的，因此可以通过明确的生产计划，准确地计算出所需原材料的种类和数量，以及相应的采购时间。例如，P2 产品的原材料是由 R2+R3 构成的，那么假设需要在第 4 季度交一个 P2 产品，如果是自动线的话，就意味着第 3 季度必须上线开始生产。这个时候需要 R2 和 R3 原材料都到库。由于 R2 原材料需要提前一个季度采购，R3 原材料需要提前两个季度采购，因此需要在第 1 季度下一个 R3 原材料订单，在第 2 季度下一个 R2 原材料订单。这样就可以保证 P2 在第 3 季度需要上线生产时正好有充足的原材料，同时才可以保证第 4 季度 P2 产品生产下线，准时交货。

2. "百变库存"管理

"零库存"管理是基于将来产品产出不变的情况下做的安排，而实际在沙盘比赛中，经常利用柔性线转产来调整已有的一些生产计划。因此追求绝对的"零库存"，就会暴露一个问题：不能根据市场选单情况及时灵活地调整生产安排。因此在有柔性线的情况下，原材料采购计划应该多做几种可能性，取各种采购方案中出现的原材料数额的最大值。

例如，现有一条柔性生产线，在第 2 年第 1 季度有可能需要上线生产 P2 产品，也有可能上 P3 产品。P2 产品由 R2+R3 构成，P3 产品由 R1+R3+R4 构成。在这种生产安排不确定的情况下，通过分析可以发现，要在第 2 年第 1 季度实现任意产品的转换，需要在第 1 季度保证有 R1、R2、R3、R4 四种原材料都有一个，这样才能保证生产线可以根据市场接单情况任意选择 P2 或 P3 开工生产。

要充分发挥出柔性生产线的转产价值，就必须做好原材料的灵活采购计划，将原材料的订购、库存跟市场的订单、自身的产能进行有效地匹配。

3. 紧急采购

紧急采购虽然在成本上要多付出一些，但有时候可以发挥意想不到的效果。例如，选单时如果出现大单而自己产能不够时，可以利用紧急采购来补充这部分的产品差额。同时还可以扩大在该市场的销售额，从而帮助企业抢到"市场老大"的地位。但需要注意的是，用紧急采购来交货并不是完全没有副作用的，这相当于把现金变成了应收款，因此在使用该方法时要做好预算，看现金流是否可以支撑。

8.1.4 公司的生产定位策略

1. 生产线的性价比——用数据说话

一般规则中，手工线生产一个产品需要 3 个生产周期，半自动线需要 2 个生产周期，全自动线和柔性线仅需要 1 个生产周期。那么可以得出 3 条手工线的产能、价格和折旧与 1 条自动线相同，但 3 条手工多了 2M 的维修费，还多占了 2 个位置，分摊租金下来，又是自动线的 3 倍；2 条半自动产能等于 1 条自动线，但是价格、折旧和维修费都比自动线多出 1M，多分摊一个位置的租金；从性价比的角度出发，自动线是最具性价比的，如果同一条生产线需要转产两次或以上的话，柔性线是最划算的。所以，当小组计划多次转产时，需要灵活调整交单的顺序和时间，最大限度避免贴现。不过多条柔性线会给小组的广告费投放带来困扰，投多了怕浪费，因为自身灵活性高；投少了怕拿不到单，白白建了生产线。

2. 产品研发投资和生产线新建

产品研发是按季度投资研发的，生产线的投资也是按季度投资建设的。那么最理想的状态应该是产品研发刚完成，生产线也刚好建成可以使用，生产线的投资应最大限度地发挥作用。很多小组第一年第一季度投资建设自动线，第四季度建成，一个产品都没有生产出来，却白白搭进去 1 年的折旧和维修费。这一点请着重考虑，因为前期每一笔开支都很珍贵。当生产线仅剩一次折旧的时候，可以考虑进行变卖，节省 1M 的维修费。

例如，P1 产品资格不从第一季度开始研发，因为那样即使在第三季度研发成功了，根据生产线的投资规划，也没有生产线可以生产。同样的，P3 生产线跨年度建设，刚好也配合 P3 产品的研发，如果提前建设好了，而 P3 产品并没有研发成功，只能是停工，且会造成第一年的资金压力。

3. 按订单交货

例如，已经获得了两张订单：一张订单 4 个 P1 总额 20M，账期是 3Q；另一张订单为 3 个 P1 总额为 15M，账期为 2Q。假设有两条自动线，第二季度正好生产出 4 个 P1 可以用于交货，而通过预算发现，第四季度的研发费和下一年的广告费不足，可能会导致资金断流。这个时候，如果交 4P1 的单，第四季度货款还是 1Q 账期的应收款，必须贴现满足现金要求。但是，如果交的是 3 个 P1 的单，第四季度就可以将 15M 的应收款收回，填补现金低谷。

8.1.5 公司的融资策略

融资策略，不仅直接关系到企业的财务费用多少，更重要的是直接影响着企业的现金流。现金流是企业生存的命脉，企业失去现金流将意味着企业的倒闭破产。

融资方式有很多，长期贷款、短期贷款、应收款贴现、出售厂房，还有高利贷。每种融资方式各有优缺点，一定根据企业的发展规划，做好融资计划，以保证企业的正常运转，故需要多种融资手段的最佳组合。

长、短期贷款是公司的主要融资手段。长期贷款的费用成本高于短期贷款，但还款压力较小；短期贷款的利息成本较低，但短期的还款压力较大，尤其是在前期，公司的权益可能下降较大，影响公司的贷款能力。因此，需要对企业的经营战略、运营状况做一个长期的、细致的分析，才能正确把握贷款时机并合理确定调整长、短贷之间的比例关系，在满足现金需求的情况下，使总的费用成本降到最低。另外，一般来说，长贷用来做长期投资，如新建厂房和生产线、市场产品的研发投资等；短贷用来做短期周转，如原材料采购、产品加工费用等。因此要灵活有效地使用长、短贷相结合的融资策略。

资金贴现是将未到期的应收账款按一定比例贴付利息费用后兑换成现金的融资方式。使用贴现时需要考虑其贴现的必要性和时机性，所以并不是只有在企业的现金流出现问题时运用，应当预见企业在何时会出现现金困难，缺口是多少，再通过仔细分析应收账款的账期、金额找出最优的贴现方案，既解决现金不足的问题，又使应收账款达到合理组合，并努力使贴现费用最小化。在沙盘模拟中，同时也要注意贴现对权益的影响。

高利贷是手工沙盘中成本最高的一种融资方式，对公司的权益损失较大，会使公司的财务状况进一步恶化，因此，不提倡使用，要尽量考虑其他的融资方式。只有在迫不得已的情况下，才考虑此种融资方式。

另外，需要控制权益尾数，以保证融资额度达到最大化。某企业上年权益为 42M，若长期贷款额度为上年权益的 2 倍，本企业最多可以贷长期贷款 80M。若企业上年权益为 39M，则只能贷款 60M，这样就少贷了 20M。

8.1.6 关于所得税的计算及如何合理避税的策略分析

所得税，在用友 ERP 沙盘中是一个综合概念，大概可以理解为模拟的企业经营赢利部分所要交的税费。交税需满足的条件是：

① 经营当年赢利（税前利润为正）；

② 连续弥补了前面至多 5 年亏损后，仍赢利。

1. 所得税的计算

以利润表为计算依据最为清晰，下面以实例说明，如表 8-1 所示。

表 8-1 所得税计算 1

年　　度	第 1 年	第 2 年	第 3 年	第 4 年	第 5 年	第 6 年
税前利润	–10	50	–20	–30	40	130
所得税	0	10	0	0	0	30
年度净利润	–10	40	–20	–30	40	100

第 1 年亏损，当然不交，第 2 年赢利 50，补了第 1 年亏损后赢利 40，税率为 25%，则所得税为 10。第 3、4 年亏损，不交税，第 5 年赢利，但不足以弥补第 3、4 年亏损，故不交税。此处注意，第 1 年虽然亏损，但在第 2 年已经弥补，所以第 5 年不需要再次弥补第 1 年亏损。第 6 年赢利，需要与未交税的第 3、5 年累计计算应税利润，为（–20）+（–30）+40+130=120，所得税为 30。

总之，从当年开始，与前面连续无所得税年份（最多 5 年）的税前利润累加，得到应税利润，若大于零，则应缴所得税。

系统中只取整数，对小数如何处理呢？下面以两个例子说明，如表 8-2、8-3 所示。

表 8-2 所得税计算 2

年　　度	第 1 年	第 2 年	第 3 年	第 4 年
税前利润	–160	50	111	5
所得税	0	0	0	2
年度净利润	–160	50	111	3

第 3 年累计税前利润为 1M，应税利润为 1M，所得税为 0.25M，四舍五入，当年不交。由于第 3 年没有交，因此当年 1M 应税利润要累计到下年，第 4 年税前利润为 5M，应税利润为 6M，四舍五入，所得税为 2M。

表 8-3　所得税计算 3

年　度	第 1 年	第 2 年	第 3 年	第 4 年
税前利润	−160	50	115	5
所得税	0	0	1	1
年度净利润	−160	50	111	4

第 3 年累计税前利润为 5M，应税利润为 5M，所得税为 1.25M，四舍五入为 1M。由于第 3 年交了税，因此当年的 1M 未交应税利润不要累计到下年，第 4 年税前利润为 5M，应税利润为 5M，所得税为 1M。

从以上两例看出，即使有小数，也都符合以下原则：从当年开始，与前面连续无所得税年份（最多 5 年）的税前利润累加，得到应税利润，若大于零，则有所得税。

2. 合理"避税"

了解清楚应缴税如何计算后，自然就会想到利用规则里"应缴税向下取整"这一优惠政策，进行合理避税。若当预算发现当年应税利润是 4M 的倍数时，可以在当年进行一次贴现操作，主动增加 1M 的贴息，从而使得应税利润可以减少 1M，利用向下取整规则可以在本年避税 1M。这样的效果就相当于将 1M 的税费变成了 1M 的财务费用，对于最终权益是不会有影响的，但是通过贴现把应收账款变成了现金，增加了资金的流动性，保证了资金的充裕。应该注意，如果这个企业当年没有缴纳过税的话，3M 的应税利润会滚动到下一年，跟下一年的税前利润相加后扣税，具体见表 8-3。

8.2　沙盘模拟的三种典型策略类型

1. 力压群雄——霸王策略

策略介绍：在一开始即大举贷款，所筹到的资金用于扩大产能，同时以高额广告投入策略夺取本地市场老大，逐步开发，实现由 P1 向 P2、P3 等主流产品的过渡。始终保持主流产品和综合销售额第一。

运作好此策略的关键有两点：一是资本运作，有效使用长短贷融资；二是精确地预测产能和生产成本，有效地预估市场产品需求和订单结构。

评述：采取霸王策略的团队，需要有相当的魄力，谨小慎微者不宜采用。隐患是当现金或广告在某环节出现失误，会陷入十分艰难的处境，风险很高。

2. 忍辱负重——越王策略

策略介绍：采取该策略者通常是有很大的产能潜力，但由于前期广告运作失误，导致订单过少、销售额过低，产品大量积压、权益大幅下降，处于劣势地位。这时不能只考虑靠"蛮力"猛砸广告费，更要考虑利用"巧劲"，靠合理的产品组合"偷"来"市场老大"。

运作要点：运作好此策略的关键在于后期广告运作和现金测算上，要采取精确广告策略，所以一定要分析对手的情况，找出其薄弱环节。

评述：这种策略是逆境翻身型策略，就是希望大家前期碰壁不要放弃，先图生存，再图胜出。

3. 见风使舵——渔翁策略

策略介绍：该策略是典型的跟随策略。当市场上有两大实力相当或相近的企业争夺第一时，采取该策略，首先在产能上努力跟随前两者的节奏，同时在内部努力降低成本，稳健经营，在其两败俱伤时立即占领市场。

运作好此策略的关键有二：一是稳，按部就班，循序渐进，稳扎稳打；二是利用好时机，对前两者的情况要仔细分析。

评述：渔翁策略是比赛中常见的，但要成功一定要做好充分准备，只有这样，才能在机会来时，一下抓住，从而使对手无法超越。

8.3 ERP沙盘模拟经营比赛团队建设战略分析

8.3.1 沙盘模拟中团队建设存在的一些常见问题

如果想在ERP沙盘模拟经营比赛中获胜，就应该加强团队建设，运用管理知识和战略知识，尤其是《孙子兵法》中的战略思想，不断提升团队的凝聚力和向心力，从而提高团队的竞争力，才有可能使团队在比赛中立于不败之地。然而，在ERP沙盘模拟经营比赛中很多团队存在着问题。

1. 没有做到人职匹配和能职匹配

人职匹配，就是根据个人的性格、气质和个性，配置合适的职务，培养良好的职业性格。能职匹配，就是根据个人能力的差异（能力类型的差异、能力发展水平的差异、能力发展时间的差异等），匹配与其相应的工作，并且坚持能力互补原则和全面能力培训原则。因为ERP沙盘模拟经营，设有5个不同的职能，按道理应该遵循能职匹配原则和人职匹配原则，组建一个ERP团队。最好ERP团队的5个成员分别由具有领导知识与能力、会计知识与能力、生产运作管理知识与能力、营销知识与能力和采购知识与能力的人分别担任不同的职位，而且他们的性格也应该与之相适应。然而，很多ERP团队都是随便组建的，随便找几个同学或朋友就组建一个ERP团队，他们的能力与性格根本不适合职位需要。

2. 知己不知彼

迈克尔·波特（Michael E.Porter），哈佛大学商学院研究院著名教授，开创了企业竞争战略理论。他认为决定任何行业赢利能力的竞争规律体现了5种竞争力的作用。这5种竞争力的总和决定某行业获取超出资本成本和平均投资收益率的能力，影响价格、成本和企业所需的投资，即影响投资的收益的诸多因素。有的ERP团队虽然做到了能职匹配和人职匹配，是一支具有较强实力的团队，而且很清楚自己的优势与劣势。但是，在ERP沙盘模拟经营比赛中，屡次赛不出好的成绩来。这是因为这样的ERP团队"知己不知彼"，了解本企业的情况，却不了解其竞争对手、购买者等的信息。

3. 赛前准备不充分，没有企业战略计划

企业战略，是指企业为了求得长期生存和发展，为获得持续竞争优势而在分析外部环境与内部资源和能力的基础上设计的关于企业的发展目标，实现目标的途径和手段的总体性行动纲领和方案，具有全局性、系统性、长远性和方向性的特点。一些 ERP 团队，事先没有召集各位成员，讨论比赛的方案，根据 SWOT 分析团队的优势与劣势，研究探索新的企业战略规划，总结制订自己的企业战略计划，总是临阵谋划，在正式的 ERP 沙盘模拟经营比赛中，被其他团队弄得措手不及，不知所措。

4. 墨守陈规，不知变通

ERP 沙盘模拟经营比赛，每个 ERP 团队都应该有自己的战略方案，而且必须有自己的战略计划去迎接每场正式的比赛。可是，比赛情况千变万化，变幻万千，很多情况难以预测，甚至根本不可预测。在正式的 ERP 沙盘模拟经营比赛中，出现这种情况是很正常的事情。有的 ERP 团队事先制订了自己的企业战略计划，因为遇到的情况与自己的战略计划不太吻合，更有可能相差千里。面对这样的情况，他们"墨守陈规，不知变通"，无法应对变化的情况，消沉地比赛，甚至有的 ERP 团队只好等待破产。最终，像这样的 ERP 团队被淘汰。

5. 缺乏包容，没有凝聚力和向心力

群体凝聚力，是指群体成员保持在群体内的合力，是群体对成员的吸引力，是一种使其成员对某些人比对另一些人感到更亲近的感情，可以被认为是群体的确定性特征，既包括群体对其成员的吸引力，又包括成员对群体的向心力，同时还包括成员之间的相互好感。任何一个团队都需要相互包容、相互理解，才能提高团队的凝聚力和向心力。然而，有的 ERP 团队却缺乏相互包容、相互理解，很难提高自己团队的凝聚力和向心力，甚至没有凝聚力和向心力。每当遇到一些内部矛盾或因某位成员在比赛中失误，影响了制订好的战略计划，因不能相互包容、相互理解，大家相互抱怨或指责那个出错的成员，从而影响比赛，甚至团队成员相互勾心斗角，最终，团队解散。

8.3.2 ERP 团队建设战略分析

为了使学生在比赛中注重团队建设，提高团队的竞争力，针对 ERP 沙盘比赛中团队存在的一些常见问题，下面提出一些战略思想。

1. 先分后合

这里所说的"先分后合"不是历史书中所说的"合久必分，分久必合"，而是一个 ERP 团队在 ERP 沙盘模拟经营比赛中应该先明确分工，然后再相互合作，相互帮助。

首先，团队要明确分工。团队要做好"明确分工"的工作，就要用到组织行为学中的知识，做到知人善任——注重"人职匹配"和"能职匹配"。总裁（CEO）需要有 3Q：智商（Intelligence quotient, IQ）、情商（Emotion quotient, EQ）、逆商（Adversity Quotient, AQ）。作为总裁（CEO），在智商（IQ）方面，需要有良好的性格品格、敏锐的预见能力（洞察能力）、良好的记忆能力、丰富的想象能力、深刻的思维能力、集中的注意能力、应变能力、决策能力、组织管理

能力、处理关系能力、沟通能力等；在情商（EQ）方面，包括对自我的把握（自我感知、情绪控制和自我激励等）、对他人的感知（理解他人的情绪、同情心等）、与他人交往（人际关系、对他人情绪的影响、受拥护程度等）；在逆商（AQ）方面，要迎难而上，能吃得苦中苦。古人云："故天将降大任于斯人也，必先苦其心志，劳其筋骨，饿其体肤，空乏其身，行拂乱其所为……"要在逆境中磨练意志，在困境中磨练意志。财务总监（CFO），在性格上要谨慎、细心、沉着、自控等；在能力上要精通会计学，做好日常财务记账和登账，控制好成本费用，制订好融资策略，管理好现金，及时做好财务报表等。生产总监，在性格上情绪不易外露、办事认真、安静等；在能力上要具备生产知识，研发产品，资产投资，体系认证，平衡生产，管理库存，编制生产计划等。采购总监，在性格上要善于社交、开朗、活泼等；在能力上要有计划能力，合理地采购，制订采购计划，管理仓储，协调生产和财务等。营销总监，在性格上要是外向型，乐观、热情、外露、健谈等；在能力上要有较强的表达能力，分析市场，广告投入，制订销售计划，争取订单与谈判，按时交货等。

其次，团队要相互合作。既然，团队已经"明确分工"了，为什么还要"相互合作"呢？因为这 5 个角色相互制约、相互影响，作为一个团队，相互合作是必不可少的。尤其是各位成员一定要配合财务总监的工作，在这 ERP 沙盘模拟经营比赛中，财务总监的工作量相对来说要大一些。在这么短暂的时间里，财务总监要做好每笔账，是一件非常不容易的事。团队就应该相互合作，相互帮助，只要其中一位成员有多余的时间和能力，就可以帮助财务总监做一些事情，简化财务总监的工作，这并不是"越俎代庖"。同理，只要有一位成员忙不过来或遇到困难，其他的几个成员就应该去帮助。只有这样，团队的工作才能更加顺利地进行，才有可能获得最终的胜利。

2. 知己知彼

"知己知彼，百战不殆。"本文的"知己知彼"中的"知己"是指在 ERP 沙盘模拟经营比赛中团队了解、熟知自身条件、战略等；"知彼"是指团队了解、熟知 5 种竞争力量（竞争对手、购买方等）。因为 ERP 沙盘模拟经营是虚拟的企业经营，假定政治环境、社会文化环境、经济环境、自然环境是一定的，故不考虑。在现实中的企业经营，通常会做市场调查，了解竞争对手，看其他企业的经营状况、主攻市场、消费群体、广告投入、产品定位等。虽然 ERP 沙盘模拟经营比赛并不是现实中的企业经营，但同样需要了解自己，了解对手，了解竞争者的战略、进攻的市场区域、产品研发、经营状况等。譬如，在进行 ERP 沙盘模拟比赛时，团队需要有"商业间谍"。要学会"偷窥"，"偷窥"其他组制订的战略计划；"偷窥"其他组的财政状况，如库存现金、应收账款、负债情况等；"偷窥"其他组的生产状况，如生产能力、生产线、厂房等；"偷窥"其他组的广告投入，产品开发、市场区域开发等；"偷窥"其他组的采购状况，仓储状况等。在每次 ERP 沙盘模拟经营培训和每场 ERP 沙盘比赛结束后，都应该与其他组进行交流与沟通。了解别人的战略思想、经营理念等，始终坚持"取其精华，弃之糟粕"的原则，坚持量体裁衣、对症下药等思想。

3. 未雨绸缪

古人云："贾人夏则资皮，冬则资𫄨，旱则资舟，水则资车，以待乏也。夫虽无四方之忧，然谋臣与爪牙之上，不可不养而择之。譬如蓑笠，时雨既至，必求之。"此所谓万事有预则立，不预则废。ERP 沙盘模拟经营比赛，团队也应该做到"未雨绸缪"，防患于未然。在比赛之前，一定要制订好战略计划，配备好各种各样的战术。千万不要像哥伦布发现新大陆一样：不知道要去哪里，不知道走到哪里，不知道去过哪里。这样，在正式的 ERP 沙盘模拟比赛中很难赛出好的成绩。团队应该充分利用比赛的规则，认真钻研、分析其潜在的企业战略，并运用于实践。对于实践过程中出现的问题，要及时进行总结，对于出现难以操作的，要予以纠正，从而制订出更具有操作性、更便于实施的企业战略。同时，要对战略进行反复的检验和比较，并且不断地进行修改，使之更加完善、更加符合比赛的实际。

4. 不变应万变

有句名言："世界上唯一不变的，就是变化。"环境瞬息万变，错综复杂。达尔文曾说："物竞天择，适者生存。"为了适应环境的变化，团队要学会变化，审时度势，因时而变，因势而变，随机而动，势变谋必变，做到以"不变应万变"，学会融会贯通。在 ERP 沙盘模拟经营比赛之前，团队要制订一个总体的战略计划。但是，在比赛中，团队会遇到很多意想不到的情况。这就需要团队学会变化，不要当遇到的情况与事先计划预测的不一样时，就手忙脚乱，不知所措，不知如何去做。团队可以把制订好的战略进行适当的改变，从而适应比赛情况的变化。因为没有哪一种战略能够适应任何一场比赛，只有在特定的比赛环境中，制订特定的战略与之相适应。因此，团队要学会灵活地运用各种战术，适应不断变化的环境，做出正确的、合理的反应，分析环境变化所带来的商机，不断应对环境变化带来的威胁，从而确保自己的企业有效地经营与发展。最终，才能在 ERP 沙盘模拟经营比赛中立于不败之地。

5. 有容乃大

古人云："海纳百川，有容乃大；壁立千仞，无欲则刚。"在 ERP 沙盘模拟经营比赛中不可能是一帆风顺的，在其中必然会出现一些小"插曲"。这就需要核心成员协调好与成员之间的关系。根据不同性格的人匹配不一样的工作，采用不一样的沟通交流方式。核心成员一定要主动承担起重任，一定要虚怀纳谏，选贤任能，一定要合理地处理各成员之间的关系。同时，各位成员也应该相互包容、相互理解。当总裁出现决策失误时，不要抱怨他，不要指责他，不要埋怨他，要重新考虑下一步该怎么去应对。当财务总监平不了账时，其他成员不要在旁边观看或走开，而是要齐心协力，查找错误，及时平账。当生产总监在生产方面出现问题时，其他成员不要指责他，而是及时改变生产计划或生产模式。当采购总监采购的材料出现短缺，不要抱怨他，要及时想办法补足材料。当营销总监拿错订单，如拿到了加急订单，而且库存又没有时，不要抱怨，而是要提醒他下次注意加急单，不要犯同样的错误。俗话说"金无足赤，人无完人"，各位成员要学会相互包容，相互理解。从而，增强团队的凝聚力与向心力，提高工作的绩效以实现团队既定的目标。

虽然 ERP 沙盘模拟经营与现实中的企业不完全相同，经营成功不会给企业和个人带来真实赢利，经营失败也不会给企业和个人带来人任何损失。但是，只要学生用心去做了 ERP 沙盘模拟经营，就会从中学到很多东西，可以增加谋略知识，学会团队的分工合作，提高团队合作与协作能力，发扬团队精神等，进而可以学会做人、学会思考、学会学习、学会做事。

【本阶段任务总结】

1. 制订企业发展战略，编写企业战略计划书。

2．确定实现企业经营目标和战略目标的行动方案。

3．举例说明在经营中如何进行税收筹划。

4．团队、个人实训技巧总结。

 **必备知识**

1．科学决策

（1）决策的概念

科学决策理论认为"决策是为了实现某个目的而从若干个可行方案中选择一个满意方案的分析判断过程"；西蒙认为"决策就是找出要求制订决策的条件；寻找、拟订和分析可供选择的行动方案；选择特定的行动方案"。

（2）科学决策流程

决策的科学性主要体现在决策过程的理性化和决策方法的科学化上。决策失误在很大程度上与没有遵循科学的决策过程有关。科学决策过程如图 8-1 所示。

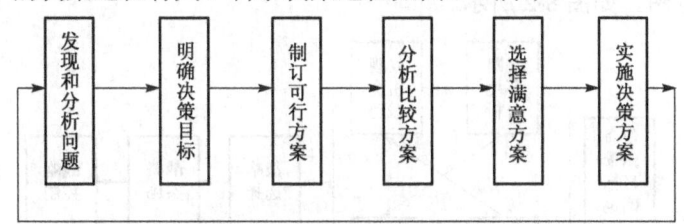

图 8-1　科学决策过程

步骤 1：认识和分析问题。认识和分析问题是决策过程中最为重要也是最为困难的环节。关键是因为问题不清，难以决策，问题找错，一错百错。困难的是因为真正的问题常常为众多的表象所掩盖，需要进行深入的分析，才能找到真正的问题。认识和分析问题的思路：是否存在问题，是否需要解决，问题到底是什么，问题能否解决，由谁来解决。

步骤 2：明确决策目标。决策目标是指在一定的环境和条件下，根据预测，所能希望得到的结果。同样的问题，由于目标不同，所可采用的决策方案也会大不相同。

步骤 3：制订可行的方案。可行方案的拟订原则包括：第一，要紧紧围绕着所要解决的问题和所要达到的决策目标；第二，根据已经具备和经过努力可以具备的各种条件；第三，充分发挥参与决策者的积极性、创造性和丰富的想象力。

步骤 4：分析比较方案。明确决策准则；了解各备选方案；评价各备选方案；分析各方案利弊；比较各方案优劣；进行综合评价；提出推荐方案；

步骤 5：选择满意方案。在进行方案抉择时，应注意不要一味追求最佳方案；在进行最终选择时，应允许不做任何选择；要明白任何方案都有风险。

步骤 6：实施决策方案。决策的正确与否要以实施的结果来判别。为了确保决策实施的效果，企业必须做到：①建立信息反馈渠道；②及时检查实施情况；③发现差异，查明原因；④不断地修正和完善；⑤直至解决问题、实现目标或做出新的决策。决策者必须学会处理错误决策：①要有勇气承认客观事实；②追溯决策的全过程，以找出在哪一步上犯了错误；③调整或改正。最终使决策趋于完善。

2. 战略及战略管理

（1）战略及战略管理的概念

① 战略的概念。战略是企业为了达到一项或多项经营目标而采用的一系列活动。对于大多数企业来说，其经营目标就是促进利润的增长、获得持续的赢利能力，从而达到卓越绩效。

② 战略管理的概念。战略管理是指企业从既定的使命和愿景出发，不断拟订、优化竞争战略，并把战略具体落实于目标，借助于其完整的指标体系实施监控和确保战略目标完成的整个过程及相关决策。

（2）战略管理的作用及战略管理要素

企业通过战略管理，把握经营的大方向，帮助企业创造核心竞争力，建立企业独特的经营模式，使自身的产品或服务区别于竞争对手，从而促进利润的增长，并带来持续的赢利能力。战略管理包括以下六大要素：企业使命定位、愿景、核心价值观、企业战略目标、战略措施、战略衡量指标、战略实施效果、战略改进。

（3）战略规划流程

战略规划流程图，如图 8-2 所示。

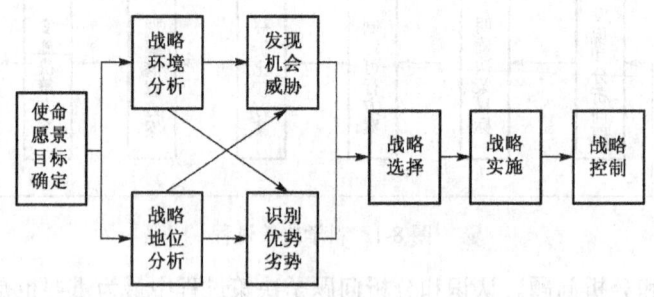

图 8-2　战略规划流程图

（4）战略环境分析工具

企业的战略环境可分为四个层次，即宏观环境、行业环境、竞争环境及内部环境。前三种环境也可统称为企业外部环境。企业通过内外部战略环境分析，确定企业能够做什么，可以做什么，进而确定企业的战略主题和战略活动，使企业获得持续的竞争优势，如图 8-3 所示。

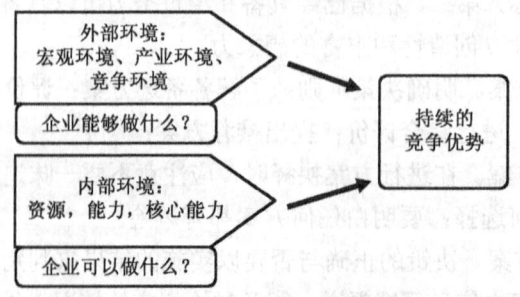

图 8-3　企业战略环境分析的目的

① 宏观环境分析工具——PEST 分析法。宏观环境因素分析如表 8-4 所示。

表 8-4　宏观环境因素分析

宏观环境要素	阐　释
政治和法律环境因素 （Political factors）	一般来说，一些政治因素对企业行为有直接影响，而法律法规会间接影响企业的活动 1. 政治和法律因素分析包括以下方面：（1）政局稳定状况；（2）政府行为影响；（3）路线方针政策；（4）各政治利益集团；（5）法律法规；（6）国际政治法律因素 2. 相关的政治风险可分三类：（1）所有权风险；（2）经营风险；（3）转移风险 3. 政治法律因素特点：（1）不可测性；（2）直接性；（3）不可逆转性
经济环境因素 （Economical factors）	经济因素分析包含以下方面：（1）社会经济结构（其中最重要的是产业结构）；（2）经济发展水平（国家经济发展的规模、速度和水平）；（3）经济体制（国家经济组织的形式）；（4）宏观经济政策；（5）当前经济状况；（6）其他一般经济条件和趋势
社会和文化环境因素 （Social factors）	社会文化因素分析包含以下方面：（1）人口状况；（2）社会流动性；（3）消费心理；（4）生活方式变化；（5）文化传统；（6）价值观
技术环境因素 （Technological factors）	1. 技术因素分析包含以下方面：（1）技术水平；（2）技术力量；（3）新技术的发展 2. 技术环境对战略产生的影响：（1）技术进步使企业能对市场和客户进行更有效的分析；（2）新技术使企业扩大经营范围或开辟新市场；（3）技术进步可创造竞争优势；（4）技术进步使现有产品淘汰或缩短产品生命周期；（5）新技术使企业关注环保、社会责任和可持续增长

相关链接

保健品行业 PEST 分析

从政治法律角度看，政府主管部门的更迭带来保健品行业新变化

据有关部门抽查显示，85%以上的所谓"保健食品"，要么没有监管部门的生产批准文号，要么就是套用食品、化妆品的批准文号违法生产。80%以上标榜具有治疗性功能障碍和具有降压、降糖、减肥作用的所谓"保健品"，都违法掺有"伟哥"和降压、降糖、减肥的药品成分。保健食品法律、法规尚不健全，这一直困扰着相关生产企业和消费者。中国保健协会表示，继《食品安全法》之后，政府相关部门联手协会正在积极开展促进行业发展的调研，《保健食品监督管理条例》、《保健食品注册管理办法》、《保健食品原料安全标准》等一系列重要的法规文件将陆续出台。

由于保健食品法律法规尚不健全，因此，严厉打击违法生产销售行为缺少法律依据。根据 2009 年 6 月 1 日生效的《食品安全法》，"国家对声称具有特定保健功能的食品实行严格监管，具体管理办法由国务院规定。"随后《食品安全法实施条例》进一步明确了食品药品监督管理部门负责对保健食品实行严格监管。依据法律规定，国务院责成有关部门围绕保健食品的定义、品种管理、生产经营以及广告监管等问题，展开了紧锣密鼓的调查研究，并对《保健食品监督管理条例（送审稿）》公开征求意见。

保健食品广告是监管的重心，政府将出重拳规范保健食品广告。《保健食品监督管理条例》出台后，《保健食品广告审查发布管理办法》也将取代 2005 年的《保健食品广告审查暂行规定》，成为一部保健食品监管的重要法规。这部法规不仅完善了广告审批与发布管理的原则与程序，最大的进步是给予了监管部门更明确的职责与权限，以此规范保健食品市场。

从经济角度看，市场竞争日益激烈

这么多年来国内保健品市场上中小型企业众多，缺少行业龙头企业，从业人员素质参差不齐，市场竞争无序。保健品巨大的市场潜力和高额利润水平吸引了传统食品巨头纷纷进入。继娃哈哈集团表示要将战略阵地由传统食品调整为保健食品领域后，光明集团也宣布，将与美国保健品零售企业健安喜成立合资企业共同进军中国保健品市场。随着大型食品企业以及国外高端保健品品牌进入中国，将加剧这一行业的竞争，有望迫使一些价格虚高的保健产品降价。加上国内行业的竞争，市场营销模式也有进一步变化。

一是产品开始两极分化。因为竞争日益激烈，保健品呈现出明显的两极分化趋势：以功能诉求为主的产品，多用疗程、买赠促销等刺激消费者购买，这类产品价格越来越高；以营养补充为诉求的机能性食品或滋补品，价格越来越低，有成为日用品保健品的趋势。二是渠道细分、直销比例增大。受传统渠道费用高涨、竞争趋向白热化的压力，保健品厂商积极探索渠道多样化，传统的"药店+商超"的销售渠道快速分化，保健品连锁专卖店、厂家直销店、店中店、传销、电话销售、会务销售、展会销售直至网络销售等多种渠道形式正在加速形成。受渠道多样化的影响，保健品销售额中直销比例日益增大。以上海市场为例，投放广告、进入常规渠道的功能性食品，相当部分销量同样依靠直销。三是传播方式日益直接化。由于传统媒体效果弱化、价格日益提高，保健品厂商传播产品信息的方法正日益扁平化，直接掌握消费者资料，定期针对固定消费群体进行传播，已经成了传播的重要手段之一。

从社会的角度看，保健品市场前景可观

伴随我国社会进步和经济发展，保健业已经迅速成为一个独立的产业。社会生活的变化促使了保健业的强劲势头。首先，我国城乡的恩格尔系数分别为 5.9%和 5.3%，处于温饱向小康的过渡阶段，东南沿海一些大中城市和地区已达到了中等收入国家水平，人们的消费观念、健康观念发生了较大变化，促进城乡保健品消费支出以每年 15%～30%的速度快速增长。其次，人们生活方式的改变，是保健品产业发展的重要基础。随着社会竞争越演越烈、生活工作节奏不断加快，给人们生理和心理机能带来巨大冲击，处于亚健康状态的人群不断扩大。为规避不健康带来的各种不利影响，人们求助于保健品，使保健品的开发和生产成为经济生活中的"热点"。第三，多层次的社会生活需要，为保健品产业的发展提供了广阔空间。除了在家庭和事业双重压力下的中年人逐步加入保健品消费行列之外，老年人、青少年也是保健品消费的主力军。

据有关资料显示，欧美国家的消费者平均用于保健品方面的花费占其总支出的 25%以上，而我国只有 0.07%。这表明，保健品市场潜力巨大，以目前全球保健品占整个食品销售的 5%来推算，我国保健品消费还将大幅增长。

从技术角度看，保健品行业研发，生产和销售发生了全新变化

WTO 给中国保健品企业带来了世界级的竞争对手，面临日益加剧的市场竞争，所有从事保健品生产的中国企业都应该清醒地认识到，未来保健品竞争的核心必将是科技含量，加强科技投入迫在眉睫。特别是已经有一定经济实力的企业更要重视保健品的应用基础研究，努力提高新产品的科技含量和质量水平，使保健品企业向高新技术企业过渡，科技含量高的产品成为主流。

只有保健品企业不断更新技术和提高技术含量，开发出效果好、质量高、有特点的第三代保健品，使产品从低层次的价格战、广告战中走出来，转向高层次的技术战、服务战，才能缔造出我国的保健品世界品牌，才有能力进军国际市场。电子信息技术的发展，也使电子商务成为销售重要渠道。各销售商都抓住电子商务的有利武器，搞销售网站，拓宽销售面，丰富产品种类。单单做电子购物的试用型销售，所涉及的消费者群体毕竟有限。通过投入设备和资金，开设购物网站的形式来发展更多的消费人群，同时也可以利用网络这一先进技术进一步的宣传产品，以及让消费者先试后买，买什么都满意的先进销售理念。

② 产业环境分析工具——波特五种力量模型。

迈克尔·波特提出最具影响力的战略分析模型——五种力量模型，用以确定企业在行业中的竞争优势和行业可达到的最终资本回报率，如图 8-4 所示。

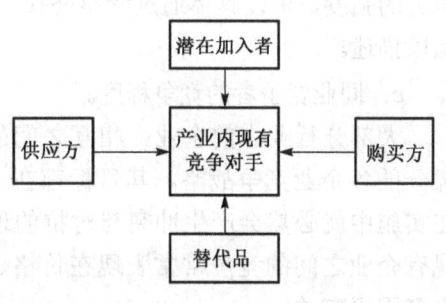

图 8-4　波特五种力量模型

a. 新进入者的威胁。

新进入者在给行业带来新生产能力、新资源的同时，将希望在已被现有企业瓜分完毕的市场中赢得一席之地，这就有可能会与现有企业发生原材料与市场份额的竞争，最终导致行业中现有企业赢利水平降低，严重的话还有可能危及这些企业的生存。竞争性进入威胁的严重程度取决于两方面的因素：进入新领域的障碍大小；预期现有企业对于进入者的反应情况。

进入障碍主要包括规模经济、产品差异、资本需要、转换成本、销售渠道开拓、政府行为与政策（如国家综合平衡统一建设的石化企业）、不受规模支配的成本优势（如商业秘密、产供销关系、学习与经验曲线效应等）、自然资源（如冶金业对矿产的拥有）、地理环境（如造船厂只能建在海滨城市）等方面，这其中有些障碍是很难借助复制或仿造的方式来突破的。

预期现有企业对进入者的反应情况，主要是采取报复行动的可能性大小，则取决于有关厂商的财力情况、报复记录、固定资产规模、行业增长速度等。总之，新企业进入一个行业的可能性大小，取决于进入者主观估计进入所能带来的潜在利益、所需花费的代价与所要承担的风险这三者的相对大小情况。

b. 供应商的议价能力。

供应商主要通过其提高投入要素价格与降低单位价值质量的能力，来影响行业中现有企业的赢利能力与产品竞争力。供应商力量的强弱主要取决于他们所提供给买主的是什么投入要素，当供应商所提供投入要素的价值构成了买主产品总成本的较大比例、对买主产品生产过程非常重要，或者严重影响买主产品的质量时，供应商对于买主的潜在讨价还价力量就大大增强。

c. 购买者的议价能力。

购买者主要通过其压价与要求提供较高的产品或服务质量的能力，来影响行业中现有企业的赢利能力。

一般来说，满足如下条件的购买者可能具有较强的讨价还价力量：购买者的总数较少，而每个购买者的购买量较大，占了卖方销售量的很大比例；卖方行业由大量相对来说规模较小的企业所组成；购买者所购买的基本上是一种标准化产品，同时向多个卖主购买产品在经济上也完全可行；购买者有能力实现后向一体化，而卖主不可能进行前向一体化。

d. 替代品的威胁。

两个处于同行业或不同行业中的企业，可能会由于所生产的产品互为替代品，从而在产品之间产生相互竞争行为，这种源自于替代品的竞争会以各种形式影响行业中现有企业的竞争战略。首先，现有企业产品售价及获利潜力的提高，将由于存在着能被用户方便接受的替代品而受到限制；第二，由于替代品生产者的侵入，使得现有企业必须提高产品质量或通过降低成本来降低售价，或者使其产品具有特色，否则其销量与利润增长的目标就有可能受挫；第三，源自替代品生产者的竞争强度，受产品买主转换成本高低的影响。总之，替代品价格越低、质量越好、用户转换成本越低，其所能产生的竞争压力就越强；而这种来自替代品生产者的竞争压力的强度，可以具体通过考察替代品销售增长率、替代品厂家生产能力与赢利扩张情况来加以描述。

e. 同业竞争者的竞争程度。

大部分行业中的企业，相互之间的利益都是紧密联系在一起的，作为企业整体战略一部分的各企业竞争战略，其目标都在于使自己的企业获得相对于竞争对手的优势。所以，在实施中就必然会产生冲突与对抗的现象，这些冲突与对抗就构成了现有企业之间的竞争。现有企业之间的竞争常常表现在价格、广告、产品介绍、售后服务等方面，其竞争强度与许多因素有关。

相关链接

运用波特的"五力模型"对我国轿车行业进行分析

潜在进入者的威胁

轿车行业的进入壁垒较高不仅有政策上的限制，也有技术上、规模经济上等方面的制约。以下几方面构成我国轿车进入壁垒的潜在来源。

规模经济。轿车行业是典型的规模报酬递增行业。其固定成本投资比较大。一般认为单个企业整车产量在 40 万～60 万辆、零部件 100 万～200 万件，才能达到最小经济规模的要求，所以市场只能维持少量企业的生存。但在中国，由于市场容量较大且增长迅速，大量未达到起始规模经济的企业可以获得较高水平的利润，从而抵消了规模经济所造成的壁垒。

技术优势。目前，中国大量的汽车整车项目均由跨国公司主导，跨国公司具有丰富的设计、制造经验和雄厚的产品开发能力，对于缺乏轿车工业背景的新进入者形成了较高的进入壁垒。

资本壁垒。轿车是一个资本密集程度很高的行业，一般整车项目资金规模都在 100 亿元以上，除了注册资本外，对外部融资的依赖性很大。新进入者往往由于知名度较低或信用程度不好，筹资和融资较为困难。

进入遏制。目前中国轿车企业普遍处于强劲需求拉动下的生产扩张时期，由于汽车整车数量较多，在位企业对新进入者对市场影响的敏感性较低，所以很少采取策略性进入遏制行为。

行政限制。我国政府对于轿车实施了严格的行政性进入限制：一是严格的投资审批制度，轿车项目一律由国家审批立项，这对新进入者形成了几乎难以逾越的进入壁垒；二是严格的目录管理制度，只有政府有关部门认可的特定企业和特定产品才能开工生产和销售，同时生产企业开发新产品也受到严格限制。

此外，轿车行业还存在着一些行业技术政策限制，如国家要求重点发展符合国家安全、节能、排放法规及私人用车要求的经济型轿车；汽油发动机需要达到欧洲第三阶段或第四阶段排放控制水平；适度发展轿车柴油机发动机、单燃料燃气发动机及混合动力系统等，都可能对潜在进入者形成巨大的进入壁垒。

替代品的威胁

在乘用车中，主要有轿车、SUV、MPV。MPV即多用途汽车，集轿车、旅行车和厢式货车的功能于一身，而SUV皮卡车具有轿车和货车的双重功能。2007年我国SUV全年销售增长近60%，而MPV也同比增长23%。这两种乘用车作为轿车的替代品有一定的竞争力，但是目前中国对于这两种车的生产能力还不强。随着新能源汽车的开发和上市将对现有燃油汽车形成极大威胁，进一步加剧汽车行业的竞争。

供应商的议价能力

在轿车行业中，上游企业主要是林业，黑色金属采矿业，有色金属采矿业，纺织业，皮革、毛坯、羽绒及其制品业，石油加工及炼焦业，化学有色金属冶炼加工业，普通机械制造业，电气机械和器材制造业，电子及通信设备制造业，仪器仪表及文化办公用品机械制造业，电气、蒸汽、热水生产供应业等。在这些行业中，供应商有很多。在零部件技术开发方面，中国轿车企业在某些中低附加值方面具有相当强的开发能力；在汽车关键零部件的技术开发方面具有一定能力，但是与国外先进水平差距甚大。中国整体轿车开发能力不足，而且在合资企业的供应链中外方占着主动地位，行业本身的特点决定了零部件都有一定的私有技术，因而供应商有一定的议价能力。

购买者的议价能力

购买者数量决定了其议价能力。在全国大约3亿家庭中，年收入10万元以上的富豪型家庭占1%，3万～10万元的富裕型家庭占6%，1万～3万元的小康型家庭占55%。家庭购车潜能不言而喻。目前，消费者比较关注的是汽车的经济性，包括购买的经济性和使用中的经济性。同时消费者也更趋于理性，先进的技术、人性化的设计、较高的经济型这三点会被理性的消费者所考虑并直接影响其购买行为。而随着需求层次的提高，消费者也会逐渐注意产品的差异化和个性化。在这样一个以顾客服务为导向的行业中，购买者至少可以影响制造商的服务水平。

行业内企业的竞争

许多因素倾向于增强行业中的竞争。一般来说，行业中的公司越多，竞争性就越强。目前轿车行业的竞争主要表现在：（1）竞争者的数量；（2）价格竞争；（3）新产品集中上市；（4）综合实力竞争。

③ 内部环境评价分析工具——SWOT法（某企业使用SWOT范例）。

SWOT分析来自于麦肯锡咨询公司的SWOT分析，包括分析企业的优势（Strengths）、劣势（Weaknesses）、机会（Opportunities）和威胁（Threats）。因此，SWOT分析实际上是将对企业内外部条件各方面内容进行综合和概括，进而分析组织的优劣势、面临的机会和威胁的一种方法。通常将企业内部环境的优势与劣势、外部环境的机会与威胁同列在一张"十"字形图表中加以对照，如表8-5所示。

SWOT分析的目的在于提供企业在市场中所处的地位分析。SWOT分析的意义在于帮助企业清晰地把握全局，分析自己在资源方面的优势与劣势，把握环境提供的机会，防范可能存在的风险与威胁。一旦做出了SWOT分析，企业就能够确定自己在市场上的地位，从而形成一个有益的平台，有利于企业选择最好的战略以实现企业目标。

表 8-5　企业 SWOT 分析

优势（Strengths）	劣势（Weaknesses）
处于有利的竞争态势	设备老化
充足的财政来源	管理混乱
良好的企业形象	缺少关键性技术
精通技术奥秘	科研开发工作落后
达到了规模经济	产品范围太窄
成本优势	成本过高
广告攻势强	
机会（Opportunities）	威胁（Threats）
打入新市场	低成本的外国竞争着进入市场
扩大产品范围满足顾客需要	替代品产量上升，价格下降
有吸引力的外国市场壁垒下降	市场增长缓慢
对手自满	顾客偏好变化
市场增长速度快	经济衰退

从上表中可以看出：SO 型企业，具有良好的内部优势及众多的外部机会，应当采用增长型战略，如开发市场、增加产量等；WO 型企业，面临巨大的外部机会，却受到内部劣势的限制，应该采用扭转型战略，充分利用环境带来的机会，设法消除劣势；WT 型企业，内部存在劣势，外部面临强大威胁，应采用防御型战略，进行业务调整，设法避开威胁和消除劣势；ST 型企业，具有一定的内部优势，但外部环境存在威胁，应采用多种经营战略，利用自己的优势，在多样化经营上寻找长期发展的机会。

相关链接

沃尔玛的 SWOT 分析

优势（Strengths）

沃尔玛是著名的零售业品牌，以物美价廉、货物繁多和一站式购物而闻名。

沃尔玛的销售额在近年内有明显增长，并且在全球化的范围内进行扩张（例如，收购了英国的零售商 ASDA）。

沃尔玛的一个核心竞争力是由先进的信息技术所支持的国际化物流系统。例如，在该系统支持下，每件商品在全国范围内的每家卖场的运输、销售、储存等物流信息都可以清晰地看到。信息技术同时也加强了沃尔玛高效的采购过程。

沃尔玛的一个焦点战略是人力资源的开发和管理。优秀的人才是沃尔玛在商业上成功的关键因素，为此，沃尔玛投入时间和金钱对优秀员工进行培训并建立忠诚度。

劣势（Weaknesses）

沃尔玛建立了世界上最大的食品零售帝国。尽管在信息技术上拥有优势，但因为其巨大的业务拓展，这可能导致对某些领域的控制力不够强。

沃尔玛的商品涵盖了服装、食品等多个部门，可能在适应性上比起更加专注于某个领域的竞争对手存在劣势。

该公司是全球化的，但是目前只开拓了少数几个国家的市场。

机会（Opportunities）

采取并购或战略联盟的方式与其他国际零售商合作，专注于欧洲或大中华区等特定市场。

沃尔玛的卖场当前只开设在少数几个国家内，因此，拓展市场（如中国，印度）可以带来大量的机会。

沃尔玛可以通过新的商场地点和商场形式来获得市场开发的机会。更接近消费者的商场和建立在购物中心内部的商店可以使过去仅仅是大型超市的经营方式变得多样化。

威胁（Threats）

沃尔玛在零售业的领头羊地位使其成为所有竞争对手的赶超目标。

沃尔玛的全球化战略使其可能在其业务所在国家遇到政治上的风险。

多种消费品的成本趋向下降，原因是制造成本的降低。制造成本降低的主要原因是生产外包给了世界上的低成本地区。这导致了价格竞争。恶性价格竞争是一个威胁。

④ 内部环境评价分析工具——价值链分析法。

价值链是企业为满足长期的市场目标及整个链条的共同利益而进行的战略协作。价值链分析是对顾客需求进行深入了解的一种分析方法，把企业的活动划分为战略上相关的一系列活动，目的是为了进行成本分析及找出区别所在。

价值链是由一系列组织活动构成的，包括五项基本活动和四项辅助活动，如图8-5所示。

五项基本活动：进货后勤、生产经营、发货后勤、市场营销、服务。

四项辅助活动：采购、技术开发、人力资源管理、企业的基础设施建设。

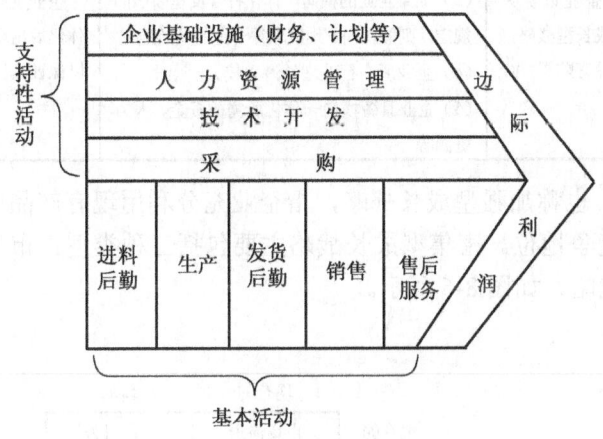

图 8-5 价值链分析法

（5）企业总体战略的选择

战略选择的类型包括成长型战略、稳定型战略、收缩型战略。

① 成长型战略。该类型战略以发展壮大企业为基本导向，致力于使企业在产销规模、资

产、利润或新产品开发等某方面或某几个方面获得增长的战略。以下是成长型战略的三种基本类型。

a. 一体化战略。企业对具有优势和增长潜力的产品或业务，沿其经营链条的纵向或横向扩大业务的深度和广度，扩大经营规模，实现企业成长，如表 8-6 所示。

表 8-6　一体化战略

战 略 类 型			适 宜 条 件	存 在 风 险
纵向一体化战略	前向一体化	获得分销商或零售商的所有权以加强对销售过程和渠道的控制	(1) 现有销售商销售成本较高或可靠性较差，难以满足企业的销售需要 (2) 企业所在产业的增长潜力较大 (3) 企业具备前向一体化所需的资金、人力资源等 (4) 销售环节的利润率较高	(1) 不熟悉新业务领域所带来的风险 (2) 纵向一体化，尤其是后向一体化，一般涉及的投资数额较大且资产专用性较强，增加了企业在该产业的退出成本
	后向一体化	后向一体化就是企业通过收购或兼并若干原材料供应商，拥有和控制其供应系统，实行供产一体化	(1) 现有供应商成本较高、可靠性较差而难以满足企业对原材料、零件等的需要 (2) 供应商数量少而需求方竞争者众多 (3) 企业所在产业增长潜力较大 (4) 企业具备后向一体化所需的资金、人力资源等 (5) 供应环节的利润率较高 (6) 企业产品价格的稳定对企业而言十分关键，后向一体化有利于控制原材料成本，从而确保产品价格的稳定	
横向一体化战略		指企业收购或兼并同类产品生产企业以扩大经营规模的成长型战略，所常用的途径有购买、合并和联合	(1) 企业所在行业竞争较为激烈 (2) 企业所在行业规模经济较为显著 (3) 如果企业的横向一体化符合反垄断法的规定，则能在局部地区取得一定的垄断地位 (4) 企业所在行业增长潜力较大 (5) 企业具备横向一体化所需的资金、人力资源等	企业文化的不同往往会导致横向一体化后出现管理成本增加、产品质量难以保证、协调关系复杂等问题

b. 密集型战略。也称加强型成长战略，指企业充分利用现有产品或服务的潜力，强化现有产品或服务的竞争地位。密集型成长战略主要包括三种类型：市场渗透战略、市场开发战略和产品开发战略，如图 8-6 所示。

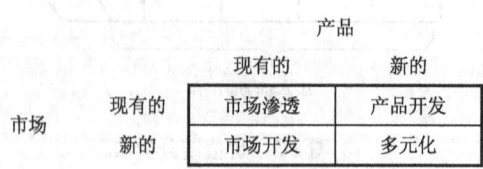

图 8-6　密集型战略

c. 多元化战略。多元化战略的类型及适宜条件，如表 8-7 所示。

表 8-7　多元化战略

分　类		要　点
相关多元化（同心多元化）	含义	相关多元化是指企业以现有业务为基础进入相关产业的战略。相关性可以是产品、生产技术、管理技能、营销技能及用户等方面的类似
	优势	采用相关多元化战略有助于企业利用原有优势来获得融合优势
	适宜条件	企业在产业内有较强竞争优势，而该产业成长性或吸引力逐渐下降时，适宜采用该战略
非相关多元化（离心多元化）	含义	企业新发展的业务与原有业务之间没有明显的战略适应性，所增加的产品是新产品，服务领域也是新市场
	优势	采用非相关多元化战略有助于企业从财务上平衡现金流或获取新的利润增长点
	适宜条件	如果企业当前所在的产业缺乏吸引力，而企业也不具备较强的能力和技能转向相关产品或服务，较为现实的选择就是采用非相关多元化战略

② 稳定型战略。该类型战略是指在内外环境的约束下，企业准备在战略规划期使企业的资源分配和经营状况基本保持在目前状态和水平上的战略，如表 8-8 所示。

表 8-8　稳定型战略

分　类	定　义	应　用	风　险
暂停战略	在一定时期内降低企业的目标和发展速度，让企业充分积聚能量，为今后的发展做准备的临时战略	适用于在未来不确定性产业中迅速成长的企业，目的在于避免企业出现管理失控和资源紧张的局面	(1)稳定战略的成功实施要求战略期内外部环境不发生重大变化，竞争格局和市场需求都基本保持稳定
无变战略	不实行任何新举动的战略	适用于外部环境没有任何重大变化、本身具有合理赢利和稳定市场地位的企业	(2)稳定型战略的长期实施容易导致企业缺乏应对挑战和风险的能力
维持利润战略	企业为维持目前的利润水平而牺牲企业未来成长的战略	只是一种过渡的临时战略，对企业持久竞争优势会产生不利影响	

③ 收缩型战略。该类型企业因经营状况恶化而采取的缩小生产规模或取消某些业务的战略，收缩型战略是一种消极的发展战略。一般的，企业实施收缩型战略只是短期的，其根本目的是使企业捱过风暴后转向其他的战略选择，如表 8-9 所示。

表 8-9　收缩型战略

类　型	要　点
扭转战略	企业采取缩小产销规模、削减成本费用、重组等方式来扭转销售和赢利下降趋势的战略。该战略的特点是"以退为进"
剥离战略	企业出售或停止经营下属经营单位的战略。目的在于摆脱劣势业务，集中精力于优势领域
清算战略	将企业的全部资产出售，停止经营的战略。清算战略往往是被迫选择，清算能够有序地将企业的资产最大限度地变现，并且股东能够主动参与决策，因而较破产更为有利

（6）业务单位战略的选择

业务单位战略的选择，如表 8-10 所示。

（7）职能战略的选择

职能战略旨在阐明各职能部门在制订竞争战略过程中应发挥的相关作用。这部分内容侧重于企业内部特定职能部门的运营效率，如生产、财务、营销、研究与开发及人力资源开发等。下面具体阐述各职能战略，其中财务战略在第 9 章中进行阐述。

① 生产或运营战略。所有运营流程都涉及转化过程，但是转化过程在四个方面或范畴上有所不同，它们分别是容量、种类、需求变动以及可见性。

表 8-10　业务单位战略

成本领先战略	目标	该战略的目标是成为整个行业中成本最低的制造商，以赚取更高单位利润，获取竞争优势
	优势	(1) 抵御竞争对手的进攻 (2) 具有较强的对供应商的议价能力 (3) 形成了进入壁垒
	适用情形	(1) 市场中存在大量的价格敏感用户 (2) 产品难以实现差异化 (3) 购买者不太关注品牌 (4) 消费者的转换成本低
	所需资源和技能	(1) 建立生产设备实现规模经济 (2) 能够在降低成本的同时满足消费者的需求 (3) 采用最新技术来降低成本和改进生产力，或在可行的情况下采用廉价劳动力 (4) 专注于生产力的提高 (5) 在高新技术行业中要充分利用学习曲线效应 (6) 将制造成本降到最低 (7) 获得更优惠的供应价格
	风险	(1) 可能被竞争者模仿，使得整个产业的赢利水平降低 (2) 技术变化导致原有的成本优势丧失 (3) 购买者开始关注价格以外的产品特征 (4) 与竞争对手的产品产生了较大差异 (5) 采用成本集中战略者可能在细分市场上取得成本优势
差异化战略	目标	企业针对大规模市场，通过提供与竞争者存在差异的产品或服务来获取竞争优势的战略
	优势	能够吸引品牌忠诚度高且对价格不敏感的顾客，从而获得超过行业平均水平的收益
	适用情形	(1) 产品能够充分实现差异化，且为顾客所认可 (2) 顾客的需求是多样化的 (3) 企业所在产业技术变革较快，创新成为竞争的焦点
	所需资源	(1) 强大的研发能力 (2) 较强的产品设计能力 (3) 富有创造性 (4) 很强的市场营销能力 (5) 企业在质量和技术领先方面享有声誉 (6) 能够获得销售商的有力支持
	风险	(1) 竞争者可能模仿，使得差异消失 (2) 产品或服务差异对消费者来说失去了重要意义 (3) 与竞争对手的成本差距过大 (4) 采用差异化集中战略者能在细分市场上实现更大的差异化
集中化战略	适用情形	(1) 企业资源和能力有限，难以在整个产业实现成本领先或差异化，只能选定个别细分市场 (2) 目标市场具有较大的需求空间或增长潜力 (3) 目标市场的竞争对手尚未采用同一战略
	风险	(1) 竞争者可能模仿 (2) 目标市场由于技术创新、替代品出现等原因导致需求下降 (3) 由于目标细分市场与其他细分市场的差异过小，大量竞争者涌入细分市场 (4) 新进入者重新瓜分市场

　　a. 产能计划，是指确定企业所需的生产能力以满足其产品不断变化的需求的过程。产能计划的类型包括领先策略、滞后策略和匹配策略。领先策略是指根据对需求增长的预期增加产能。滞后策略是指仅当企业因需求增长而满负荷生产或超额生产后才增加产能。匹配策略是指少量地增加产能来应对市场需求的变化。

　　b. 三种平衡产能与需求的方法：资源订单式生产、订单生产式生产、库存生产式生产。

资源订单式生产：当需求不具独立性时，企业仅购买所需材料并在需要时才开始生产所需的产品或提供所需的服务。例如，建筑企业可能会收到承建新的道路桥梁的大订单，该建筑企业将仅在签订了合同之后才开始采购必需的资源。

订单生产式生产：在采用某些运营流程的情况下，企业可能对未来需求的上涨非常有信心，从而持有为满足未来订单所需的一种或多种资源的存货。

库存生产式生产：许多企业在收到订单之前或在知道需求量之前就开始生产产品或提供服务。这种情况在制造型企业非常常见。

② 采购策略。采购策略旨在确定物资采购及操作执行的管理原则，以提高采购效率、采购操作规范性及采购总成本的控制水平。当企业确定从哪个供应商进行采购时可以考虑以下几个策略，如表 8-11 所示。

表 8-11　采购策略

采购策略	优　　点	缺　　点
单一货源策略	(1) 采购方能与供应商建立较为稳固的关系；(2) 便于信息的保密；(3) 能产生规模经济；(4) 随着与供应商的关系的加深，采购方更可能获得高质量的货源	(1) 若无其他供应商，则该供应商的议价能力就会增强；(2) 采购方容易受到供应中断的影响；(3) 供应商容易受到订单量变动的影响
多货源策略	(1) 能够取得更多的知识和专门技术；(2) 一个供应商的供货中断产生的影响较低；(3) 供应商之间的竞争有利于对供应商压价	(1) 难以设计出有效的质量保证计划；(2) 供应商的承诺较低；(3) 疏忽了规模经济
由供应商负责交付一个完整的子部件	(1) 允许采用外部专家和外部技术；(2) 可为内部员工安排其他任务；(3) 采购主体能够就规模经济进行谈判	(1) 第一阶供应商处于显要地位；(2) 竞争者能够使用相同的外部企业，因此企业在货源上不太可能取得竞争优势

③ 营销战略。市场细分和产品定位是营销中对战略管理最为重要的因素。确定目标市场包括选择最佳的细分市场。目标市场选择是指企业通过市场细分确定细分市场，并为一个或多个细分市场制订出与之相适应的市场营销组合。

目标市场营销策略有三种，即：无差异市场营销策略、差异性市场营销策略和集中性市场营销策略。

a. 集中性市场营销策略。实行差异性营销策略和无差异营销策略，企业均是以整体市场作为营销目标，试图满足所有消费者在某方面的需要。集中性营销策略则是集中力量进入一个或少数几个细分市场，实行专业化生产和销售。实行这一策略，企业不是追求在一个大市场角逐，而是力求在一个或几个子市场占有较大份额。

优点：由于目标集中能更深入地了解市场需要，使产品更加适销对路，有利于树立和强化企业形象及产品形象，在目标市场上建立巩固的地位；同时由于实行专业化经营，可节省生产成本和营销费用，增加赢利。

缺点：目标过于集中，把企业的命运押在一个小范围的市场上，有较大风险。

b. 差异性市场营销策略。差异性市场营销策略是将整体市场划分为若干细分市场，针对每一细分市场制订一套独立的营销方案。比如，服装生产企业针对不同性别、不同收入水平的消费者推出不同品牌、不同价格的产品，并采用不同的广告主题来宣传这些产品，就是采用的差异性营销策略。

优点：适应了各种不同的需求，能扩大销售，提高市场占有率。

缺点：因为差异性营销会增加设计、制造、管理、仓储和促销等方面的成本，会造成市场营销成本的上升。

c. 无差异市场营销策略。无差异市场营销策略的理论基础是成本的经济性。生产单一产品，可以减少生产与储运成本；无差异的广告宣传和其他促销活动可以节省促销费用；不搞市场细分，可以减少企业在市场调研、产品开发、制订各种营销组合方案等方面的营销投入。这种策略对于需求广泛、市场同质性高且能大量生产、大量销售的产品比较合适。

优点：生产经营品种少、批量大，节省成本费用，提高利润率。

缺点：忽视了需求的差异性，较小市场的部分需求得不到满足。

产品定位，就是针对竞争者现有产品在市场上所处的位置，根据消费者或用户对该种产品某属性或特征的重视程度，为产品设计和塑造一定的个性或形象，并通过一系列营销活动把这种个性或形象强有力地传达给顾客，从而适当确定该产品在市场上的位置。

"针锋相对式"定位。把产品定位在与竞争者相似的位置上，同竞争者争夺同一细分市场。

"填空补缺式"定位。寻找新的尚未被占领、但为许多消费者所重视的位置，即填补市场上的空位。这种定位战略有两种情况：一是这部分潜在市场即营销机会没有被发现，在这种情况下，企业容易取得成功；二是许多企业发现了这部分潜在市场，但无力去占领，这就需要有足够的实力才能取得成功。

"另辟蹊径式"定位。当企业意识到自己无力与同行业强大的竞争者相抗衡从而获得绝对优势地位时，可根据自己的条件取得相对优势，即突出宣传自己与众不同的特色，在某些有价值的产品属性上取得领先地位。

④ 研究与开发策略。研究与开发被定义为组织层面的企业创新。研发有两种类型，产品研究和流程研究。

产品研究——新产品开发。必须谨慎控制新产品的开发过程。新产品是竞争优势的主要来源，但新产品上市也可能花费大量的资金。为确保企业的资源都集中应用在成功概率较高的项目上，进行项目筛选是非常有必要的。流程研究关注于生产产品或提供劳务的流程，旨在建立有效的流程来节约资金和时间，从而提高生产率。

⑤ 人力资源开发策略。企业的经营和职能的有效性在很大程度上取决于其所雇用的员工，所以管理者都希望自己部门的员工是出色的。要确保实现这一点，管理者需要认清有计划的系统性方法对招聘和选择员工的重要性。有效的人力资源策略应包括现实的计划和程序。该策略的目标应包括如下事项：

● 精通识别出企业为实现短期、中期和长期的战略目标所需要的人才类型；
● 通过培训、发展和教育来激发员工潜力；
● 应尽可能地提高任职早期表现出色的员工在员工总数中所占的比重；
● 招聘足够的、有潜力成为出色工作者的年轻新就业者；
● 确保采取一切可能的措施来防止竞争对手挖走企业的人才；
● 招聘足够的、具备一定经验和成就的人才，并使其迅速适应新的企业文化；
● 激励有才能的人员实现更高的绩效水平，并激发其对企业的忠诚度；
● 寻求方法来提高最有才能的人员的绩效和生产效率；
● 创造企业文化，使人才能在这种文化中得到培育并能够施展才华。

（8）战略实施

战略实施是指如何确保将战略转化为实践，其主要内容包括组织调整、调动资源和管理变革。企业组织应当适应战略的要求，包括组织结构、业务流程、权责关系、以及它们之间的相互关系都应适应公司战略的要求。调动资源是指调动企业不同领域的资源来适应新战略，包括人力、财务、技术和信息资源，促进企业总体战略和业务单位战略的成功。管理变革是指企业调整战略时，需要改变企业日常惯例，转变文化特征，克服政治阻力。

（9）战略控制

战略控制主要是指在企业经营战略的实施过程中，检查企业为达到目标所进行的各项活动的进展情况，评价实施企业战略后的企业绩效，把它与既定的战略目标与绩效标准相比较，发现战略差距，分析产生偏差的原因，纠正偏差，使企业战略的实施更好地与企业当前所处的内外环境、企业目标协调一致，使企业战略得以实现。

正式的战略控制系统包括下列步骤：

① 执行策略检查；

② 根据企业的使命和目标，识别各个阶段业绩的里程碑；

③ 设定目标的实现层次，不需要专门定量；

④ 对战略过程的正式监控；

⑤ 奖励。

在战略实施过程中，不容忽视的就是战略失效。战略失效是指企业战略实施的结果偏离了预定的战略目标或战略管理的理想状态。导致战略失效的原因：① 企业内部缺乏沟通；② 战略实施过程中各种信息的传递和反馈受阻；③ 战略实施所需的资源条件与现实存在的资源条件之间出现较大缺口；④ 用人不当，主管人员、作业人员不称职或玩忽职守；⑤ 公司管理者决策错误，使战略目标本身存在严重缺陷或错误；⑥企业外部环境出现了较大变化，而现有战略一时难以适应等。

按照时间顺序，战略失效可分为早期失效、偶然失效和晚期失效三种类型，具体内容如下表 8-12 所示。

表 8-12　战略失效类型

类　型	具 体 内 容
早期失效	在战略实施初期，由于新战略还没有被全体员工理解和接受，或者战略实施者对新的环境、工作还不适应，就有可能导致较高的早期失效率
偶然失效	在战略实施过程中，偶然会因为一些意想不到的因素导致战略失效，这就是偶然失效
晚期失效	晚期失效是指当战略推进一段时间之后，原先对战略环境条件的预测与现实变化发展的情况之间的差距会随着时间的推移变得越来越大，战略所依赖的基础就显得越来越糟，从而使失效率大为提高

第9章

仿真企业综合绩效评价

在企业沙盘模拟经营实训中，很多人常常要面对一个挑战，那就是如何战胜对数据的恐惧，为了做出正确的决策，一定要克服对数据的恐惧心理，学会科学、合理地利用数据，进行分析并得出有效的、有用的结论，为正确的决策提供必要的依据。要养成新的决策观念，就应该学会从综合费用表、资产负债表、利润表和现金流量表中挖掘有用的财务数据，进行技术指标分析及不确定性分析，并进行多方案比较，从中选择最优的方案或放弃某方案。

 本阶段主要任务

◇ 了解红管家项目投资决策数据分析软件
◇ 结合实例寻找各类财务指标数据的来源依据
◇ 了解如何通过方案比较，寻求最优方案
◇ 熟悉企业综合绩效分析方法

9.1 沙盘模拟方案的建立

下面介绍两种在有市场老大的情况下的沙盘模拟方案。

1. 方案一的基本情况

第一年：短贷 60M，从 1Q 开始投建 2 条柔性线生产 P1，从 2Q 开始投建 1 条全自动线生产 P2，共计 55M，从 1Q 购买小厂房 30M，市场准入开拓 5M（本地、区域、国内、亚洲、国际），产品研发 6M（P1，2M；P2，4M）。

第二年：投广告费 9M，长贷 10M，短贷 100M，4Q 柔性线 P1 转 P2，市场准入开拓 3M（国内、亚洲、国际），产品研发 4M（P3），本地市场上销售 6P1，2P2，共计销售收入 44M。

第三年：投资广告费 9M，长贷 20M，短贷 100M，2Q 贴现 10M，从 1Q 柔性线生产 P1 转 P2，从 3Q 两条柔性线同时 P2 转 P3，小厂房买转租 3M，市场准入开拓 2M（亚洲、国际），产品研发 4M（P3），ISO9000 1M，在本地市场上销售 6P2，区域市场上销售 2P2，2P3，国内市场上销售 2P2，共计销售收入 96M。

第四年：投资广告费 9M，长贷 10M，短贷 140M，2Q 贴现 10M，投建 2 条全自动线生产 P1，投建 2 条全自动线生产 P3，共计 60M，从 1Q 租赁小厂房 3M，从 2Q 租赁大厂房 5M，市场准入开拓 1M（国际），产品研发 8M（P4），ISO9000 1M，ISO14000 2M，本地市场上销售 1 P1，7 P2 和 4P3；区域市场上销售 3P3，共计 120M。

第五年：投资广告费 17M，长贷 30M，短贷 140M，1Q 贴现 30M，投建 1 条全自动线生产 P3，投建 1 条全自动线生产 P4，共计 30M，从 1Q 租赁小厂房 3M，从 2Q 租赁大厂房 5M，产品研发 4M（P4），ISO14000 2M，紧急采购 4M，本地市场上销售 4P2，5P3 和 2P4，国内市场上销售 2P2 和 4P3，国际市场上销售 6P1，4P2 和 2P3，共计销售收入 222M。

点评：该方案有很强的产能，研发了从 P1 到 P4 的全部产品，可以生产不同种类的产品；有广阔的市场，开拓了从本地市场到国际市场的全部市场，产品销路全面，可以避开竞争激烈的市场，选择余地大；由于产能强、市场广，可以牢牢地把握几个市场的老大地位，为后续的经营占有优势；巧妙地将柔性与全自动配合起来，极大地降低了转产周期与转产费，同时使市场人员在接单时具有更多的选择空间。但不足之处也很明显，前期经营相当困难，由于开发产品的需要，所需资金比较紧张，导致需要进行贴现。另外柔性线的灵活转产导致需要灵活应变的采购计划，若一旦出现原料采购失误，则会影响到生产、交货，严重的会造成违约。总之，该方案侧重扩展产能，扩大市场占有率，以期达到成为行业巨头的企业愿景。

2. 方案二的基本情况

第一年：短贷 40M，从 2Q 开始投建 2 条全自动线生产 P2，共计 30M，从 1Q 购买小厂房 30M，市场准入开拓 4M（本地、区域、国内、亚洲），产品研发 4M（P2）。

第二年：投资广告费 6M，短贷 80M，市场准入开拓 2M（国内、亚洲），ISO9000 1M，产品研发 2M（P3），在本地市场上销售 2P2，共计销售收入 21M。

第三年：投资广告费 10M，短贷 120M，投建 2 条全自动线生产 P3，共计 30M，市场准入开拓 1M（亚洲），产品研发 4M（P3），ISO9000 1M，本地市场上销售 3P2，区域市场上销售 2P2，国内市场上销售 4P2，销售收入共计 78M。

第四年：投资广告费 17M，短贷 140M，投建 1 条全自动线生产 P2，投建 1 条全自动线生产 P3，共计 30M，从 2Q 租赁大厂房租金 5M，产品研发 4M（P4），ISO14000 2M，本地市场上销售 2P2，区域市场上销售 2P2，国内市场上销售 2P2，亚洲市场上销售 2P3，销售收入共计 123M。

第五年：投资广告费 20M，长贷 20M，短贷 200M，投建 4 条全自动线生产 P4，共计 60M，从 2Q 租赁大厂房租金 5M，产品研发 8M（P4），ISO14000 2M，在本地市场上销售 6P2，区域市场上销售 2P2 和 3P3，国内市场上销售 2P3，亚洲市场上销售 6P3，销售收入共计 151M。

点评：该方案前期不和其他小组竞争市场老大，通过考虑竞争对手的产品、市场劣势，利用自己的优势，有的放矢地投放广告，争取花最少的钱获取最大的利益。不急于扩张产能，而是循序渐进，根据自身的财务状况发展。市场方面，避开国际市场这一投资时间长、投资成本高、预期收益并没有很可观的市场，使得公司经营有的放矢。产品开发也未开发全部产品，一是避免了与其他企业更多的冲突，二是节约了经营成本。总之，该方案注重稳健地发展，有效地规避风险，在保全自身的基础上谋求发展。

9.2 沙盘模拟方案数据精算分析

本书采用红管家项目投资决策数据分析软件对沙盘模拟方案进行精算分析，该软件采用了最新软件使用导向模式，使方案管理工作人员能快捷掌握对项目投资决策数据分析的实用技术。通过软件系统所集成的最新行业基准折现率数据，掌握准确计算非贴现现金流量指标中的项目投资回收期和会计收益率，以及贴现现金流量指标中的净现值、现值指数、内含报酬率等分析决策数据的方法。限于篇幅，下面主要利用红管家项目投资决策数据分析软件对沙盘模拟方案一进行精算分析，方案二同理。

利用软件还可以分析盈亏平衡、敏感性分析和概率分析等项目不确定性风险因素。利用系统中的项目投资方案比较系统，进行一定条件下的项目方案比较。

9.2.1 方案一基础数据录入及精算分析

1. 建设投资数据录入

假定方案一初始投资为 6000 万元，投资建设期为 5 年。建设投资包括：固定资产投资，如投资厂房；生产线以及无形资产投资，如 ISO 认证投资，市场准入及产品开发。例如，第一年从 1Q 开始投 2 条柔性线生产 P1，从 2Q 开始投 1 条全自动线生产 P2，生产线共计 55M，1Q 购买小厂房 30M，所以固定资产投资了 85M。

市场准入开拓 5M（本地、区域、国内、亚洲、国际），产品研发 6M（P1，2M；P2，4M），故无形资产投资了 11M。第二年市场准入开拓 3M（国内、亚洲、国际），产品研发 4M（P3），所以无形资产投资了 7M。第三年从 2Q 投资 1 条全自动生产线 15M，故固定资产投资 15M。开拓市场 2M（亚洲、国际），产品研发 2M（P3），ISO9000 1M，所以无形资产投资 5M。第四年 2Q 开始投资 4 条全自动生产线 60M，故固定资产投资 60M。市场开拓 1M（国际），投资 ISO9000 1M，ISO14000 2M，产品研发 8M，所以无形资产投资 12M。第五年 2Q 开始投资 2 条全自动生产线 30M，故固定资产投资 30M。ISO14000 2M，产品研发 4M（P4），所以无形资产投资 6M。

由以上可知：五年总投资 29100 万元，如图 9-1 所示。

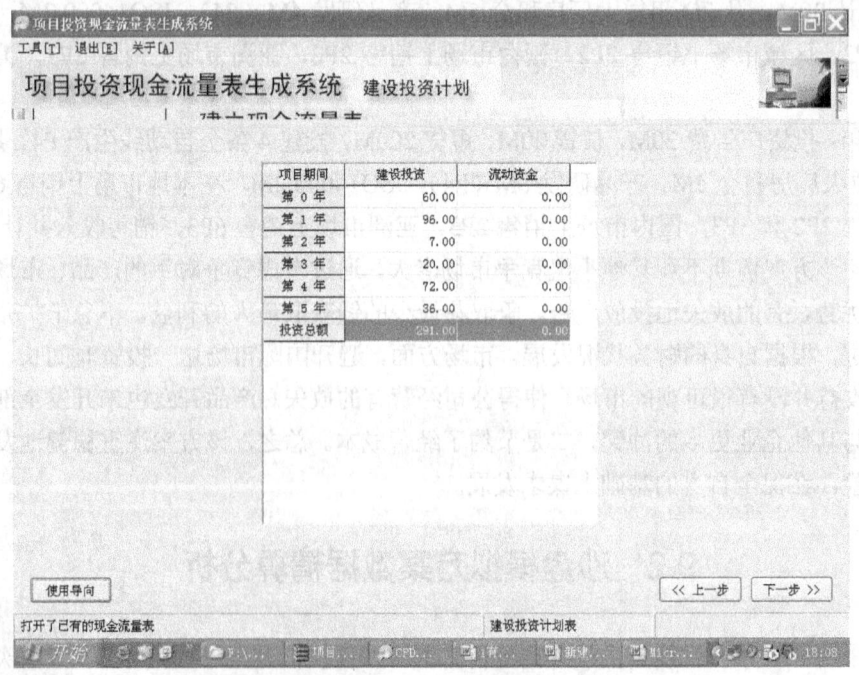

图 9-1　建设投资计划表（方案一）

2. 总成本费用数据录入

总成本费用是指在一定时期（如一年）因生产和销售产品发生的全部费用，即在营运期内各年为生产产品或提供服务所发生的全部费用，即包括产品制造成本和期间费用。计算公式为：

总成本费用=产品制造成本+期间费用

其中：

产品制造成本=直接原材料费用+直接燃料和动力费用+直接工资+其他直接支出+制造费用

期间费用=管理费用+营业费用+财务费用

注意：销售费用包括广告费；管理费用不包括保养费，保养费已计入到修理费中；其他业务支出包括租金及转产费；营业外支出包括违约金和紧急采购。利息包括贴息和利息。摊销费主要指无形资产的摊销。下一批生产主要指加工费，计入计件工资中。外购原材料一定要等原材料入库才计入。

下面以摊销费为例对图 9-2 的数据进行分析。

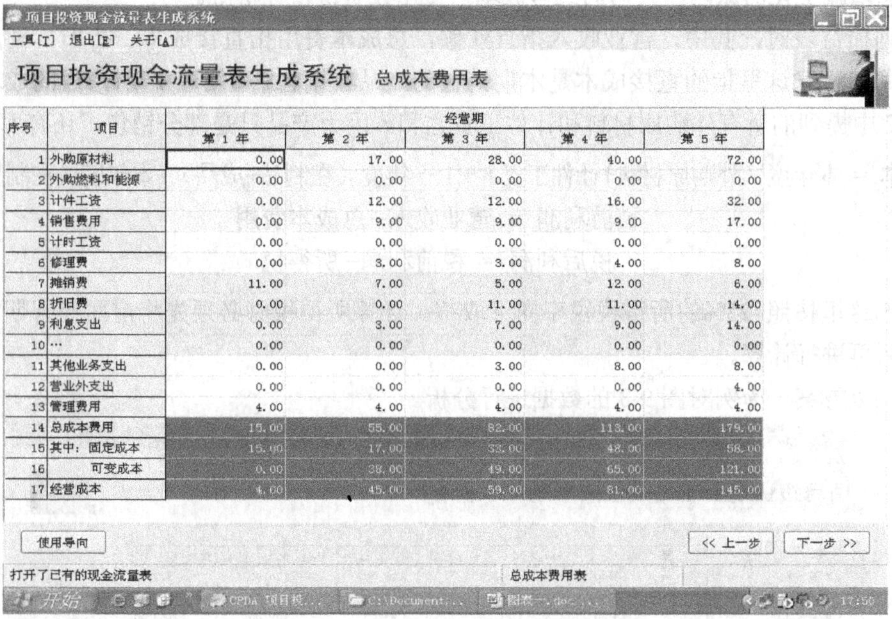

序号	项目	经营期				
		第 1 年	第 2 年	第 3 年	第 4 年	第 5 年
1	外购原材料	0.00	17.00	28.00	40.00	72.00
2	外购燃料和能源	0.00	0.00	0.00	0.00	0.00
3	计件工资	0.00	12.00	12.00	16.00	32.00
4	销售费用	0.00	9.00	9.00	9.00	17.00
5	计时工资	0.00	0.00	0.00	0.00	0.00
6	修理费	0.00	3.00	3.00	4.00	8.00
7	摊销费	11.00	7.00	5.00	12.00	6.00
8	折旧费	0.00	0.00	11.00	11.00	14.00
9	利息支出	0.00	3.00	7.00	9.00	14.00
10	…	0.00	0.00	0.00	0.00	0.00
11	其他业务支出	0.00	0.00	3.00	8.00	8.00
12	营业外支出	0.00	0.00	0.00	0.00	4.00
13	管理费用	4.00	4.00	4.00	4.00	4.00
14	总成本费用	15.00	55.00	82.00	113.00	179.00
15	其中：固定成本	15.00	17.00	33.00	48.00	58.00
16	可变成本	0.00	38.00	49.00	65.00	121.00
17	经营成本	4.00	45.00	59.00	81.00	145.00

图 9-2 总成本费用表（方案一）

第一年 11M 摊销费：市场准入开拓 5M（本地、区域、国内、亚洲、国际），产品研发 6M（P1 2M，P2 4M)。

第二年 7M 摊销费：市场准入开拓 3M（国内、亚洲、国际），产品研发 4M（P3)。

第三年 5M 摊销费：开拓市场 2M（亚洲、国际），产品研发 2M（P3)，ISO9000 1M。

第四年 12M 摊销费：市场开拓 1M（国际)，投资 ISO9000 1M，ISO14000 2M，产品研发 8M。

第五年 6M 摊销费：ISO14000 2M，产品研发 4M（P4)。

接下来以其他业务支出为例进行分析。

第一年 0M 其他业务支出：租金 0M，转产费 0M。

第二年 0M 其他业务支出：租金 0M，转产费 0M。

第三年 3M 其他业务支出：租金 3M（小产房 3M），转产费 0M。

第四年 8M 其他业务支出：租金 8M（小产房 3M，大产房 5M），转产费 0M。

第五年 8M 其他业务支出：租金 8M（小产房 3M，大产房 5M），转产费 0M。

以营业外支出为例进行分析：

第一年 0M 营业外支出：违约金 0M，紧急采购 0M。

第二年 0M 营业外支出：违约金 0M，紧急采购 0M。

第三年 0M 营业外支出：违约金 0M，紧急采购 0M。

第四年 0M 营业外支出：违约金 0M，紧急采购 0M。

第五年 4M 营业外支出：违约金 0M，紧急采购 4M（紧急采购 2R1）。

3. 损益表数据录入

损益表（或利润表）是用以反映公司在一定期间利润实现（或发生亏损）的财务报表，是一张动态报表。损益表可以为报表的阅读者提供做出合理经济决策所需要的有关资料，可用来分析利润增减变化的原因，公司的经营成本，做出投资价值评价等。

填列损益表时，其中，营业收入指营业额，总成本费用指直接成本、折旧、利息和综合费用。尤其注意这里指的直接成本是本期销售的产品在销售前由于生产所形成的成本，而不是图 9-2 中提到的所有外购原材料和计件工资之和。因为产品只是部分销售，还有库存商品。

直接成本 = 本年度（外购原材料+计件工资）+上一年度（在制品+成品）−本年度（在制品+成品）

$$税前利润 = 营业收入−总成本费用$$

$$税后利润 = 税前利润−所得税$$

我们这里按照 25%的所得税税率向下取整。计算所得税时必须先将前面经营期的亏损弥补，然后再进行计算。

现在以方案一为例对图 9-3 的数据进行分析。

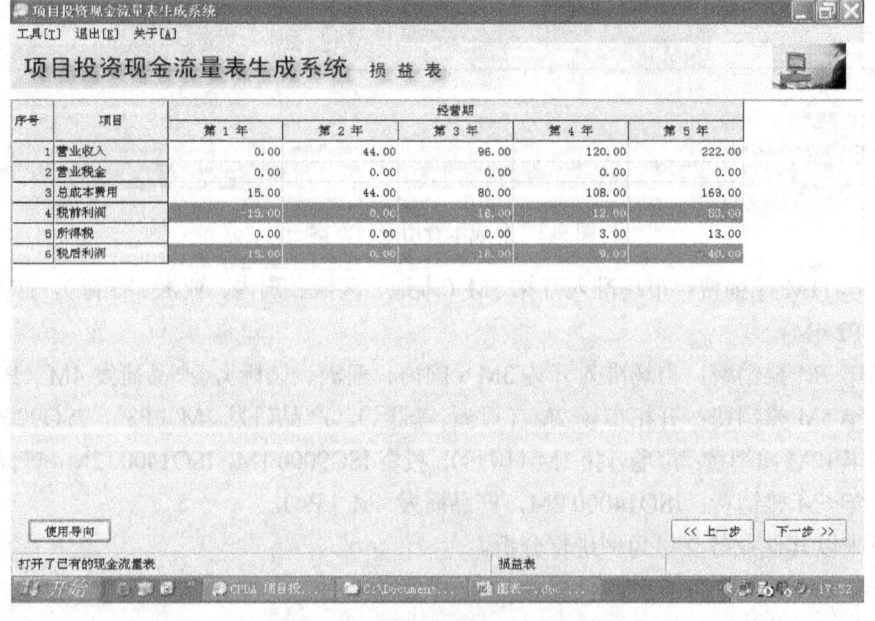

图 9-3　损益表（方案一）

第一年：

营业收入 0M：没有销售订单，也就没有营业收入；

总成本费用 15M：直接成本 0M，折旧 0M，利息 0M，综合费用（摊销费 11M，管理费用 4M）15M。

第二年：

营业收入 44M：本地市场 P1 产品销售额 29M，本地市场 P2 产品销售额 15M；

总成本费用 44M：直接成本（29−11）18M，折旧 0M，利息 3M，综合费用（销售费 9M，修理费 3M，摊销费 7M，管理费用 4M）23M。

第三年：

营业收入 96M：本地市场 P2 产品销售额 46M，区域市场 P2 产品销售额 17M，区域市场 P3 产品销售额 17M，国内市场 P2 产品销售额 16M；

总成本费用 80M：直接成本（40+11−13）38M，折旧 11M，利息 7M，综合费用（销售费 9M，修理费 3M，摊销费 5M，其他业务支出 3M，管理费用 4M）24M。

第四年：

营业收入 120M：本地市场 P1 产品销售额 5M，本地市场 P2 产品销售额 58M，本地市场 P3 产品销售额 33M，区域市场 P3 产品销售额 24M；

总成本费用 108M：直接成本（56+13−18）51M，折旧 11M，利息 9M，综合费用（销售费 9M，修理费 4M，摊销费 12M，其他业务支出 8M，管理费用 4M）37M。

第五年：

营业收入 222M：本地市场 P2 产品销售额 28M，本地市场 P3 产品销售额 42M，本地市场 P4 产品销售额 19M，国内市场 P2 产品销售额 15M，国内市场 P3 产品销售额 35M，国际市场 P1 产品销售额 36M，国际市场 P2 产品销售额 31M，国际市场 P3 产品销售额 16M。

总成本费用 169M：直接成本（104+18−28）94M，折旧 14M，利息 14M，综合费用（销售费 17M，修理费 8M，摊销费 6M，其他业务支出 8M，营业外支出 4M，管理费用 4M）47M。

4. 现金流量表的编制

现金流量是指投资项目在其计算期内，因资本循环而引起的现金和现金等价物流入和流出的数量。预测投资项目未来的现金流量是进行项目数据分析的基础。在投资项目决策中进行投资项目的效益评估时，采用现金流量作为计算投资项目效益评价指标的主要依据，而不是采用会计收益。

因此，现金流量只计算与项目相关的现金收支，而不计算现金收支，即不能包含会计收益中的非现金费用，如折旧费、无形资产摊销等。现金流量能准确地反映资金的时间价值和投资项目的流入与回收直接的投入产出关系，只有在现金流量的基础上计算的投资项目效益评价指标，才能客观、准确地评价投资项目的经济效益。

现金流量表有两种表示方式：一是按现金流入和现金流出来表示的现金流量表；二是按现金流量发生的时间来表示的现金流量表。

（1）按现金流入和现金流出来表示的现金流量表

现金流入是指能够使投资方案的现实货币资金得以增加的项目。现金流出是指能够使投资方案的现实货币资金减少或需要支付现金的项目。其公式表示为：

净现金流量=各年现金流入量–各年现金流出量

净现金流量或叫做现金净流量，是指项目计算期内由每年现金流入量与同年现金流出量之间的差额形成的现金流量序列。净现金流量是进行投资项目效益评价的最终依据。

（2）按现金流量发生的时间来表示的现金流量表

投资项目的现金流量按照其在投资项目中所处的不同阶段，可分为期初现金流量、经营现金流量和终结现金流量三部分。

① 期初现金流量，指投资项目开始时在建设期内发生的现金流入和流出量，主要包括：建设投资、流动投资等。

② 经营现金流量，指项目建设完成后在生产经营过程中发生的现金流入和流出量，主要包括：营业收入、经营成本、营业税金、所得税等。

③ 终结现金流量，指项目终止时发生的现金流入和流出量，主要包括：回收固定资产残值、回收流动资金等。

注意：填写现金流量表时现金流入是指应收账款到账部分，而不是营业收入。其他现金流入是期初结转余额和短期、长期贷款的本金和利息。现金流出中的建设投资是指固定资产和无形资产投资。其他现金流出包括还贷款和贴息，如图 9-4、图 9-5 所示。

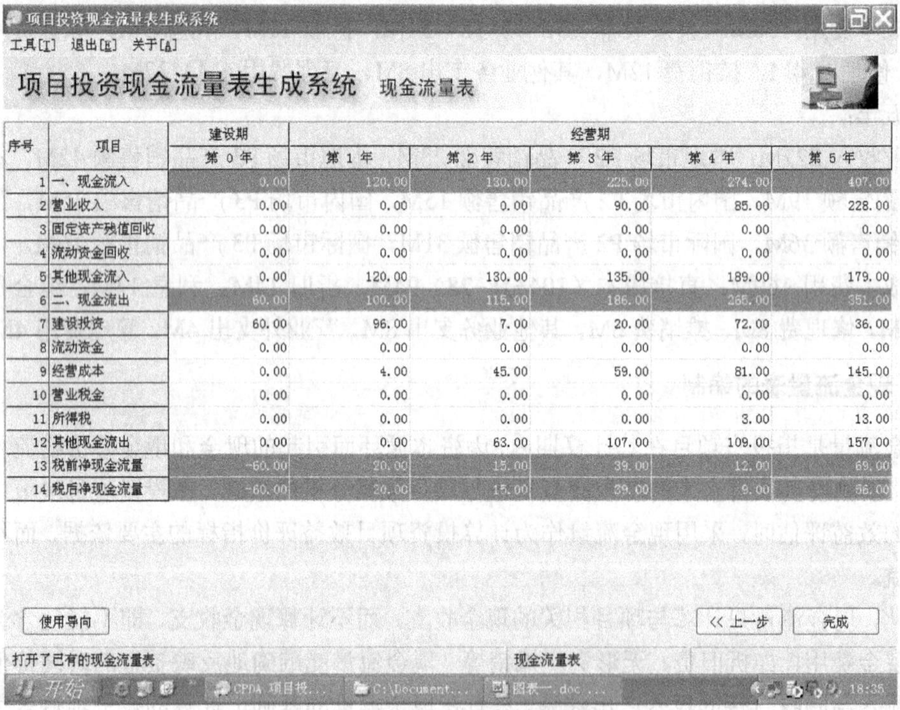

序号	项目	建设期	经营期				
		第 0 年	第 1 年	第 2 年	第 3 年	第 4 年	第 5 年
1	一、现金流入	0.00	120.00	130.00	225.00	274.00	407.00
2	营业收入	0.00	0.00	0.00	90.00	85.00	228.00
3	固定资产残值回收	0.00	0.00	0.00	0.00	0.00	0.00
4	流动资金回收	0.00	0.00	0.00	0.00	0.00	0.00
5	其他现金流入	0.00	120.00	130.00	135.00	189.00	179.00
6	二、现金流出	60.00	100.00	115.00	186.00	265.00	351.00
7	建设投资	60.00	96.00	7.00	20.00	72.00	36.00
8	流动资金	0.00	0.00	0.00	0.00	0.00	0.00
9	经营成本	0.00	4.00	45.00	59.00	81.00	145.00
10	营业税金	0.00	0.00	0.00	0.00	0.00	0.00
11	所得税	0.00	0.00	0.00	0.00	3.00	13.00
12	其他现金流出	0.00	0.00	63.00	107.00	109.00	157.00
13	税前净现金流量	-60.00	20.00	15.00	39.00	12.00	69.00
14	税后净现金流量	-60.00	20.00	15.00	39.00	9.00	56.00

图 9-4　现金流量表（方案一）

现在以方案一为例对图 9-4 的数据进行分析：建设期（第 0 年），现金流入 0M：建设期无现金流入；现金流出 60M：建设投资（建设期股东资本投资 60M）60M。

第一年：

现金流入 120M：其他现金流入（股东资本投资额 60M，短期负债 60M）120M；

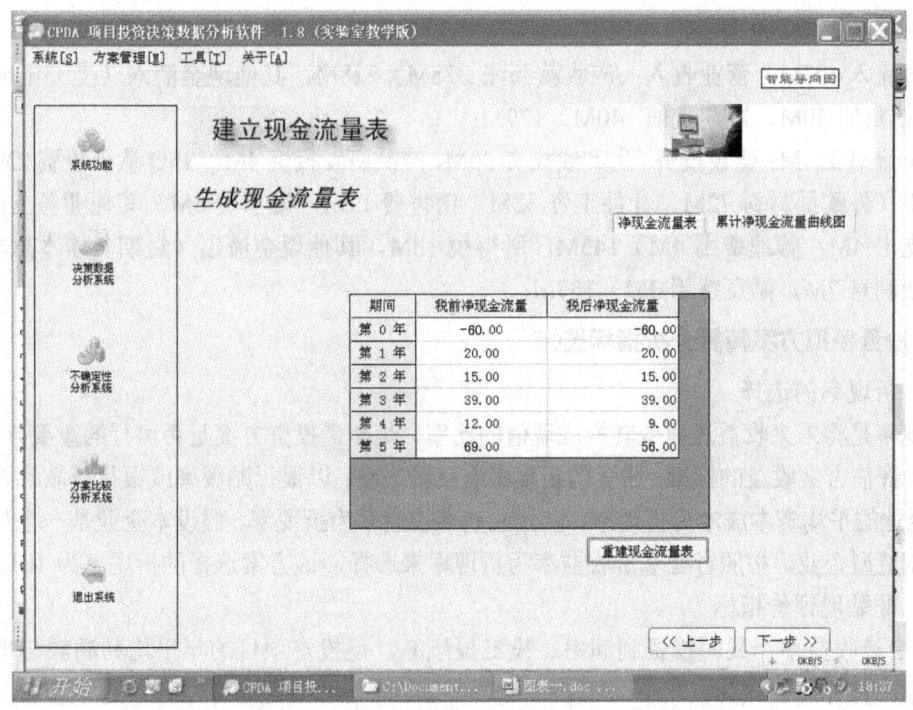

图 9-5　税前及税后净现金流量比较（方案一）

现金流出 100M：建设投资（生产线投资 55M，购买小产房 30M，产品研发投资 6M，市场开拓投资 5M）96M，经营成本（管理费用 4M）4M。

第二年：

现金流入 130M：其他现金流入（上一年现金留存 20M，长期负债 10M，短期负债 100M）130M；

现金流出 115M：建设投资（产品研发投资 4M，市场开拓投资 3M）7M，经营成本（外购原材料 17M，计件工资 12M，销售费 9M，维修费 3M，管理费用 4M）45M，其他现金流出（短期负债本息 63M）63M。

第三年：

现金流入 225M：营业收入（应收款到账 90M）90M，其他现金流入（上一年现金留存 15M，长期负债 20M，短期负债 100M）135M；

现金流出 186M：建设投资（生产线投资 15M，产品研发投资 2M，市场开拓投资 2M，ISO 认证投资 1M）20M，经营成本（外购原材料 28M，计件工资 12M，销售费 9M，维修费 3M，其他业务支出 3M，管理费用 4M）59M，其他现金流出（短期负债本息 105M，长期负债利息 1M，贴息费用 1M）107M。

第四年：

现金流入 274M：营业收入（应收款到账 85M）85M，其他现金流入（上一年现金留存 39M，长期负债 10M，短期负债 140M）189M；

现金流出 265M：建设投资（生产线投资 60M，产品研发投资 8M，市场开拓投资 1M，ISO 认证投资 3M）72M，经营成本（外购原材料 40M，计件工资 16M，销售费 9M，维修费 4M，其他业务支出 8M，管理费用 4M）81M，所得税 3M，其他现金流出（短期负债本息 105M，长期负债利息 3M，贴息费用 1M）109M。

第五年：

现金流入 407M：营业收入（应收款到账 228M）228M，其他现金流入（上一年现金留存 9M，长期负债 30M，短期负债 140M）179M；

现金流出 351M：建设投资（生产线投资 30M，产品研发投资 4M，ISO 认证投资 2M）36M，经营成本（外购原材料 72M，计件工资 32M，销售费 17M，维修费 8M，其他业务支出 8M，营业外支出 4M，管理费用 4M）145M，所得税 13M，其他现金流出（短期负债本息 147M，长期负债利息 7M，贴息费用 3M）157M。

5. 沙盘模拟方案精算分析指标选择

（1）折现率的选择

折现率是将未来收益还原或转换成现值的比率，是衡量投资方案是否可行的重要判断依据，也是用于评估方案收益的标准。常见的折现率有三种方法：以银行贴现率或银行贷款利率为折现率，以企业的平均资本成本为折现率，以行业基准收益率为折现率。假设本企业是一个从事机械加工的制造型企业，按照行业基准收益率为折现率来选择，该方案选择的折现率为 10%。

（2）非贴现评价指标

① 会计收益率，又叫投资利润率、投资报酬率，是投资项目的年平均利润额与平均投资额的比率。其计算公式为：

$$会计收益率 = \frac{年平均利润}{平均投资额} \times 100\%$$

② 静态投资回收期，是指以投资项目的净现金流量来抵偿原始投资所需要的全部时间。一般以年为单位。计算公式为：

$$投资回收期 = 累计净现金流量第一次出现正值的年份 - 1 + \frac{上年累计净现金流量绝对值}{出现正值年份的净现金流量}$$

（3）贴现评价指标

贴现指标也称为动态指标，即考虑了资金时间价值的指标，主要包括净现值、内部收益率、现值指数等指标。

① 净现值，是指把项目计算期内各年的净现金流量，按一定的折现率折算到建设期期初的现值之和，是衡量投资项目在计算期内赢利能力的动态指标。

净现值的计算公式：

$$NPV = \sum_{t=0}^{n}(CI - CO) \times (1+i)^{-t}$$

式中：CI——现金流入；

　　　CO——现金流出；

　　　（CI–CO）——第 t 年净现金流量；

　　　i——折现率；

　　　t——项目年度。

② 内部收益率。净现值表明在设定折现率下项目赢利能力的绝对量，但不能反映其相对水平，无法与资本成本进行比较和进行多个投资规模不等的项目间的比较。内部收益率又叫内含报酬率，是投资项目实际可望获得的报酬率，其实质是项目在计算期内的净现值等于零时的折现率。内部收益率计算公式为：

$$NPV = \sum_{t=0}^{n}(CI - CO) \times (1 + IRR)^{-t} = 0$$

式中：CI——现金流入；

CO——现金流出；

（CI–CO）——第 t 年净现金流量；

IRR——内部收益率；

t——年度项目。

③ 获利指数，（现值指数）是指投资项目未来的现金流入量现值之和与现金流出量现值之和的比率。获利指数的计算公式如下：

$$PI = \frac{\sum_{t=0}^{n}CFI_t \times (1+i)^{-t}}{\sum_{t=0}^{n}CFO_t \times (1+i)^{-t}}$$

式中：CFI_t——现金流入现值；

CFO_t——现金流出现值；

i——折现率；

t——项目年限。

6. 综合指标计算

利用红管家投资项目分析软件计算如图 9-6 所示。

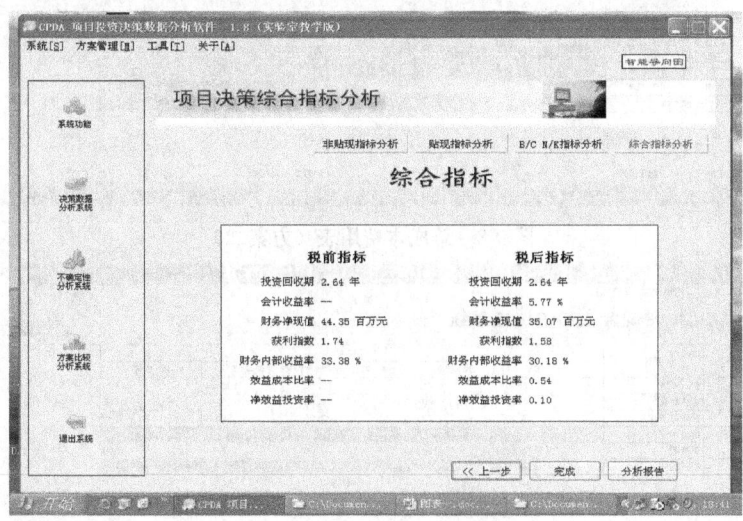

图 9-6 投资方案综合指标

9.2.2 方案二基础数据录入及精算分析

利用红管家项目投资分析软件，按照方案一的计算思路，可以计算出方案二的详细精算分析数据，如图 9-7、图 9-8、图 9-9、图 9-10、图 9-11、图 9-12 所示。

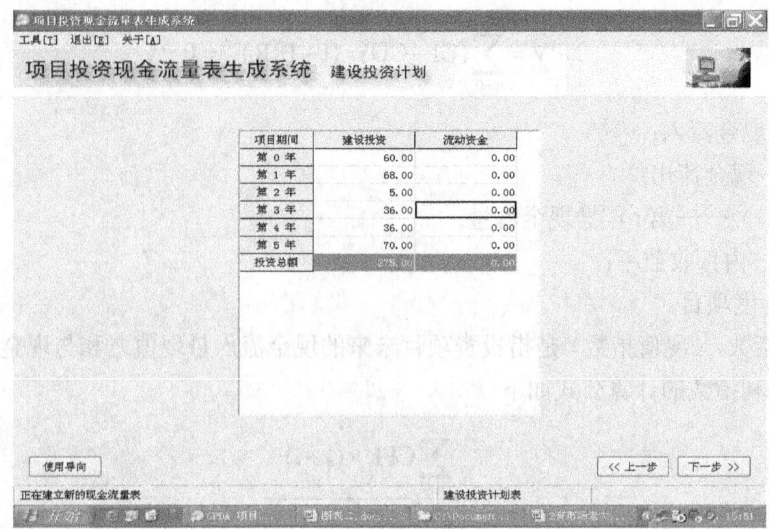

项目投资现金流量表生成系统
工具[T] 退出[E] 关于[A]
项目投资现金流量表生成系统 建设投资计划
使用导向
<< 上一步
下一步 >>
正在建立新的现金流量表
建设投资计划表

项目期间	建设投资	流动资金
第 0 年	60.00	0.00
第 1 年	68.00	0.00
第 2 年	5.00	0.00
第 3 年	36.00	0.00
第 4 年	36.00	0.00
第 5 年	70.00	0.00
投资总额	275.00	0.00

图 9-7　建设投资计划表（方案二）

项目投资现金流量表生成系统
工具[T] 退出[E] 关于[A]
项目投资现金流量表生成系统 总成本费用表
使用导向
<< 上一步
下一步 >>
正在建立新的现金流量表
总成本费用表

序号	项目	经营期				
		第 1 年	第 2 年	第 3 年	第 4 年	第 5 年
1	外购原材料	0.00	16.00	16.00	40.00	64.00
2	外购燃料和能源	0.00	0.00	0.00	0.00	0.00
3	计件工资	0.00	8.00	8.00	16.00	24.00
4	销售费用	0.00	6.00	10.00	17.00	20.00
5	计时工资	0.00	0.00	0.00	0.00	0.00
6	修理费	0.00	2.00	2.00	4.00	6.00
7	摊销费	8.00	5.00	6.00	6.00	10.00
8	折旧费	0.00	0.00	6.00	6.00	12.00
9	利息支出	0.00	2.00	4.00	6.00	7.00
10	…	0.00	0.00	0.00	0.00	0.00
11	其他业务支出	0.00	0.00	0.00	5.00	5.00
12	营业外支出	0.00	0.00	0.00	0.00	0.00
13	管理费用	4.00	4.00	4.00	4.00	4.00
14	总成本费用	12.00	48.00	56.00	104.00	152.00
15	其中：固定成本	12.00	18.00	22.00	31.00	44.00
16	可变成本	0.00	30.00	34.00	73.00	
17	经营成本	4.00	36.00	40.00	86.00	123.00

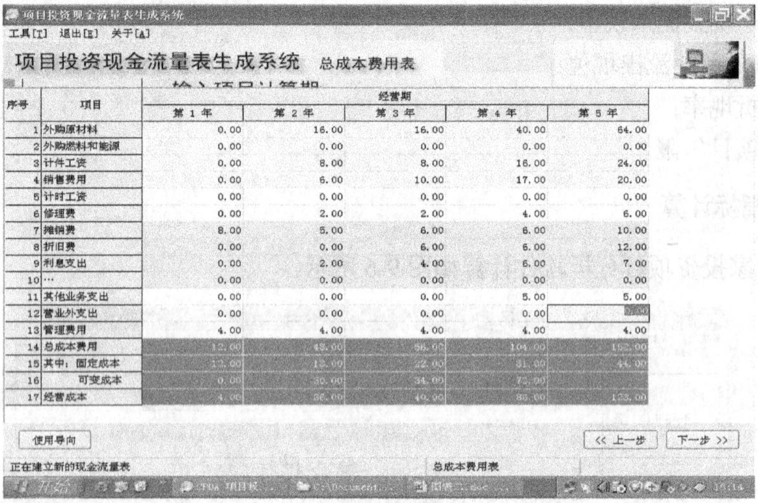

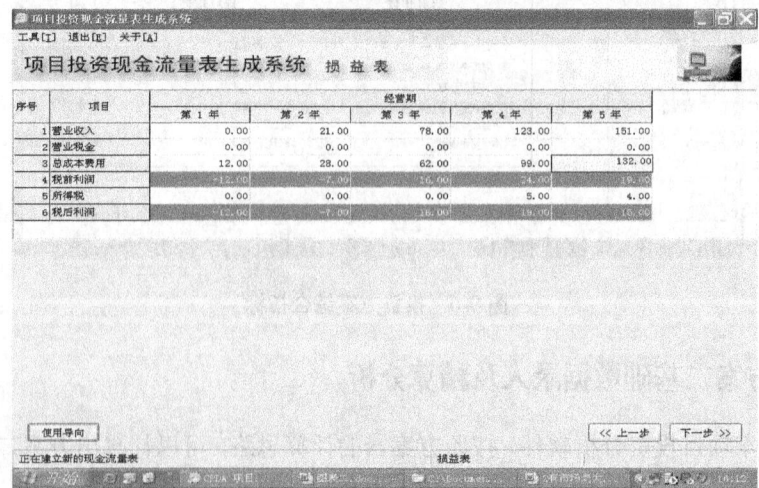

图 9-8　总成本费用表（方案二）

项目投资现金流量表生成系统
工具[T] 退出[E] 关于[A]
项目投资现金流量表生成系统 损 益 表
使用导向
<< 上一步
下一步 >>
正在建立新的现金流量表
损益表

序号	项目	经营期				
		第 1 年	第 2 年	第 3 年	第 4 年	第 5 年
1	营业收入	0.00	21.00	78.00	123.00	151.00
2	营业税金	0.00	0.00	0.00	0.00	0.00
3	总成本费用	12.00	28.00	62.00	99.00	132.00
4	税前利润	-12.00	-7.00	16.00	24.00	19.00
5	所得税	0.00	0.00	0.00	5.00	4.00
6	税后利润	-12.00	-7.00	16.00	19.00	15.00

图 9-9　损益表（方案二）

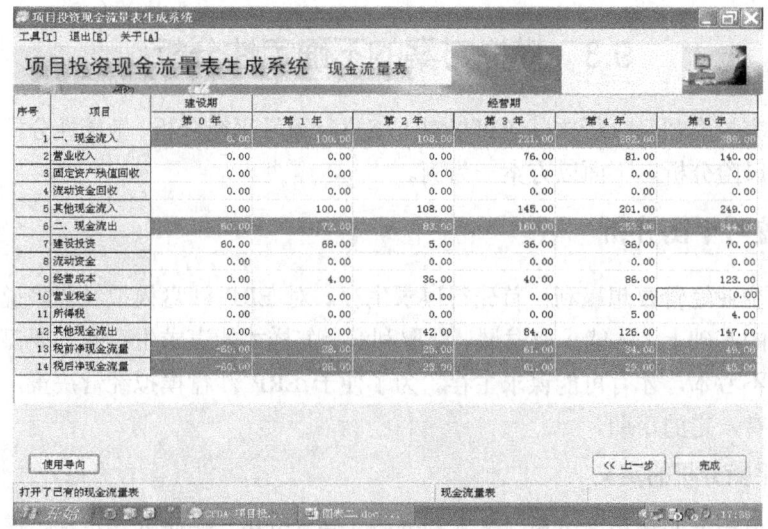

图 9-10　现金流量表（方案二）

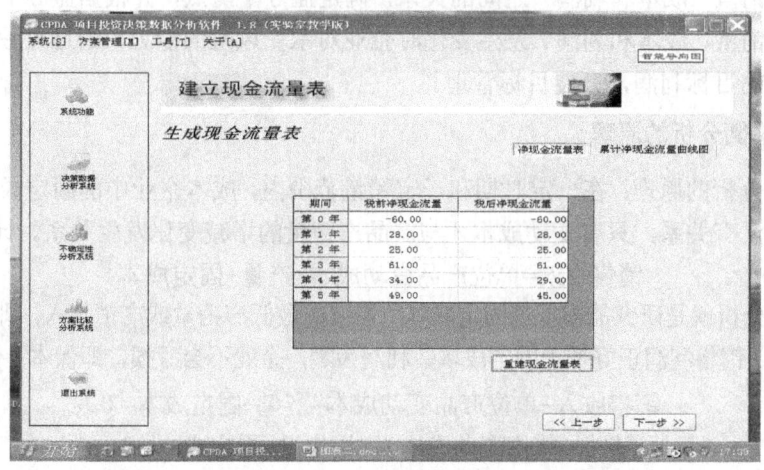

图 9-11　税前及税后净现金流量比较（方案二）

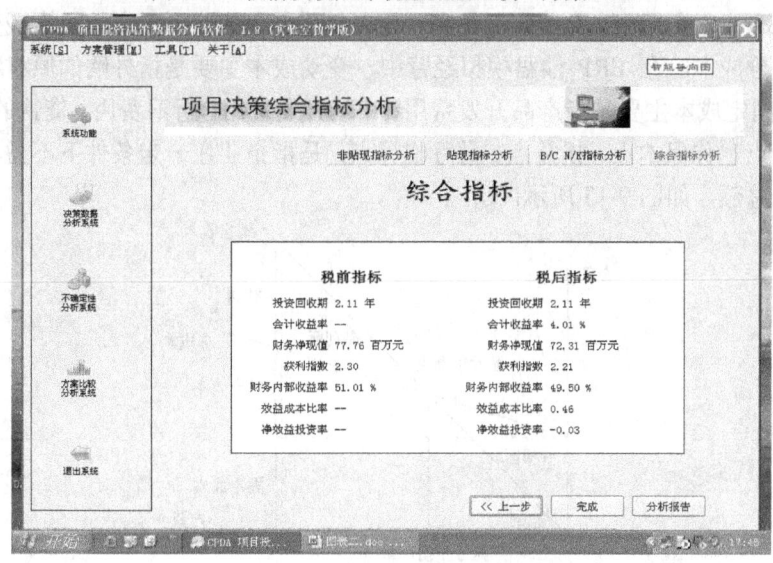

图 9-12　综合指标表（方案二）

9.3 模拟方案的不确定性分析

利用红管家投资项目分析软件还可以对方案进行盈亏平衡分析、敏感性分析和概率分析等项目不确定性风险分析。下面以方案一为例。

9.3.1 盈亏平衡分析

现实中的企业经营要想赢利，首先得谋求生存。对 ERP 沙盘模拟经营来说也是如此，只有在谋求生存的基础上，才能求取发展、获取利润。怎样才能谋求生存呢？要谋求生存至少要在经营中做到不亏本，才有可能谋求生存。为了便于 ERP 沙盘模拟经营决策，运用盈亏平衡分析对其决策有一定的帮助。

1. 盈亏平衡分析的定义

盈亏平衡分析又叫做边际分析、量本利分析、保本分析，是研究在正常生产的情况下各个经济变量（产销量、成本和利润）之间的关系，确定盈亏平衡点，并根据盈亏平衡点预测单个经济变量（产销量、成本和利润）发生变化时企业对承受风险的能力。通过盈亏平衡分析，还可以确定企业的目标利润，开展目标管理。

2. 盈亏平衡分析的原理

盈亏平衡分析的原理：在一定时期和一定销量范围内，成本企业中的固定成本部分与产品的产销量多少没有关系，只有变动成本才与产品产销量的增减变化发生关系。计算公式如下：

销售收入＝单位产品变动成本×产量＋固定成本

盈亏平衡分析就是研究能够抵消固定成本所需要的最低产销量或产销收入，即盈亏平衡点。在盈亏平衡点，销售利润正好抵消固定成本，利润为零，企业不会亏损，即保本。计算公式如下：

销售收入－单位产品变动成本×产量－固定成本＝0

（单价－单位变动成本）×销售量－固定成本＝0

其中，变动成本指所有成本费用中，随产销量的增减成正比例增减变动关系的那部分成本。固定成本指所有成本费用中，在一定时期和一定产销量范围内，不受产销量增减变动影响而固定不变的那部分成本。在 ERP 沙盘模拟经营中，变动成本主要是指外购的原材料、生产产品的加工费等；固定成本主要是指产品开发费用、市场开发费用、折旧费用、贷款的利息费用等。

盈亏平衡点也称保本点、损益点、盈亏临界点，是指企业在一定条件下不盈不亏的产销数量或销售收入总额，如图 9-13 所示。

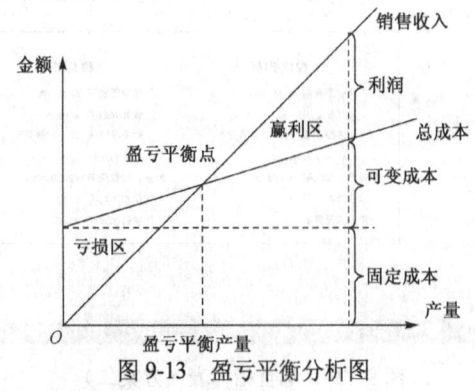

图 9-13 盈亏平衡分析图

3. 盈亏平衡分析的计算

盈亏平衡点就是企业利润等于零时的销售量，即：

（单价−单位变动成本）×盈亏平衡点销售量−固定成本＝0

因此，可得到盈亏平衡点的计算公式：

$$盈亏平衡点的销售量 = \frac{固定成本}{单位 - 单位变动成本}$$

若 q 代表盈亏平衡点的销售量，则有：

$$q = \frac{a}{p - b}$$

式中：a——固定成本；

p——单价；

b——单位变动成本。

在盈亏平衡点的销售量＝固定成本/（单价−单位变动成本）的等式两边同时乘以销售单价，则有：

盈亏平衡点的销售额=盈亏平衡点的销售量×单价

利用红管家投资项目分析软件分析，如图9-14所示。

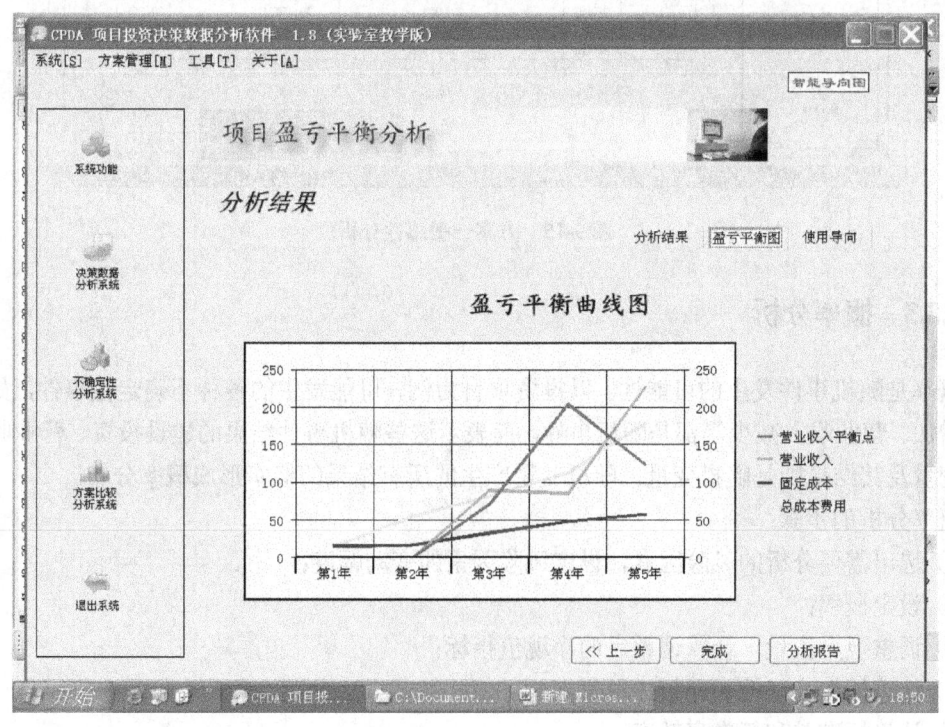

图9-14 方案一盈亏平衡分析

9.3.2　敏感性分析

影响利润的因素有产品的销售量、销售单价、变动成本等因素，然而这些影响因素对利润的影响程度却截然不同，有的因素对利润的影响程度较强，有的因素对利润的影响程度较弱。为了研究把握影响利润的因素中，它们各自对利润的影响程度，以便分清主次，从而能够在ERP沙盘模拟经营中进行科学的、合理的经营决策，及时调整方案，为获得更多的利润提供保证。因此，在ERP沙盘模拟经营中需要进行敏感性分析。

敏感性分析就是研究企业决策中的经济变量或条件发生变化时，决策中的经济效益指标的变动情况，即经济变量或条件对企业决策的经济效益指标发生影响的程度，判断这些经济变量对企业决策经济效益作用的重要性，确定各因素变动对利润影响的程度。利用红管家投资项目分析软件分析，如图9-15所示。

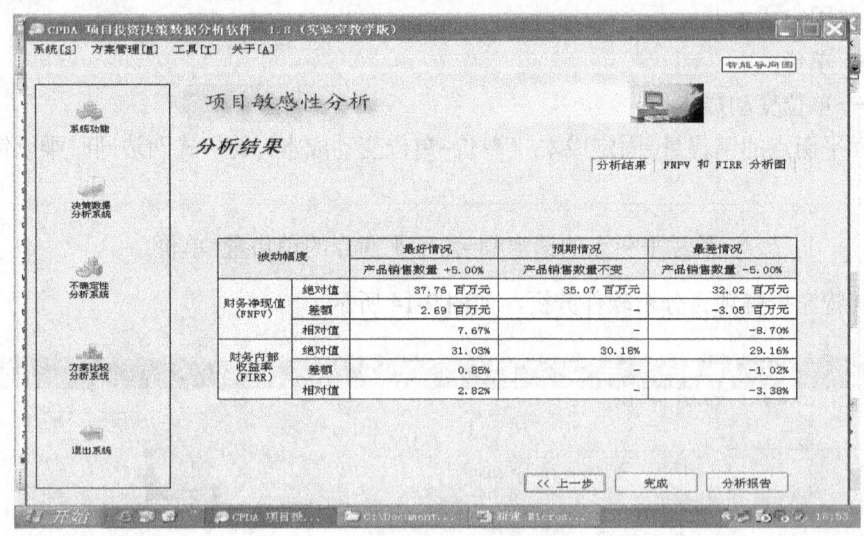

图9-15　方案一敏感性分析

9.3.3　概率分析

概率是随机事件发生的可能性。以投资项目为例，可能发生的各种不确定性事件，如建设投资增加、营业收入减少等都是随机事件，而表示这些随机事件结果的建设投资、营业收入等经济变量及其结果则是随机变量。随机变量产生的所有结果的概率形成概率分布。

概率分析的步骤：

① 选出需要分析的风险因素，设定风险因素的变动幅度；

② 设定概率；

③ 调整现金流量，计算调整后的净现值指标；

④ 计算加权净现值和期望净现值；

⑤ 计算标准差和标准离散率；

⑥ 计算概率。

利用红管家投资项目分析软件分析，如图9-16所示。

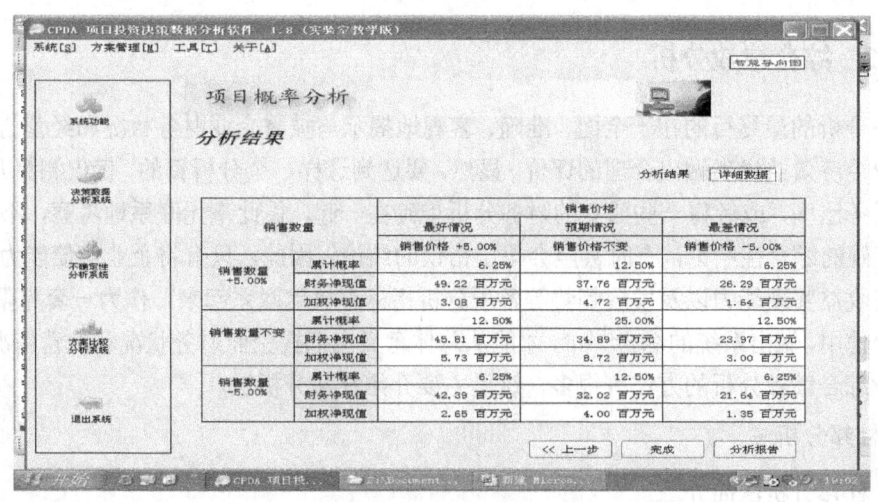

图 9-16　方案一概率分析

9.4　模拟方案的比较及综合绩效分析

9.4.1　模拟方案的比较

投资项目方案比较是从多个方案中选优的重要手段，也是方案评价的重要组成部分。项目方案的比较是为投资决策服务的，正确地比较方法首先就要对所有的待选方案进行可行性判别，剔除没有通过的投资项目方案，然后再对投资方案进行选优和决策。评价条件：净现值 NPV 大于或等于 0，内部收益率 IRR 大于等于投资者要求的必要收益率（折现率），获利指数 PI 大于等于 1，静态投资回收期 PP 小于等于经营期的一半。会计收益率 ARR 大于等于基准会计收益率。进行比较的投资方案，必须是互相关联、互相排斥的项目。在所比较的两个或两个以上的待选项目中，只能选择财务净现值为最大的作为最后的实施项目，其具备实施的可行性更大些。

以下是对方案一、方案二的比较分析，见图 9-17。

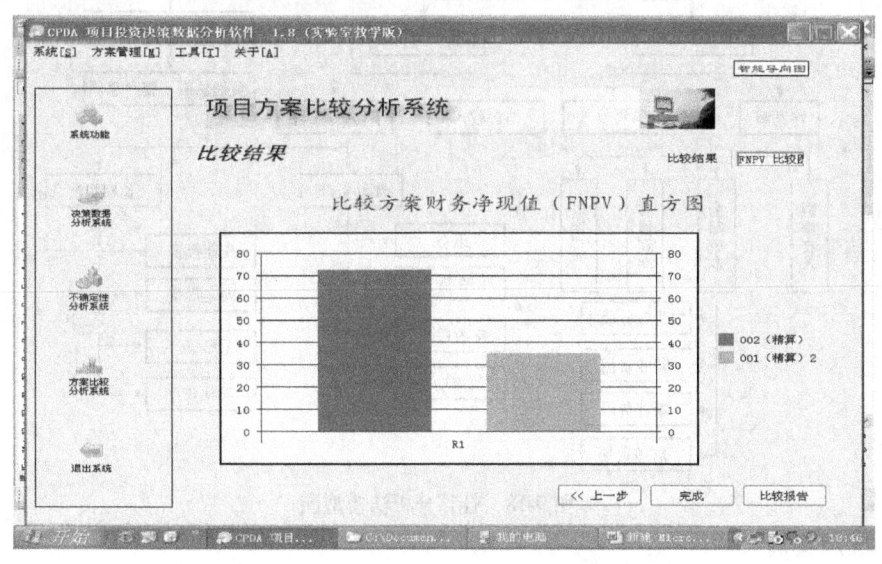

图 9-17　方案一、方案二的比较分析图

9.4.2 综合绩效分析

财务分析的最终目的在于全面、准确、客观地揭示与披露企业财务状况和经营情况，并借以对企业经济效益优劣做出合理的评价。显然，要达到这样一个分析目的，仅仅测算几个简单、孤立的财务比率，或者将一些孤立的财务分析堆砌在一起，彼此毫无联系地考察，不可能得出合理、正确的综合性结论，有时甚至会得出错误的结论。因此，只有将企业偿债能力、营运能力、投资收益实现能力以及发展趋势等各项分析指标有机地联系起来，作为一套完整的体系，相互配合使用，做出系统的综合评价，才能从总体意义上把握企业财务状况和经营情况的优劣。

企业综合绩效分析的方法有很多，这里主要介绍杜邦分析法。

1. 杜邦分析法

（1）杜邦分析法简介

杜邦分析体系是一种比较实用的财务比率分析体系。这种分析最早由美国杜邦公司使用，故得此名。

杜邦分析法利用几种主要的财务比率之间的关系来综合地分析企业的财务状况，用来评价企业赢利能力和股东权益回报水平。它的基本思想是将企业的净资产收益率逐级分解为多项财务比率乘积，有助于深入分析比较企业经营业绩。

采用这一方法，可使财务比率分析的层次更清晰、条理更突出，为报表分析者全面仔细地了解企业的经营和赢利状况提供方便。

杜邦分析法有助于企业管理层更加清晰地看到净资产收益率的决定因素，以及销售净利润与总资产周转率、债务比率之间的相互关联关系，给管理层提供了一张明晰的考察公司资产管理效率和是否最大化股东投资回报的路线图。模型架构图如图 9-18 所示。

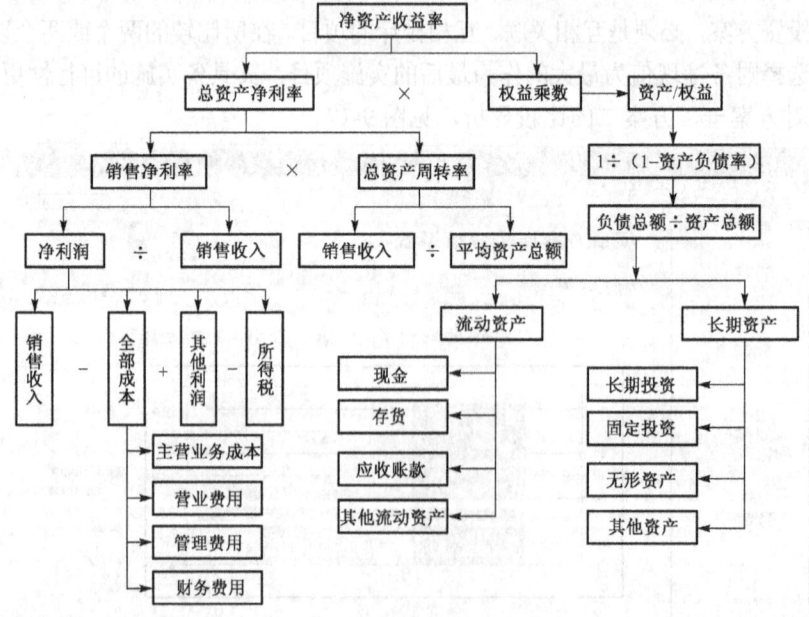

图 9-18　杜邦分析法模型图

（2）应用案例

结合上述中的两个方案，并用杜邦分析模型进行分析，可以从中直观地发现哪些项目影响了销售利润率、资产周转率和资产负债率。具体计算过程如图 9-19、图 9-20、图 9-21、图 9-22、图 9-23、图 9-24、图 9-25、图 9-26 所示。注意：上面两个方案都从第二年开始杜邦分析。

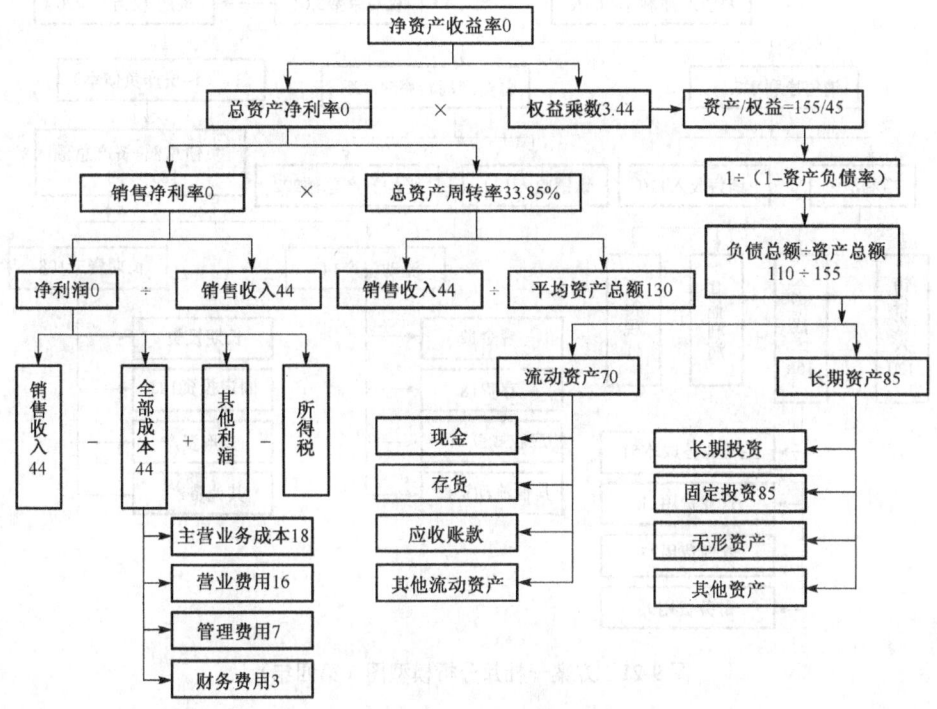

图 9-19　方案一杜邦分析模型图（第二年）

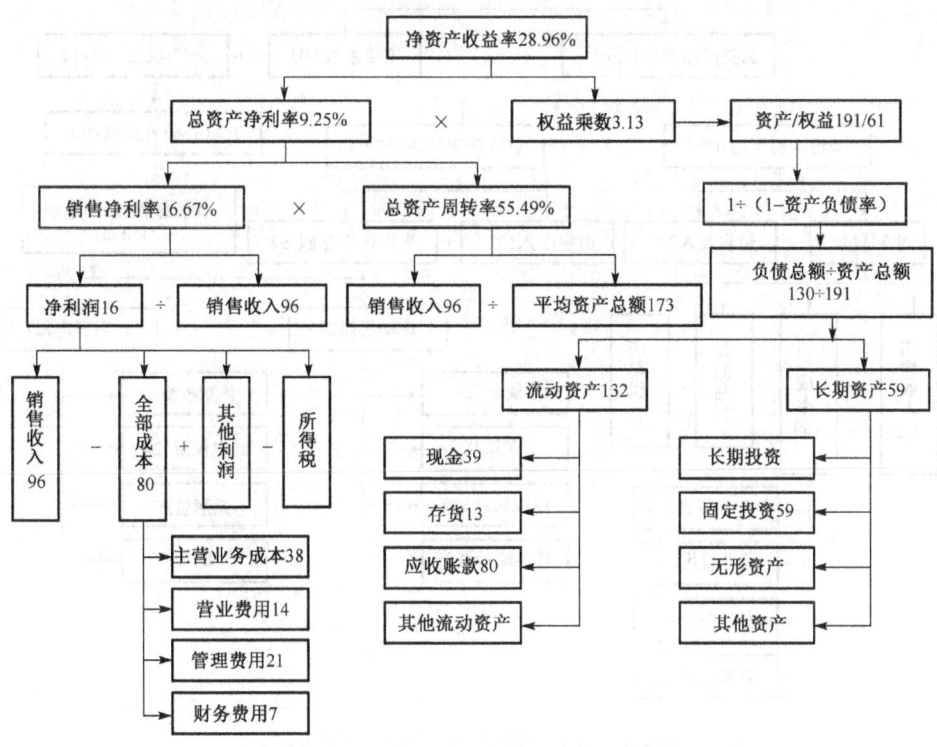

图 9-20　方案一杜邦分析模型图（第三年）

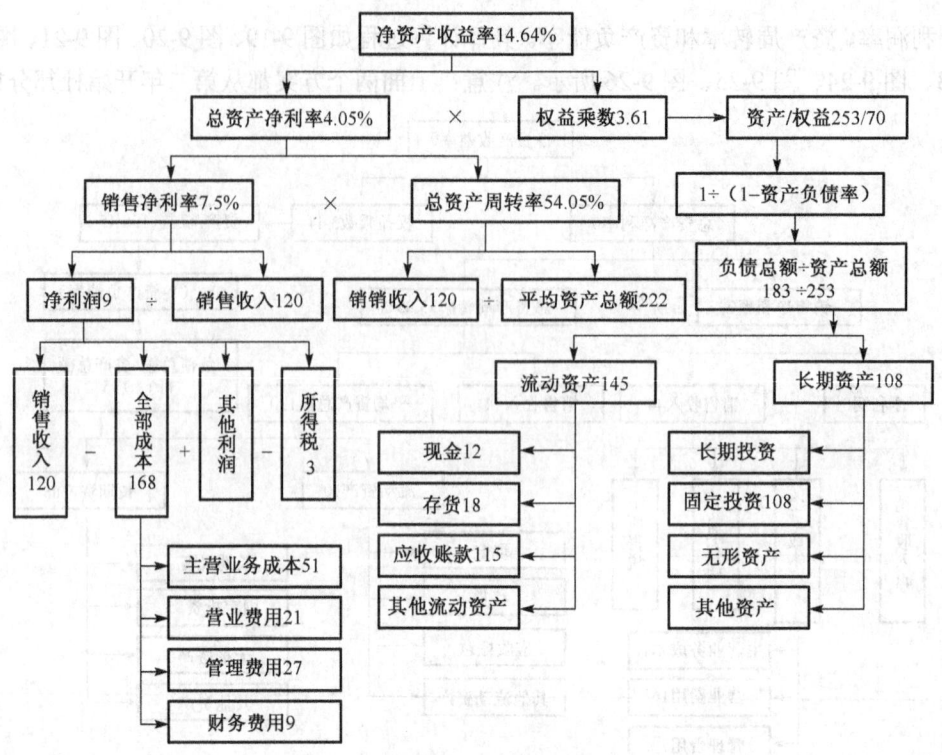

图 9-21 方案一杜邦分析模型图（第四年）

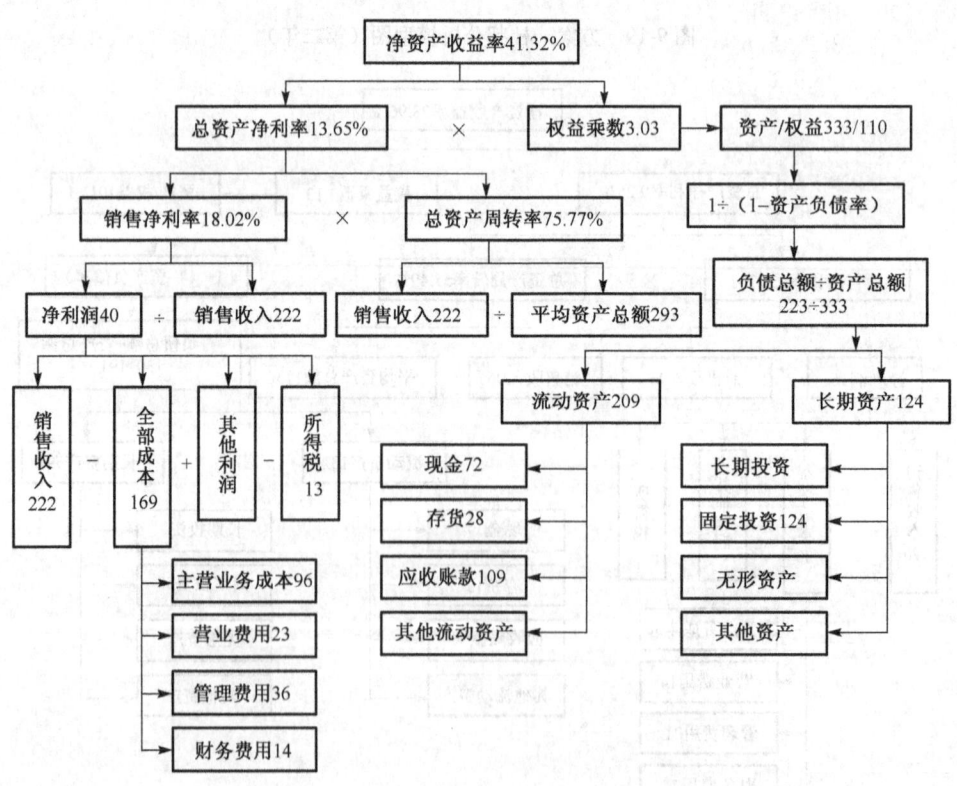

图 9-22 方案一杜邦分析模型图（第五年）

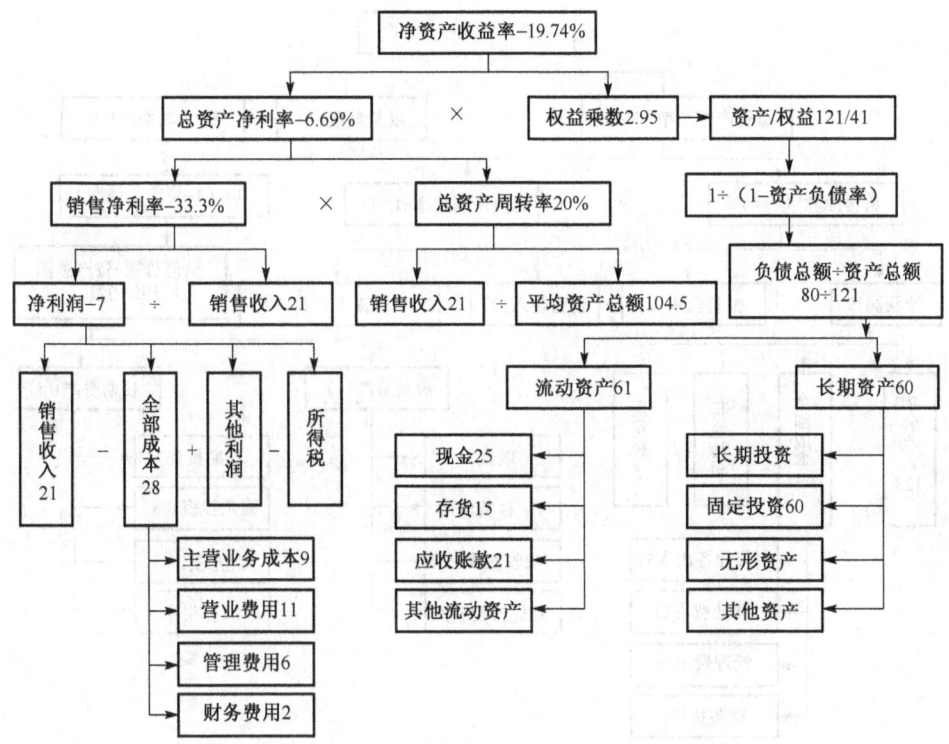

图 9-23　方案二杜邦分析模型图（第二年）

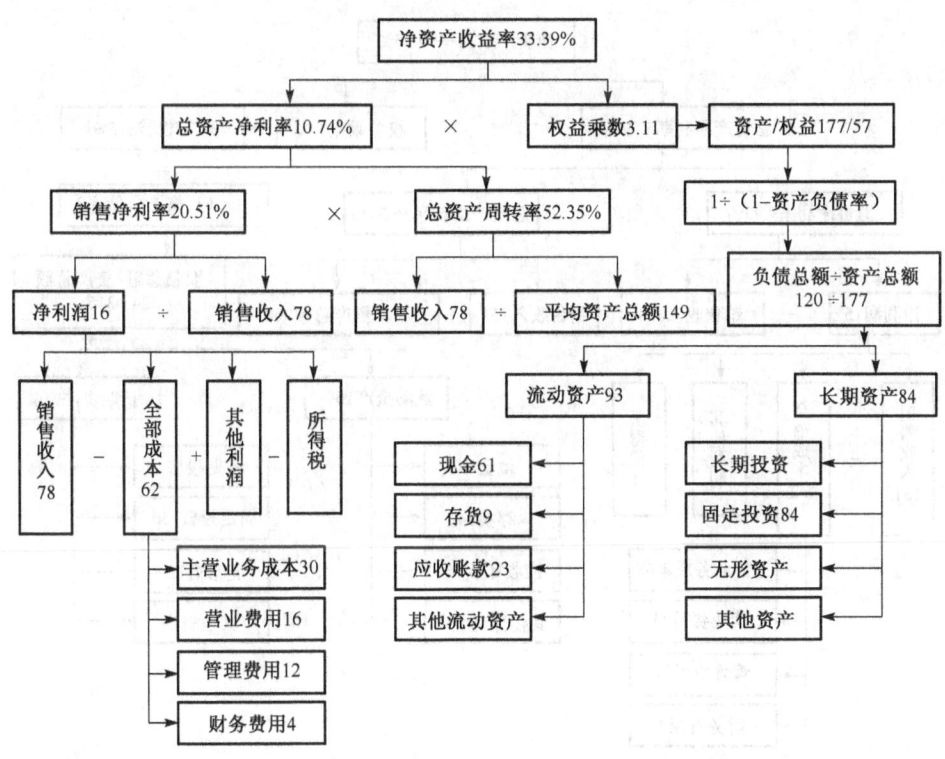

图 9-24　方案二杜邦分析模型图（第三年）

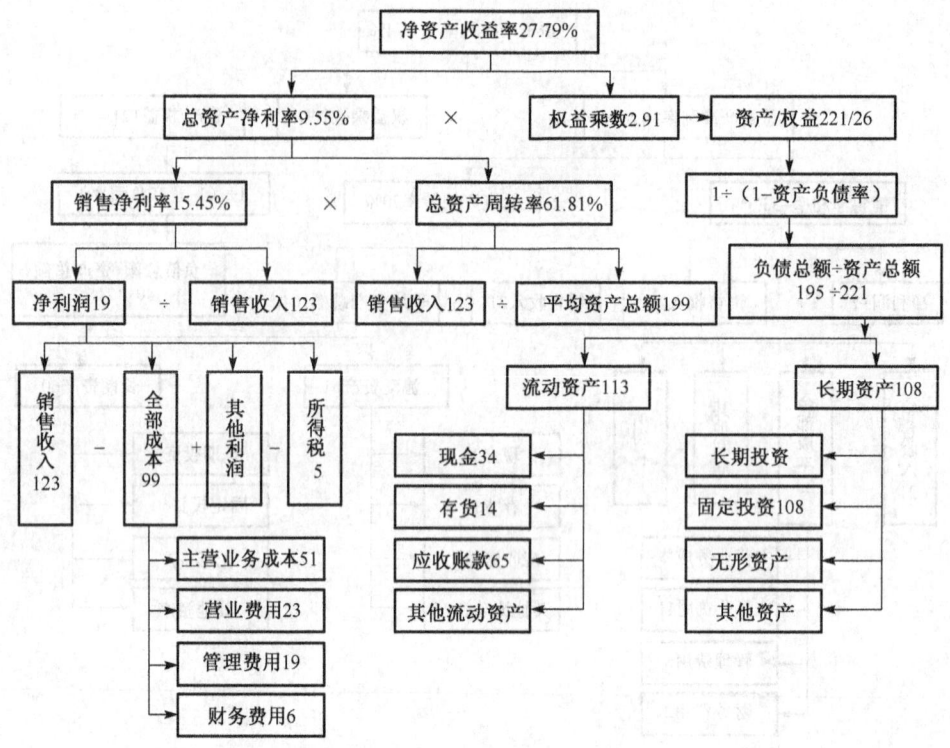

图 9-25 方案二杜邦分析模型图（第四年）

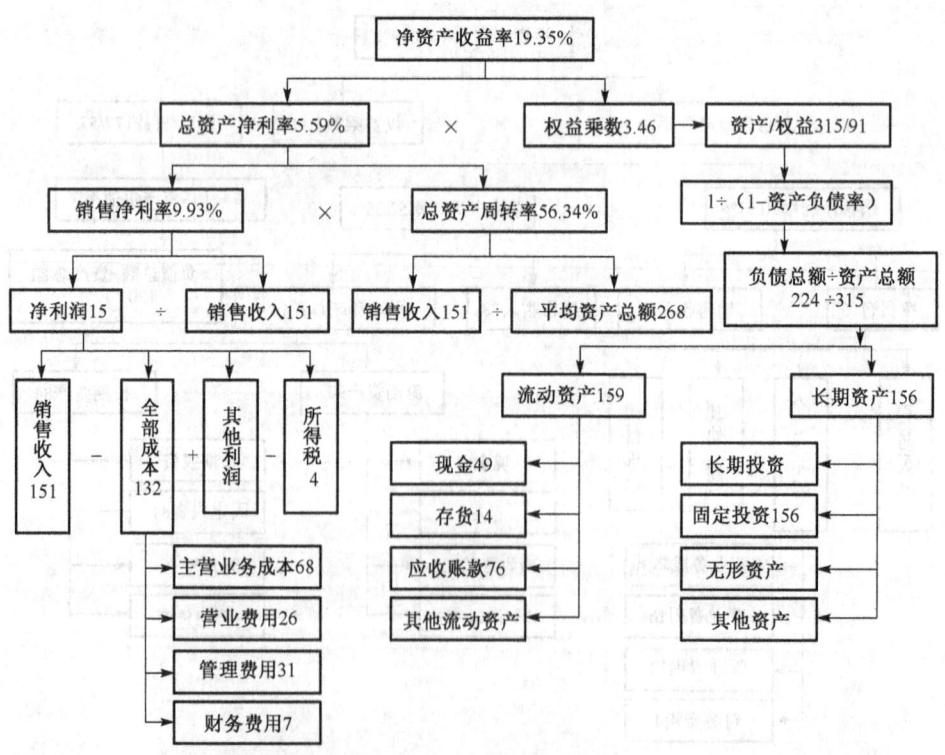

图 9-26 方案二杜邦分析模型图（第五年）

9.4.3 方案优劣势分析

综合以上两个方案的财务数据对比分析，不难发现方案一的优势：该方案适合前期运行，回收周期短，但是后期发展相对滞后；巧妙地将柔性与全自动配合，极大程度上降低了转产周期与转产费，甚至出现了零转产费的现象，这是值得推荐的地方。方案一的缺点：在运行的过程中没能很好地保证资金流，导致需要进行贴现这是严重的不足，采购原料上出现紧急采购的现象是致命的地方，因为其直接影响了所有者权益。方案二的前期不和其他组竞争市场老大，整个运行过程中财务资金控制得比较好，没有任何贴现、紧急采购等情况发生，有效地避开了对所有者权益的损害。

【本阶段任务总结】

1. 利用红管家软件计算方案的财务数据并进行方案比较。
2. 模拟方案不确定性分析，包括盈亏平衡分析、敏感性分析和概率分析。
3. 选择某个方案利用杜邦分析法计算其主要的财务分析指标并进行财务绩效评估。

 **必备知识**

1. 财务管理

（1）财务管理的定义

财务管理是研究企业投资决策和筹资决策以及资金运行控制的学科。财务管理与资产的获得及其合理使用的决策有关，并与企业的生产、销售管理发生直接联系。

（2）财务管理的内容

财务管理主要是资金管理，其对象是资金及其流转，财务管理的内容包括：① 筹资管理；② 投资管理；③ 资金的日常营运活动；④ 利润分配管理。

（3）财务报表分析

财务报表分析又称财务分析，是通过收集、整理企业财务会计报告中的有关数据，并结合其他有关补充信息，对企业的财务状况、经营成果和现金流量情况进行综合比较和评价，为财务会计报告使用者提供管理决策和控制依据的一项管理工作。

① 财务报表分析的对象。财务报表分析的对象是企业的各项基本活动。财务报表分析就是从报表中获取符合报表使用人分析目的的信息，认识企业活动的特点，评价其业绩，发现其问题。

② 财务报表分析的意义。财务报表能够全面反映企业的财务状况、经营成果和现金流量情况，但是单纯从财务报表上的数据还不能直接或全面说明企业的财务状况，特别是不能说明企业经营状况的好坏和经营成果的高低，只有将企业的财务指标与有关的数据进行比较才能说明企业财务状况所处的地位，因此要进行财务报表分析。

做好财务报表分析工作，可以正确评价企业的财务状况、经营成果和现金流量情况，揭示企业未来的报酬和风险；可以检查企业预算完成情况，考核经营管理人员的业绩，为建立健全合理的激励机制提供帮助。

③ 财务报表分析的内容。财务报表分析是由不同的使用者进行的，不同使用者有不同的

分析重点，也有共同的要求。从企业总体来看，财务报表分析的基本内容，主要包括以下三个方面：

a. 分析企业的偿债能力，分析企业权益的结构，估量对债务资金的利用程度；

b. 评价企业资产的运营能力，分析企业资产的分布情况和周转使用情况；

c. 评价企业的赢利能力，分析企业利润目标的完成情况和不同年度赢利水平的变动情况。

以上三个方面的分析内容互相联系，互相补充，可以综合描述出企业生产经营的财务状况、经营成果和现金流量情况，以满足不同使用者对会计信息的基本需要。其中偿债能力是企业财务目标实现的稳健保证，而营运能力是企业财务目标实现的物质基础，赢利能力则是前两者共同作用的结果，同时也对前两者的增强发挥其推动作用。

（4）财务指标

财务指标是指企业总结和评价财务状况和经营成果的相对指标。财务工作实践中，通过对企业财务状况和经营成果进行解剖和分析，能够对企业经济效益的优劣做出准确的评价与判断，而作为评价与判断标准的财务指标的选择和运用尤为重要。

① 偿债能力指标。

a. 短期偿债能力指标。

短期偿债能力主要是用公司流动资产偿付流动负债的能力，也就是公司短期债务到期时，流动资产可以变为现金用于偿还流动负债的保障程度，可以衡量公司当前的财务能力。

企业短期偿债能力的指标主要有流动比率、速动比率、现金流动负债比率。

流动比率=流动资产/流动负债。一般情况下，公司能否偿还短期债务，要看短期债务的数额，以及有多少可以变现偿债的流动资产。流动资产越多，短期债务越少，流动比率越高，公司偿债能力越强，国际上认为流动比率是 2 比较合适。流动比率不可过高，过高的流动比率对公司而言说明流动资产占用过多，会使公司资金的使用效率和获利能力受到影响。

流动比率虽然可以用来评价流动资产总体的变现能力，可是，在实际的财务分析中比流动比率更能够体现公司的变现能力的指标是速动比率。速动比率是扣除存货、预付账款等部分的流动资产与流动负债的比值。其计算公式为：

$$速动比率 = \frac{流动资产 - 存货 - 预付账款 - 一年内到期的非流动资产 - 其他流动资产}{流动负债}$$

$$= \frac{速动资产}{流动负债}$$

由于剔除了存货、预付账款等变现能力弱的不稳定资产的影响，速动比率较流动比率能更准确、可靠地评价公司资产的流动性和短期偿债能力。影响速动比率可信度的重要因素是应收账款的变现能力。在实际工作中，只有公司内部财务人员才能合理评估应收账款的变现能力。

现金流动负债比率是公司一定时期经营活动的现金净流量同流动负债的比率。这个指标可以从现金流量的角度来反映公司当期的短期偿债能力，能充分体现公司经营活动产生的现金净流量可以在多大程度上保证偿还当期的流动负债。其计算公式为：

$$现金流动负债比率 = \frac{年经营现金净流量}{流动负债}$$

在通常情况下，该指标的增长表示公司经营活动产生的现金流量较大，越能保障短期偿债能力。但是，该指标并非越大越好。指标过大表明公司对流动资金的利用不充分，获利能力不强。

b. 长期偿债能力指标。

长期偿债能力是公司偿还长期债务的能力。对公司长期偿债能力的分析主要是为了确定公司偿还债务本金与支付债务利息的能力，通过分析权益与资产的关系、权益之间的关系、权益与收益之间的关系，最终评价公司资本结构的合理性，评价长期偿债能力。衡量公司长期偿债能力的指标主要有资产负债率、产权比率、已获利息倍数等。

资产负债率是公司负债总额除以资产总额的百分比，表示公司资产总额中，债权人提供资金所占的比重，也就是资产与负债的依存关系，可以衡量公司在清算时对债权人利益的保护程度。其计算公式为：

$$资产负债率 = \frac{负债总额}{资产总额} \times 100\%$$

通常随着资产负债率的降低，公司的长期偿债能力相应提高。资产负债率是公司举债经营的比率。如果站在债权人的立场，公司债权人最关心贷款的安全，希望资产负债率能保持在合理的范围内，比率越低，偿债就越有保障，贷款就越安全。如果站在股东的立场，公司通过举债筹措的资金与股东提供的资金在经营中发挥的作用是相同的，因此，在公司经营状况良好的情况下，只要发挥财务杠杆的正面效应，就可以增加股东财富。

产权比率也称为资本负债率，是负债总额与所有者权益总额的比率，是公司财务结构是否稳健的标志，一般用来衡量所有者权益对债权人的保障程度。其计算公式为：

$$产权比率 = \frac{负债总额}{所有者权益总额} \times 100\%$$

通常随着产权比率降低，公司长期偿债能力相应提高，从而债权人权益保障程度高，公司财务风险小。一般产权比率高是高报酬、高风险的资本结构；产权比率低是低报酬、低风险的资本结构。

已获利息倍数是公司息税前利润与利息费用的比率，衡量公司偿还利息的能力，其计算公式为：

$$已获利息倍数 = \frac{息税前利润}{利息费用}$$

通常已获利息倍数越高，公司长期偿债能力越强。从长期看，公司的利息保障倍数应大于1。

② 运营能力指标。

强有力的运营能力是公司获利的基础，也是偿债的保障。运营能力的提高，表示公司通过内部资源的合理配置对财务目标的实现产生了积极的效果，对外可以树立公司的良好形象，增强融资能力，对内可以促进公司提高管理能力，健康发展，实现股东财富最大化。通常运用公司的存货周转率、应收账款周转率、流动资产周转率和总资产周转率来判断公司运营能力。

存货的周转率是一定期间存货周转的次数，其计算公式为：

$$存货周转率 = \frac{营业成本}{存货平均余额}$$

其中：

$$存货平均余额 = \frac{(期初存货余额 + 期末存货余额)}{2}$$

$$存货周转期 = \frac{360}{存货周转率}$$

通常存货的周转率越高，周转期越短，存货周转的速度就越快。存货周转率衡量了公司销货能力大小和存货过量短缺的程度，与公司的赢利能力有直接关系。

应收账款在公司的流动资产中也有举足轻重的地位，加速应收账款的周转可以减少坏账，降低应收账款的机会成本和管理成本。应收账款的流动性可以用应收账款的周转天数和周转率来表示。应收账款的周转天数也称为应收账款的周转期，是应收账款周转一次所需要的时间；应收账款的周转率是一定期间应收账款周转的次数，其计算公式为：

$$应收账款周转率 = \frac{营业收入}{应收账款平均余额}$$

其中：

$$应收账款平均余额 = \frac{(期初应收账款余额 + 期末应收账款余额)}{2}$$

$$应收账款周转期 = \frac{360}{应收账款周转率}$$

通常应收账款周转率越高，周转期越短，周转就越快。应收账款周转越快，说明公司平均收账期短，应收账款收回越快，资产流动性增强，短期偿债能力提高，坏账损失降低，收益提高。

流动资产周转率是一定期间公司营业收入与平均流动资产总额的比例，其计算公式为：

$$流动资产周转率 = \frac{营业收入}{流动资产平均余额}$$

其中：

$$流动资产平均余额 = \frac{(期初流动资产余额 + 期末流动资产余额)}{2}$$

$$流动资产周转期 = \frac{360}{流动资产周转率}$$

通常流动资产周转率越高，流动资产周转越快，意味着相对扩大资产投入，增强公司赢利能力；周转率低，就需要公司补充流动资产参与周转，就会造成浪费，降低赢利能力。

总资产周转率是公司在一定时期营业收入与平均资产总额的比值，其计算公式为：

$$总资产周转率 = \frac{营业收入}{总资产平均余额}$$

其中：

$$总资产平均余额 = \frac{(期初总资产余额 + 期末总资产余额)}{2}$$

$$总资产周转期 = \frac{360}{总资产周转率}$$

通常总资产周转率越高，公司整体资产的使用效率越高，赢利能力就越强。

③ 赢利能力指标。

赢利能力就是公司赚取利润的能力，体现公司资金增值的能力。公司实现同样的经营活动，投入同样的资产，取得的利润就越高，创造利润的能力就越强。

常用的赢利能力指标主要有销售净利率、营业利润率、总资产报酬率、净资产收益率、每股收益、市盈率等。其中，每股收益、市盈率是考察上市公司获利能力的重要指标。

销售净利率是净利润与销售收入的百分比，表示每元销售收入带来净利润的多少，可以衡量销售收入的收益水平。其计算公式为：

$$销售净利率 = \frac{净利润}{销售收入} \times 100\%$$

营业利润率是公司在一定期间营业利润与营业收入的比率，表明公司市场竞争力的高低和发展潜力的大小，从而体现获利能力，其计算公式为：

$$营业利润率 = \frac{营业利润}{营业收入} \times 100\%$$

总资产报酬率是公司在一定期间获得的息税前利润与平均资产总额的比率，反映公司资产综合利用的效果。在一般情况下，该指标越高，公司资产利用的效果就越好，公司整体的获利能力就越强，经营管理水平就越高，其计算公式为：

$$总资产报酬率 = \frac{息税前利润总额}{总资产平均余额} \times 100\%$$

净资产收益率是一定期间内公司的净利润与平均净资产的比率，反映公司自有资金收益水平的高低。在一般情况下，净资产收益率越高，公司自有资本获取收益的能力就越强，运营效益越好，对公司投资人和债权人的保障程度就越高，其计算公式为：

$$净资产收益率 = \frac{净利润}{平均净资产} \times 100\%$$

其中：

$$平均净资产 = \frac{（期初所有者权益余额 + 期末所有者权益余额）}{2}$$

每股收益是上市公司普通股股东持有的每股普通股股份所享有的利润或分担的亏损，是衡量上市公司获利能力时最常用的指标。每股收益越高，公司获利能力就越强，其计算公式为：

$$每股收益 = \frac{归属普通股股东的当前净利润}{当前发行在外的普通股的加权平均数}$$

市盈率是上市公司普通股每股市价与每股收益的比率，反映公司的投资者愿意为每元净利润支付的价格，一般可以用来估计股票的投资风险与报酬。

$$市盈率 = \frac{普通股每股市价}{普通股每股收益}$$

2. 财务战略

（1）概念和分类

财务战略主要考虑资金的使用和管理的战略问题，并以此与其他性质的战略相区别；主要考虑财务领域全局的、长期发展方向问题，并以此与传统的财务管理相区别。

企业战略分为财务战略和非财务战略。财务战略主要强调必须适合企业所处的发展阶段并符合利益相关者的期望。非财务战略（经营战略）主要强调与外部环境和企业自身能力相适应。

财务战略分为筹资战略和资金管理战略。狭义的财务战略仅指筹资战略，包括资本结构决策、筹资来源决策和股利分配决策等。

（2）融资方式及其优缺点（见表9-1）

表9-1　融资方式及其优缺点

融资方式	定　义	优　点	缺　点
内部融资	企业选择使用内部留存利润进行再投资，留存利润是指企业分配给股东红利后剩余的利润	这种融资方式是企业最普遍采用的方式。优点在于管理层在做此融资决策时不需要听取任何企业外部组织或个人的意见，可以节省融资成本	企业一些大的事件比如并购，仅仅依靠内部融资是远远不够的，还需要其他的资金来源
股权融资	企业为了新的项目而向现在的股东和新股东发行股票来筹集资金，也可称为权益融资	优点在于当企业需要的资金量比较大时（比如并购），股权融资就占很大优势，因为它不像债权融资那样需要定期支付利息和本金，而仅仅需要在企业赢利的时候支付给股东股利	股份容易被恶意收购从而引起控制权的变更，并且股权融资方式的成本也比较高
债权融资	债权融资可以分为两类：贷款、租赁	与股权融资相比，债权融资成本较低、融资的速度也较快，并且方式也较为隐蔽	债权融资缺点是当企业陷入财务危机或企业的战略不具竞争优势时，还款的压力增加了企业的经营风险
资产销售融资	企业可以选择销售其部分有价值的资产进行融资	优点是简单易行，并且不用稀释股东权益	不足之处在于这种融资方式比较激进，一旦操作了就无回旋余地，而且如果销售的时机选择不准，销售的价值就会低于资产本身的价值

（3）基于发展阶段的财务战略选择

① 产品生命周期，假设产品都要经过引入阶段、成长阶段、成熟阶段、衰退阶段，如图9-27所示。

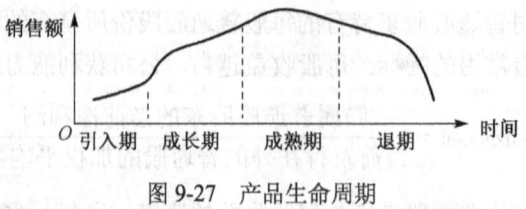

图9-27　产品生命周期

② 产品生命周期各阶段特征，如表9-2所示。

表 9-2　产品生命周期各阶段特征

	引 入 期	成 长 期	成 熟 期	衰 退 期
顾客	需要培训 早期采用者	更广泛 接受 效仿购买	巨大市场 重复购买 品牌选择	有见识 挑剔
产品	处于试验阶段，质量没有标准，也没有稳定的设计，设计和发展带来更大的成功	产品的可靠性、质量、技术性和设计产生差异	各部门之间标准化的产品	产品范围缩减 质量不稳定
风险	高	增长掩盖了错误的决策	重大	广泛波动
利润率	高价格 高毛利率 高投资 低利润	利润最高 公平的高价和高利润率	价格下降 毛利和利润下降	降低流程和毛利 选择合理的高价和利润
竞争者	少	参与者增加	价格竞争	一些竞争者退出
投资需求	最大	适中	减少	最少或者没有
战略	市场扩张，研发是关键	市场扩张，市场营销是关键	保持市场份额	集中于成本控制或减少成本

③　产品不同生命周期阶段，不同经营战略和经营风险比较，如表 9-3 所示。

表 9-3　产品不同生命周期阶段，不同经营战略和经营风险比较

生命周期阶段	经 营 战 略	经 营 风 险
引入期	产品的独特性和客户的高收入使得价格弹性较小，可以采用高价格、高毛利的政策，但是销量小使得净利润较低。企业的战略目标是扩大市场份额，主要战略路径是投资于研究与开发和技术改进，提高产品质量	经营风险非常高，新产品只有成功和失败两种可能，成功则进入成长期，失败则无法收回前期投入的研发、市场开拓和设备投资成本
成长期	成长期的标志是产品销量节节攀升，产品的买主群已经扩大。此时消费者会接受参差不齐的质量，对于质量的要求不高。各厂家的产品在技术和性能方面有较大差异 　　企业的战略目标是争取最大市场份额，并坚持到成熟期的到来 　　主要的战略路径是市场营销，此时是改变价格形象和质量形象的好时机	经营风险有所下降，主要是产品本身的不确定性在降低。但经营风险仍维持在较高水平，原因是竞争激烈了，市场不确定性增加。这些风险主要与产品的市场份额及该份额能否保持到成熟期有关
成熟期	成熟期开始的标志是竞争者之间出现挑衅性的价格竞争 　　成熟期虽然市场巨大，但是已经基本饱和。新的客户减少，主要靠老客户的重复购买支撑。产品逐步标准化，差异不明显，技术和质量改进缓慢。生产稳定，局部生产能力过剩。产品价格开始下降，毛利率和净利润率都下降，利润空间适中 　　战略目标：巩固市场份额的同时提高投资报酬率 　　主要的战略路径是提高效率，降低成本	经营风险进一步降低，达到中等水平，销售额和市场份额、赢利水平都比较稳定，现金流量变得比较容易预测。经营风险主要是稳定的销售额可以持续多长时间，以及总赢利水平的高低
衰退期	衰退期产品的客户大多很精明，对性价比要求高。各企业的产品差别小，因此价格差异也会缩小 　　经营战略目标首先是防御，获取最后的现金流 　　战略途径是控制成本，以求能维持正的现金流量	经营风险进一步降低，主要悬念是什么时间产品完全退出市场

④　企业不同发展阶段的财务战略，如表 9-4 所示。

表9-4　企业不同发展阶段的财务战略

发 展 阶 段	资 本 结 构	资 本 来 源	股利分配政策
起步阶段	由于初创期的经营风险很高，因此应选择低财务风险战略，应尽量使用权益筹资，避免使用负债	引进风险投资者	股利支付率大多为零
成长阶段	由于此时的经营风险虽然有所降低，但仍然维持较高水平，不宜大量增加负债比例	私募或公募	采用低股利政策
成熟阶段	由于经营风险降低，应当扩大负债筹资的比例	负债和权益	采用高股利政策或作为替代进行股票回购
衰退阶段	应设法进一步提高负债筹资的比例，以获得利息节税的好处	选择负债筹资	采用高股利政策

⑤ 经营风险与财务风险的四种搭配，如表9-5所示。

经营风险的大小是由特定的经营战略决定的，财务风险的大小是由资本结构决定的，它们共同决定了企业的总风险。

表9-5　经营风险与财务风险的四种搭配

匹 配 方 式	特 点	举 例
高经营风险与高财务风险的匹配	具有很高的总风险。该种匹配不符合债权人的要求	一个初创期的高科技公司，假设能够通过借款取得大部分资金，其破产的概率很大，而成功的可能很小
高经营风险与低财务风险的匹配	具有中等程度的总风险。该种匹配是一种可以同时符合股东和债权人期望的现实搭配	一个初创期的高科技公司，主要使用权益筹资，较少使用或不使用负债筹资
低经营风险与高财务风险的匹配	具有中等程度的总风险。该种匹配是一种可以同时符合股东和债权人期望的现实搭配	一个成熟的公用企业，大量使用借款筹资
低经营风险与低财务风险的匹配	具有很低的总风险。该种匹配不符合权益投资人的期望，不是一种现实的搭配	一个成熟的公用企业，只借入很少的债务资本

3. 平衡计分卡

（1）平衡计分卡的产生与发展

平衡计分卡（Balanced Score Card），源自哈佛大学教授罗伯特·卡普兰（Robert Kaplan）与诺朗顿研究院（Nolan Norton Institute）的执行长戴维·诺顿（David Norton）于20世纪90年代所从事的"未来组织绩效衡量方法"中的一种绩效评价体系。当时该计划的目的，在于找出超越传统以财务量度为主的绩效评价模式，以使组织的策略能够转变为行动。经过20多年的发展，平衡计分卡已经发展为集团战略管理的工具，在集团战略规划与执行管理方面发挥着非常重要的作用。

（2）平衡计分卡的概念内容

平衡计分卡从财务、客户、内部运营、学习与成长四个角度，将组织的战略落实为可操作的衡量指标和目标值的一种新型绩效管理体系。设计平衡计分卡的目的就是要建立实现战略主导的绩效管理系统，从而保证企业战略得到有效的执行。因此，人们通常称平衡计分卡是加强企业战略执行力的最有效的战略管理工具。

平衡计分卡强调，传统的财务会计模式只能衡量和评价过去发生的事项（落后的结果因素），但无法评估企业前瞻性的投资（领先的驱动因素），因此，必须改用一个将组织的愿景转变为一组由四项观点组成的绩效指标架构来评价组织的绩效。此四项指标分别是：财务

（Financial）、顾客（Customer）、内部流程（Internal Processes）、创新与学习（Innovation & Learning）借着这四项指标的衡量，组织得以明确和严谨的手法来诠释其策略，它一方面保留传统上衡量过去绩效的财务指标，并且兼顾了促成财务目标的绩效因素的衡量；在支持组织追求业绩之余，也监督组织的行为应兼顾学习与成长的方面，并且透过一系列的互动因果关系，组织得以把产出（Outcome）和绩效驱动因素（Performance Driver）串联起来，以衡量指标与其量度作为语言，把组织的使命和策略转变为一套前后连贯的系统绩效评核量度，把复杂而笼统的概念转化为精确的目标，借以寻求财务与非财务的衡量之间、短期与长期的目标之间、落后的与领先的指标之间，以及外部与内部绩效之间的平衡。

总之，平衡计分卡不仅能有效克服传统的财务评估方法的滞后性、偏重短期利益和内部利益以及忽视无形资产收益等诸多缺陷，而且是一个科学的集公司战略管理控制与战略管理的绩效评估于一体的管理系统。

（3）平衡计分卡的四个层面

平衡计分卡是一种革命性的企业综合绩效评估和管理体系，平衡计分卡的四个层面包括财务层面、客户层面、内部营运层面、学习与成长层面。

财务层面。财务性指标是一般企业常用于绩效评估的传统指标。财务性绩效指标可显示出企业的战略及其实施和执行是否正在为最终经营结果（如利润）的改善做出贡献。但是，不是所有的长期策略都能很快产生短期的财务赢利。非财务性绩效指标（如质量、生产时间、生产率和新产品等）的改善和提高是实现目的的手段，而不是目的的本身。财务层面指标衡量的主要内容：收入的增长、收入的结构、降低成本、提高生产率、资产的利用和投资战略等。

客户层面。平衡计分卡要求企业将使命和策略诠释为具体的与客户相关的目标和要点。企业应以目标顾客和目标市场为导向，应当专注于是否满足核心顾客需求，而不是企图满足所有客户的偏好。客户最关心的不外于五个方面：时间，质量，性能，服务和成本。企业必须为这五个方面树立清晰的目标，然后将这些目标细化为具体的指标。客户层面指标衡量的主要内容：市场份额、老客户挽留率、新客户获得率、顾客满意度、从客户处获得的利润率。

内部营运层面。建立平衡计分卡的顺序，通常是在先制订财务和客户方面的目标与指标后，才制订企业内部流程面的目标与指标，这个顺序使企业能够抓住重点，专心衡量那些与股东和客户目标息息相关的流程。内部运营绩效考核应以对客户满意度和实现财务目标影响最大的业务流程为核心。内部运营指标既包括短期的现有业务的改善，又涉及长远的产品和服务的革新。内部运营层面指标涉及企业的改良/创新过程、经营过程和售后服务过程。

学习与成长层面。学习与成长的目标为其他三个方面的宏大目标提供了基础架构，是驱使上述计分卡三个方面获得卓越成果的动力。面对激烈的全球竞争，企业今天的技术和能力已无法确保其实现未来的业务目标。削减对企业学习和成长能力的投资虽然能在短期内增加财务收入，但由此造成的不利影响将在未来给企业带来沉重打击。学习和成长面指标涉及员工的能力、信息系统的能力、授权与激励的相互配合。

更进一步而言，平衡计分卡通过因果关系提供了把战略转化为可操作内容的一个框架。根据因果关系，对企业的战略目标进行划分，可以分解为实现企业战略目标的几个子目标，这些子目标是各个部门的目标，同样各中级目标或评价指标可以根据因果关系继续细分直至最终形成可以指导个人行动的绩效指标和目标。

（4）平衡计分卡的特点

平衡计分卡方法因为突破了财务作为唯一指标的衡量工具，反映了财务与非财务衡量方法之间的平衡、长期目标与短期目标之间的平衡、外部和内部的平衡、结果和过程平衡、管理业绩和经营业绩的平衡等多个方面。所以能反映组织综合经营状况，使业绩评价趋于平衡和完善，利于组织长期发展。平衡计分卡与传统评价体系比较，具有如下特点：

① 平衡计分卡为企业战略管理提供强有力的支持。随着全球经济一体化进程的不断发展，市场竞争的不断加剧，战略管理对企业持续发展而言更为重要。平衡计分卡的评价内容与相关指标和企业战略目标紧密相连，企业战略的实施可以通过对平衡计分卡的全面管理来完成。

② 平衡计分卡可以提高企业整体管理效率。平衡计分卡所涉及的四项内容，都是企业未来发展成功的关键要素，通过平衡计分卡所提供的管理报告，将看似不相关的要素有机地结合在一起，可以大大节约企业管理者的时间，提高企业管理的整体效率，为企业未来成功发展奠定坚实的基础。

③ 注重团队合作，防止企业管理机能失调。团队精神是一个企业文化的集中表现，平衡计分卡通过对企业各要素的组合，让管理者能同时考虑企业各职能部门在企业整体中的不同作用与功能，使管理者认识到某领域的工作改进可能是以其他领域的退步为代价换来的，促使企业管理部门考虑决策时要从企业出发，慎重选择可行方案。

④ 平衡计分卡可提高企业激励作用，扩大员工的参与意识。传统的业绩评价体系强调管理者希望（或要求）下属采取什么行动，然后通过评价来证实下属是否采取了行动以及行动的结果如何，整个控制系统强调的是对行为结果的控制与考核。而平衡计分卡则强调目标管理，鼓励下属创造性地（而非被动）完成目标，这一管理系统强调的是激励动力。因为在具体管理问题上，企业高层管理者并不一定会比中下层管理人员更了解情况、所做出的决策也不一定比下属更明智。所以由企业高层管理人员规定下属的行为方式是不恰当的。另一方面，企业业绩评价体系大多是由财务专业人士设计并监督实施的，但是，由于专业领域的差别，财务专业人士并不清楚企业经营管理、技术创新等方面的关键性问题，因而无法对企业整体经营的业绩进行科学合理的计量与评价。

⑤ 平衡计分卡可以使企业信息负担降到最少。在当今信息时代，企业很少会因为信息过少而苦恼，随着全员管理的引进，当企业员工或顾问向企业提出建议时，新的信息指标总是不断增加。这样，会导致企业高层决策者处理信息的负担大大加重。而平衡计分卡可以使企业管理者仅仅关注少数而又非常关键的相关指标，在保证满足企业管理需要的同时，尽量减少信息负担成本。

（5）平衡积分卡实施的基本流程

① 以组织的共同愿景与战略为内核，运用综合与平衡的哲学思想，依据组织结构，将公司的愿景与战略转化为下属各责任部门（如各事业部）在财务、顾客、内部流程、创新与学习等四个方面的系列具体目标（即成功的因素），并设置相应的四张计分卡；② 依据各责任部门分别在财务、顾客、内部流程、创新与学习四种计量可具体操作的目标，设置一对应的绩效评价指标体系，这些指标不仅与公司战略目标高度相关，而且是以先行（Leading）与滞后（Lagging）两种形式，同时兼顾和平衡公司长期和短期目标、内部与外部利益，综合反映战略管理绩效的财务与非财务信息；③ 由各主管部门与责任部门共同商定各项指标的具体评分规则。一般是

将各项指标的预算值与实际值进行比较，对应不同范围的差异率，设定不同的评分值。以综合评分的形式，定期（通常是一个季度）考核各责任部门在财务、顾客、内部运营、创新与学习四个方面的目标执行情况，及时反馈，适时调整战略偏差，或修正原定目标和评价指标，确保公司战略得以顺利与正确地实行。

（6）平衡计分卡考核结果的运用

① 从财务指标看企业或组织的获利能力。财务数据是管理业绩评价不可或缺的重要组成部分。企业经营的目的是追求利润。企业管理者的管理业绩水平如何，通过财务数据就能得到一个比较直观的认识。通常情况下，企业的财务指标是和企业的获利能力紧密联系在一起的，包括营业收入、销售增长速度或产生的现金流量、投资报酬率等，甚至可以是更新的一些指标，如经济增加值（EVA）等。至于财务子模块在整个管理业绩评价体系中的权重，一般随企业类型及发展阶段的不同而有所区别。譬如，传统产业企业的权重就可以高一些，如设为 30%～40%；对于高新技术产业企业而言，由于其前期大量的研发费用需要在以后相当长的一段时期内进行摊销，所以其权重应当低一些，如 20%左右。再如，在企业的成长阶段，由于各方面的投入数额巨大，财务方面的业绩衡量指标的权重应该低一些，如 20%左右；到了成熟阶段则可以适当提高其权重，达到 30%～40%。

② 从内部流程看企业或组织的综合提升力。传统的业绩评价体系对企业内部经营过程所确定的目标通常是控制和改善现有职能部门的作用，主要依据财务指标评价这些部门的经营业绩，还包括评价产品品质、投资报酬率和生产周期等指标，但它仅仅是强调单个部门的业绩，而不是着眼于综合地改善企业的整体经营过程。而平衡计分卡则强调评价指标多样化，不仅包括财务指标，还包括非财务指标，能够综合地反映企业内部的管理业绩水平，其指标可以包括企业推出新品的平均时耗、产品合格率、新客户收入占总收入的比例、生产销售主导时间、售后服务主导时间等。设置的权重为 20%左右。

③ 从顾客子模块看企业或组织的竞争能力。竞争优势归根到底来源于企业为客户创造的超过其成本的价值。价值是客户愿意支付的价钱，而超额价值产生于以低于对手的价格提供同等效益或所提供的独特效益弥补高价后的盈余。所以，满足客户的需要是企业成功发展的必要条件。在平衡计分卡的客户子模块中，企业管理者要确定企业所要争得的竞争性客户和市场份额，并计算在这个目标范围内的业绩情况。对于企业客户管理业绩水平的评价，其核心指标应包括客户满意程度、客户保持程度、新客户的获得、客户赢利能力，即在目标范围内的市场份额和会计份额。假如这些指标数据所反映出来的情况良好，则表示企业的客户管理是卓有成效的，企业也由此取得了一种重要的核心竞争力。在整个管理业绩评价体系中，可根据不同类型企业设置客户管理指标的不同权重，如在工农业企业中的权重可以低一些，20%左右，而在服务业企业中的权重就应该高一些，如 30%～40%。

④ 从创新与学习看企业或组织的持续后动。企业实现目标、取得成功的重要保证是客户管理和内部经营过程，而企业现有生产能力与业绩目标所要求的实际生产能力之间往往存在着巨大差距。为了减小这些差距，保证上述两方面目标的实现，企业必须在平衡计分卡中确定学习与创新的目标和评价指标，这是企业实现长期目标的力量源泉。一个企业要创新，其管理者的推动作用不可轻视，而管理者要推动企业学习与创新的发展，自己首先必须学会学习与创新。同时，相关的其他主要指标还包括：为员工提供各种培训、提高信息技术、改善信息系统、营造良好的企业文化氛围等。在具体评价时，可以用其措施落实的数量和质量来衡量。这个子模

块对于企业管理者个人而言是非常重要的，直接体现了管理者个人学习与创新的意识和能力，而对于一个有明确发展战略的企业而言，其权重应该不低于25%。

4. 绩效管理

（1）绩效管理的概念及内涵

绩效管理是指各级管理者和员工，为了达到组织目标共同参与的绩效计划制订、绩效辅导沟通、绩效考核评价、绩效结果应用、绩效目标提升的持续循环过程，绩效管理的目的是持续提升个人、部门和组织的绩效。绩效计划制订是绩效管理的基础环节，不能制订合理的绩效计划就谈不上绩效管理；绩效辅导沟通是绩效管理的重要环节，这个环节工作不到位，绩效管理将不能落到实处；绩效考核评价是绩效管理的核心环节，这个环节工作出现问题会给绩效管理带来严重的负面影响；绩效结果应用是绩效管理取得成效的关键，如果对员工的激励与约束机制存在问题，绩效管理不可能取得成效。

（2）绩效的影响因素

绩效的影响因素主要包括员工技能、外部环境、内部条件及激励效应。员工技能是指员工具备的核心能力，是内在的因素，经过培训和开发是可以提高的；外部环境是指组织和个人面临的不为组织所左右的因素，是客观因素，是完全不能控制的；内部条件是指组织和个人开展工作所需的各种资源，也是客观因素，在一定程度上是可以改变的；激励效应是指组织和个人为达成目标而工作的主动性、积极性，激励效应是主观因素。

（3）绩效管理的机制

绩效管理发挥效果的机制是，对组织或个人设定合理目标，建立有效的激励约束机制，使员工向着组织期望的方向努力，从而提高个人和组织绩效；通过定期有效地绩效评估，肯定成绩，指出不足，对组织目标达成有贡献的行为和结果进行奖励，对不符合组织发展目标的行为和结果进行一定的约束；通过这样的激励机制促使员工自我开发，提高能力素质，改进工作方法，从而达到更高的个人和组织绩效水平。

（4）绩效管理的目的

绩效管理的目标有以下几点：实现企业的战略发展目标，并且能随需而变；在实现企业目标的原则下，平衡各项业务发展；通过绩效考核对于执行业务的员工，分别给予公平合理的执行力评价；从绩效考核的结果，进行绩效分析，找出企业的弱点与优势；通过绩效沟通的手段，解决员工执行力的障碍，并加以排除；定期召开绩效管理会议，检讨制度上的缺陷、操作的缺点、相关事项的改进；采取 PDCA 的循环方式，不断完善绩效管理运作。

附录

方案基础数据运营表

以下是关于方案一的详细具体操作运行过程，供初学者参阅学习。限于篇幅，方案二的具体运行表在此不赘述。

表 A-1　第一年经营流程表

企业经营流程 请按顺序执行下列各项操作。	每执行完一项操作，CEO 请在相应的方格内打勾， 并在方格中填写现金收支情况。			
新年度规划会议				
参加订货会/登记销售订单				
制订新年度计划				
支付应付税				
季初现金盘点（请填余额）	60	18	21	23
更新短期贷款/还本付息/申请短期贷款（高利贷）		20	20	20
更新应付款/归还应付款				
原材料入库/更新原料订单				
下原料订单			1R3	2R1,1R2,1R3
更新生产/完工入库				
投资新生产线/变卖生产线/生产线转产	−10	−15	−15	−15
向其他企业购买原材料/出售原材料				
开始下一批生产				
更新应收款/应收款收现				
出售厂房				
向其他企业购买成品/出售成品				
按订单交货				
产品研发投资	−1	−1	−2	−2
支付行政管理费	−1	−1	−1	−1
其他现金收支情况登记				
支付利息/更新长期贷款/申请长期贷款				
支付设备维护费				
支付租金/购买厂房				
计提折旧				（　　）
新市场开拓/ISO 资格认证投资				−5
现金收入合计				
现金支出合计				
期末现金对账（请填余额）	18	21	23	20
结账				

从 1Q 开始投柔性线 2 条 P1，从 2Q 开始投 1 条全自动 P2。

1-4Q 研发 P2
3-4Q 研发 P1

1Q 购买小厂房 30M

表 A-2　现金预算表

	1	2	3	4
期初库存现金	60	18	21	23
支付上年应交税				
市场广告投入				
贴现费用				
利息（短期贷款）				
支付到期短期贷款		20	20	20
原料采购支付现金				
转产费用				
生产线投资	–10	–15	–15	–15
工人工资				
产品研发投资	–1	–1	–2	–2
收到现金前的所有支出	–11	–16	–17	–17
应收款到期				
支付管理费用	–1	–1	–1	–1
利息（长期贷款）				
支付到期长期贷款				
设备维护费用				
租金				
购买新建筑				
市场开拓投资				–5
ISO 认证投资				
其他	购小厂房 30			
库存现金余额	18	21	23	20

要点记录

第一季度：_____

第二季度：_____

第三季度：_____

第四季度：_____

年底小结：_____

表 A-3　订单登记表

订　单　号										合　　计
市场										
产品										
数量										
账期										
销售额										
成本										
毛利										
未售										

表 A-4 产品核算统计表

	P1	P2	P3	P4	合计
数量					
销售额					
成本					
毛利					

表 A-5 综合管理费用明细表

单位：百万

项 目	金 额	备 注
管理费	4	
广告费	0	
保养费	0	
租 金	0	
转产费	0	
市场准入开拓	5	□区域 □国内 □亚洲 □国际
ISO 资格认证	0	□ISO9000 □1SO14000
产品研发	6	P2（ ） P3（ ） P4（ ）
其 他		
合 计	15	

表 A-6 利 润 表

单位：百万

项 目	上 年 数	本 年 数
销售收入		0
直接成本		0
毛利		0
综合费用		15
折旧前利润		−15
折旧		0
支付利息前利润		−15
财务收入/支出		0
其他收入/支出		0
税前利润		−15
所得税		0
净利润		0

表 A-7 资产负债表

单位：百万

资 产	期 初 数	期 末 数	负债和所有者权益	期 初 数	期 末 数
流动资产：			负债：		
现金		20	长期负债		0
应收款		0	短期负债		60
在制品		0	应付账款		0
成品		0	应交税金		0

资 产	期 初 数	期 末 数	负债和所有者权益	期 初 数	期 末 数
原料		0	一年内到期的长期负债		0
流动资产合计		20	负债合计		60
固定资产：			所有者权益：		
土地和建筑		30	股东资本		60
机器与设备			利润留存		0
在建工程		55	年度净利		−15
固定资产合计		85	所有者权益合计		45
资产总计		105	负债和所有者权益总计		105

表 A-8　第二年经营流程表

企业经营流程 请按顺序执行下列各项操作。	每执行完一项操作，CEO 请在相应的方格内打勾， 并在方格中填写现金收支情况。			
新年度规划会议	20			
参加订货会/登记销售订单	−9			
制订新年度计划				
支付应付税		长贷 10M		
季初现金盘点（请填余额）	11+10	32	22	32
更新短期贷款/还本付息/申请短期贷款（高利贷）	20	−21 +20	−21 +40	−21 +20
更新应付款/归还应付款				
原材料入库/更新原料订单	−4	−4	−4	−5
下原料订单	2R1、1R2、1R3	2R1、1R2、2R3	1R1、2R2、3R3	3R2、3R3
更新生产/完工入库		2P1、1P2	2P1、1P2	2P1、1P2
投资新生产线/变卖生产线/生产线转产		柔性 P1 转 P2		
向其他企业购买原材料/出售原材料				
开始下一批生产	−3	−3	−3	−3
更新应收款/应收款收现				
出售厂房				
向其他企业购买成品/出售成品				
按订单交货			2P2 交	6P1 交
产品研发投资	−1	−1	−1	−1
支付行政管理费	−1	−1	−1	−1
其他现金收支情况登记				
支付利息/更新长期贷款/申请长期贷款				
支付设备维护费				−3
支付租金/购买厂房				
计提折旧				（ ） 0
新市场开拓/ISO 资格认证投资				−3
现金收入合计				
现金支出合计				
期末现金对账（请填余额）	32	22	32	15
结账				

表 A-9　现金预算表

	1	2	3	4
期初库存现金	15	32	22	32
支付上年应交税				
市场广告投入	–9			
贴现费用				
利息（短期贷款）		–1	–1	–1
支付到期短期贷款	20	20–20	–20+40	–20+20
原料采购支付现金	–4	–4	–4	–5
转产费用				
生产线投资				
工人工资	–3	–3	–3	–3
产品研发投资	–1	–1	–1	–1
收到现金前的所有支出	–8	–9	–9	–10
应收款到期				
支付管理费用	–1	–1	–1	–1
利息（长期贷款）				
支付到期长期贷款				10（1Q）
设备维护费用				
租金				
购买新建筑				
市场开拓投资				
ISO 认证投资				
其他				
库存现金余额	32	22	32	15

要点记录
第一季度：＿＿
第二季度：＿＿
第三季度：＿＿
第四季度：＿＿
年底小结：＿＿

表 A-10　订单登记表

订　单　号									合　　计
市场	本地	本地							
产品	P1	P2							
数量	6	2							
账期	2Q	2Q							
销售额	29	15							44
成本	12	6							18
毛利	17	9							26
未售									

表 A-11　产品核算统计表

	P1	P2	P3	P4	合　计
数量	6	2			8
销售额	29	15			44
成本	12	6			18
毛利	17	9			26

表 A-12　综合管理费用明细表　　　　　　　　　单位：百万

项　目	金　额	备　注
管理费	4	
广告费	9	
保养费	3	
租　金	0	
转产费	0	
市场准入开拓	3	□区域　□国内　□亚洲　□国际
ISO 资格认证	0	□ISO9000　　□ISO14000
产品研发	4	P2（　）　P3（　）　P4（　　）
其　他	0	
合　计	23	

表 A-13　利　润　表　　　　　　　　　　　单位：百万

项　目	上　年　数	本　年　数
销售收入	0	44
直接成本	0	18
毛利	0	26
综合费用	15	23
折旧前利润	−15	3
折旧	0	0
支付利息前利润	−15	3
财务收入/支出	0	3
其他收入/支出	0	0
税前利润	−15	0
所得税	0	0
净利润	0	0

表 A-14　资产负债表　　　　　　　　　　　单位：百万

资　产	期　初　数	期　末　数	负债和所有者权益	期　初　数	期　末　数
流动资产：			负债：		
现金	20	15	长期负债	0	10
应收款	0	44	短期负债	60	100
在制品	0	8	应付账款	0	0
成品	0	3	应交税金	0	0

资　产	期　初　数	期　末　数	负债和所有者权益	期　初　数	期　末　数
原料	0	0	一年内到期的长期负债	0	0
流动资产合计	20	70	负债合计	60	110
固定资产：			所有者权益：		
土地和建筑	30	30	股东资本	60	60
机器与设备		55	利润留存	0	−15
在建工程	55	0	年度净利	−15	0
固定资产合计	85	85	所有者权益合计	0	45
资产总计	105	155	负债和所有者权益总计	105	155

表 A-15　第三年经营流程表

企业经营流程 请按顺序执行下列各项操作。	每执行完一项操作，CEO 请在相应的方格内打勾， 并在方格中填写现金收支情况。			
新年度规划会议	15			
参加订货会/登记销售订单	−9			
制订新年度计划	长贷利息 1M			
支付应付税				
季初现金盘点（请填余额）	5+20 （长贷 20M）	25	46	43
更新短期贷款/还本付息/申请短期贷款（高利贷）	−21 +20	−21 +20	−42 +40	−21 +20
更新应付款/归还应付款				
原材料入库/更新原料订单	−6	−6	−8	−8
下原料订单	3R2 3R3 2R4	2R1 1R2 3R3 2R4	2R1 1R2 4R3 2R4	2R1 2R2 4R3 2R4
更新生产/完工入库	1Q 柔性 P1 转 P2; 3Q 两条柔性 P2 转 P3(同时)	2P1 1P2	2P1 1P2	2P1 1P2
投资新生产线/变卖生产线/生产线转产		−5	−5	−5
向其他企业购买原材料/出售原材料				
开始下一批生产	−3	−3	−3	−3
更新应收款/应收款收现	15	29	16	30−10
出售厂房				
向其他企业购买成品/出售成品				
按订单交货	2P2 交	4P2 交	2P2 交	2P2 交 2P3 交
产品研发投资	−1	−1		
支付行政管理费	−1	−1	−1	−1
其他现金收支情况登记	4Q 贴现 10	−1		
支付利息/更新长期贷款/申请长期贷款				
支付设备维护费	买转租 3M			−3
支付租金/购买厂房				

				(11) 0
计提折旧				
新市场开拓/ISO 资格认证投资				−3
现金收入合计				
现金支出合计		亚洲、国际、ISO9000		
期末现金对账（请填余额）	25	37+9	43	39
结账				

表 A-16 现金预算表

	1	2	3	4
期初库存现金	15	25	46	43
支付上年应交税				
市场广告投入	−9			
贴现费用		−1		
利息（短期贷款）	−1	−1	−2	−1
支付到期短期贷款	−20+20	20−20	−40+40	−20+20
原料采购支付现金	−6	−6	−8	−8
转产费用				
生产线投资		−5	−5	−5
工人工资	−3	−3	−3	−3
产品研发投资	−1	−1		
收到现金前的所有支出	−11	−17	−18	−17
应收款到期	15	29	16	30−10
支付管理费用	−1	−1	−1	−1
利息（长期贷款）				−1（1Q）
支付到期长期贷款				长贷 20（1Q）
设备维护费用				−3
租金				−3(1Q)
购买新建筑				
市场开拓投资				−2
ISO 认证投资				−1
其他		贴现 10		
库存现金余额	25	46	43	39

要点记录

第一季度：_____

第二季度：_____

第三季度：_____

第四季度：_____

年底小结：_____

订 单 号										合 计
市场	本地	本地	国内	区域	区域					
产品	P2	P2	P2	P3	P2					
数量	4	2	2	2	2					
账期	2Q	3Q	3Q	3Q	3Q					
销售额	30	16	16	17	17					96
成本	12	6	6	8	6					38
毛利	18	10	10	9	11					58
未售										

表 A-18 产品核算统计表

	P1	P2	P3	P4	合计
数量		10	2		12
销售额		79	17		96
成本		30	8		38
毛利		49	9		58

表 A-19 综合管理费用明细表　　　　　　　　　　　　　单位：百万

项 目	金 额	备 注
管理费	4	
广告费	9	
保养费	3	
租 金	3	
转产费	0	
市场准入开拓	2	□区域　□国内　□亚洲　□国际
ISO 资格认证	1	□ISO9000　　□ISO14000
产品研发	2	P2（　）　P3（　）　P4（　）
其 他	1（贴息）	（2Q 贴现 10M）
合 计	25	

表 A-20 利 润 表　　　　　　　　　　　　　单位：百万

项 目	上 年 数	本 年 数
销售收入	44	96
直接成本	18	38
毛利	26	58
综合费用	23	25
折旧前利润	3	33
折旧	0	11
支付利息前利润	3	22
财务收入/支出	3	6
其他收入/支出	0	0
税前利润	0	16
所得税	0	0
净利润	0	16

表 A-21 资产负债表 单位：百万

资　产	期　初　数	期　末　数	负债和所有者权益	期　初　数	期　末　数
流动资产：			负债：		
现金	15	39	长期负债	10	30
应收款	44	80	短期负债	100	100
在制品	8	11	应付账款	0	0
成品	3	2	应交税金	0	0
原料	0	0	一年内到期的长期负债	0	0
流动资产合计	70	132	负债合计	110	130
固定资产：			所有者权益：		
土地和建筑	30	0	股东资本	60	60
机器与设备	55	44	利润留存	−15	−15
在建工程	0	15	年度净利	0	16
固定资产合计	85	59	所有者权益合计	45	61
资产总计	155	191	负债和所有者权益总计	155	191

表 A-22 第四年经营流程表

企业经营流程 请按顺序执行下列各项操作。	每执行完一项操作，CEO 请在相应的方格内打勾， 并在方格中填写现金收支情况。			
新年度规划会议	39			
参加订货会/登记销售订单	−9			
制订新年度计划	长贷利息 3M 再长贷 10M			
支付应付税				
季初现金盘点（请填余额）	37	46	49	33
更新短期贷款/还本付息/申请短期贷款（高利贷）	−21 +20	−21 +40	−42 +40	−21 +40
更新应付款/归还应付款				
原材料入库/更新原料订单				
下原料订单	−10	−10	−10	−10
更新生产/完工入库	投资 4 条全自动 2P1，2P3			
投资新生产线/变卖生产线/生产线转产		−20	−20	−20
向其他企业购买原材料/出售原材料				
开始下一批生产	−4	−4	−4	−4
更新应收款/应收款收现	30	17	17+16−10	5
出售厂房				
向其他企业购买成品/出售成品				
按订单交货				
产品研发投资	−2	−2	−2	−2
支付行政管理费	−1	−1	−1	−1
其他现金收支情况登记		−1（贴息）		
支付利息/更新长期贷款/申请长期贷款	1Q 租小厂房 3M 2Q 大厂房 5M			
支付设备维护费				−4
支付租金/购买厂房				

计提折旧					(11)
新市场开拓/ISO 资格认证投资					−4
现金收入合计					
现金支出合计					
期末现金对账（请填余额）		46	49	33	12
结账					

表 A-23　现金预算表

	1	2	3	4
期初库存现金	39	46	49	33
支付上年应交税	0			
市场广告投入	−9			
贴现费用		−1		
利息（短期贷款）	−1	−1	−2	
支付到期短期贷款	+20−20	−20+40	−40+40	
原料采购支付现金	−10	−10	−10	−10
转产费用				
生产线投资		−20	−20	−20
工人工资	−4	−4	−4	−4
产品研发投资	−2	−2	−2	−2
收到现金前的所有支出	−17	−38	−38	−36
应收款到期	30	17	17+16−10	5
支付管理费用	−1	−1	−1	−1
利息（长期贷款）				
支付到期长期贷款				
设备维护费用				−4
租金				
购买新建筑				
市场开拓投资				−1
ISO 认证投资				−3
其他	−3	−5		
库存现金余额	47	49	33	12

要点记录

第一季度：_____

第二季度：_____

第三季度：_____

第四季度：_____

年底小结：_____

表 A-24　订单登记表

订 单 号										合 计
市场	本地	本地	本地	本地	区域					
产品	P1	P2	P2	P3	P3					
数量	1	5	2	4	3					
账期	3Q	3Q	3Q	3Q	3Q					
销售额	5	41	17	33	24					120
成本	2	15	6	16	12					51
毛利	3	26	11	17	12					69
未售										

表 A-25　产品核算统计表

	P1	P2	P3	P4	合计
数量	1	7	7		15
销售额	5	58	57		120
成本	2	21	28		51
毛利	3	37	19		69

表 A-26　综合管理费用明细表　　　　　　　　　　　　　　　　单位：百万

项　　目	金　　额	备　　注
管理费	4	
广告费	9	
保养费	4	
租　金	8	
转产费	0	
市场准入开拓	1	□区域　□国内　□亚洲　□国际
ISO 资格认证	3	□ISO9000　　□ISO14000
产品研发	8	P2（　）　P3（　）　P4（　）
其　他	1(贴息)	(2Q 贴现 10M)
合　计	38	

表 A-27　利　润　表　　　　　　　　　　　　　　　　单位：百万

项　　目	上　年　数	本　年　数
销售收入	96	120
直接成本	38	51
毛利	58	69
综合费用	25	38
折旧前利润	33	31
折旧	11	11
支付利息前利润	22	20
财务收入/支出	6	8
其他收入/支出	0	0
税前利润	16	12
所得税	4	3
净利润	12	9

表 A-28　资产负债表　　　　　　　　　　　　　　　　　　　　　　　　　　　单位：百万

资　　产	期　初　数	期　末　数	负债和所有者权益	期　初　数	期　末　数
流动资产：			负债：		
现金	39	12	长期负债	30	40
应收款	80	115	短期负债	100	140
在制品	11	14	应付账款	0	
成品	2	4	应交税金	4	3
原料	0	0	一年内到期的长期负债	0	
流动资产合计	132	145	负债合计	134	183
固定资产：			所有者权益：		
土地和建筑	0	0	股东资本	60	60
机器与设备	44	48	利润留存	−15	1
在建工程	15	60	年度净利	16	9
固定资产合计	59	108	所有者权益合计	57	70
资产总计	191	253	负债和所有者权益总计	191	253

表 A-29　第五年经营流程表

企业经营流程 请按顺序执行下列各项操作。	每执行完一项操作，CEO 请在相应的方格内打勾， 并在方格中填写现金收支情况。			
新年度规划会议	12			
参加订货会/登记销售订单	−17			
制订新年度计划				
支付应付税	−3			
季初现金盘点（请填余额）	36	42	47	57
更新短期贷款/还本付息/申请短期贷款（高利贷）	−21 +20	−42 +40	−42 +40	−42 +40
更新应付款/归还应付款				
原材料入库/更新原料订单	−18	−16	−18	−20
下原料订单				
更新生产/完工入库				
投资新生产线/变卖生产线/生产线转产		−10	−10	−10
向其他企业购买原材料/出售原材料				
开始下一批生产	−8	−8	−8	−8
更新应收款/应收款收现	33	41+15+17−20	17+24+18−10	16+19+28
出售厂房				
向其他企业购买成品/出售成品				
按订单交货				
产品研发投资	−2	−2		
支付行政管理费	−1	−1	−1	−1
其他现金收支情况登记	−3（贴息）	−4（紧急采购 2R1）		
支付利息/更新长期贷款/申请长期贷款				
支付设备维护费				−8

长贷利息 4M
再长 30M
贴 18M

投资 2 条全自动 1P3、1P4

年初 20M，年末 10M

支付租金/购买厂房					
计提折旧	1Q 租小厂房 3M 2Q 大厂房 5M				(14)
新市场开拓/ISO 资格认证投资					−2
现金收入合计					
现金支出合计					
期末现金对账（请填余额）		33+9	47	57	69
结账					

表 A-30　现金预算表

	1	2	3	4
期初库存现金	12	42	47	57
支付长期贷款利息	−4			
长期贷款	30			
支付上年应交税	−3			
市场广告投入	−17			
贴现	27			
贴现费用	−3			
利息（短期贷款）	−1	−2	−2	−2
支付到期短期贷款	−20+20	−40+40	−40+40	−40+40
原料采购支付现金	−18	−16	−18	−20
转产费用				
生产线投资		−10	−10	−10
工人工资	−8	−8	−8	−8
产品研发投资	−2	−2		
收到现金前的所有支出				
应收款到期	33	41+15+17 −20	17+24+18 −10	16+19+28
支付管理费用	−1	−1	−1	−1
利息（长期贷款）				
支付到期长期贷款				
设备维护费用				−8
租金				
购买新建筑				
市场开拓投资				
ISO 认证投资				−2
其他	−3（小厂房）	−5-4（大厂房，紧急采购）		
库存现金余额	42	47	57	69

要点记录

第一季度： _____

第二季度： _____

第三季度： _____

第四季度： _____

年底小结： _____

表 A-31 订单登记表

订单号 市场	本地	本地	本地	本地	国内	国内	国内	国际	国际	国际	国际	合 计
产品	P3	P3	P4	P2	P3	P3	P2	P3	P1	P2	P1	
数量	3	2	2	4	2	2	2	2	3	4	3	
账期	4Q	1Q	2Q	2Q	3Q	2Q	2Q	0Q	0Q	1Q	1Q	
销售额	25	17	19	28	16	19	15	16	18	31	18	222
成本	12	8	10	12	8	8	6	8	6	12	6	96
毛利	13	9	9	16	8	11	9	8	12	19	12	126
未售												

表 A-32 产品核算统计表

	P1	P2	P3	P4	合计
数量	6	10	11	2	
销售额	36	74	93	19	222
成本	12	30	44	10	96
毛利	24	44	49	9	126

表 A-33 综合管理费用明细表 单位：百万

项 目	金 额	备 注
管理费	4	
广告费	17	
保养费	8	
租 金	8	
转产费	0	
市场准入开拓	0	□区域　□国内　□亚洲　□国际
ISO 资格认证	2	□ISO9000　　□ISO14000
产品研发	4	P2（　） P3（　） P4（　）
其 他	5	（1Q 贴现 30M，2Q 紧急采购 2M）
合 计	48	

表 A-34 利 润 表 单位：百万

项 目	上 年 数	本 年 数
销售收入	120	222
直接成本	51	96
毛利	69	126
综合费用	38	48
折旧前利润	31	78
折旧	11	14
支付利息前利润	20	64
财务收入/支出	8	11
其他收入/支出	0	0
税前利润	12	53
所得税	3	13
净利润	9	40

表 A-35　资产负债表　　　　　　　　　　　　　　　　　　　　　　单位：百万

资　　产	期　初　数	期　末　数	负债和所有者权益	期　初　数	期　末　数
流动资产：			负债：		
现金	12	69	长期负债	40	70
应收款	115	112	短期负债	140	140
在制品	14	28	应付账款	0	0
成品	4	0	应交税金	3	13
原料	0	0	一年内到期的长期负债		
流动资产合计	145	209	负债合计	183	223
固定资产：			所有者权益：		
土地和建筑	0	0	股东资本	60	60
机器与设备	48	94	利润留存	1	10
在建工程	60	30	年度净利	9	40
固定资产合计	108	124	所有者权益合计	70	110
资产总计	253	333	负债和所有者权益总计	253	333

附录 B

企业经营实战操作反馈记录

第一年回顾

体会与收获：

计划：

讨论：公司在第一年度的战略要点。

第二年回顾

体会与收获：

计划：

讨论：公司在第二年度的资金问题。

1. 如何解决资金链困境？

2. 资产结构的考虑。

第三年回顾

体会与收获：

计划：

讨论：投资决策问题。

1. 如何判定生产 P1、P2 还是 P3？用手工线？半自动线？全自动线？柔性线？

2. 当大部分企业都在生产 P3 产品，广告 3~5M，P3 价格 9M/个，每个 P3 的利润？

3. 当 P1 价格下降到何值，不能接受？

4. 第 5 年投资全自动生产 P3，投资回收年数？

第四年回顾

体会与收获：

计划：

讨论：产品与市场战略的正确定位。

第五年回顾

体会与收获：

计划：

讨论：

1. 利用杜邦分析模型分析一些关键指标，如销售利润率、资产周转率、毛利率、负债与股东权益的比率、现金流比率、速动比率、资产回报率、股东权益回报率等。

2. 提高资产回报率的方法。

3. 提高股东权益回报率的方法。

第六年回顾

体会与收获：

计划：

讨论：本企业的产品获利能力。

1．目前产品的分类。

2．产品生命周期分析。

总评

1．关于企业

经营六年之后，自己的企业的得失及其原因是什么？

分析你的竞争对手的经营状况。

结合 ERP，分析企业如何经营获取利润，并给出解决方案。

2．关于受训者

你对模拟经营一家企业的感受？

总结所担任角色的得与失？

3．关于指导教师

点评与分析：

大学生"用友杯"沙盘模拟经营大赛规则

一、参赛队

每支参赛队 5 名队员，分工如下：

总经理

财务总监

营销总监

采购总监

生产总监

提请注意：

- 带队教师不允许入场；
- 比赛期间，所有参赛队员不得使用手机与外界联系，计算机仅限于作为系统运行平台，可以自制一些工具，但不得登录 Internet 与外界联系，否则取消参赛资格；
- 每个代表队允许有一台计算机连接服务器；
- 比赛时间以本赛区所用服务器时间为准；
- 比赛经营六年。

二、运行方式及监督

本次大赛以"商战"电子沙盘（以下简称系统）为主运作企业。

各队应具备至少两台具有 RJ45 网卡的笔记本电脑（并自带接线板、纸、铅笔、橡皮、经营表格），只允许一台计算机接入局域网，作为运行平台，建议安装录屏软件。比赛过程中，学生端最好启动录屏文件，全程录制经营过程，建议每年经营录制为一个独立的文件。一旦发生问题，以录屏结果为证，裁决争议。如果擅自停止录屏过程，按系统的实际运行状态执行。录屏软件请自行去相关网站下载并提前学会使用，比赛期间组委会不负责提供，也不负责指导使用。

为了系统更快更顺畅地运行，限制每队只能一台计算机，每台计算机一个浏览器接入比赛系统，请大家自觉遵守，如果恶意多开，裁判有权终止该队比赛。

大赛设裁判组，负责大赛中所有比赛过程的监督和争议裁决。

提请注意：自带计算机操作系统和浏览器要保持干净，无病毒，IE 浏览器版本在（包括）6.0 以上，同时需要安装 Flash Player 插件。请各队至少多备一台计算机，以防万一。

三、企业运营流程

企业运营流程建议按照运营流程表中列示的流程严格执行。

本次比赛不需要在系统中填报表，也不需要上交纸质报表。

各类表格自行准备，组委会不提供。

四、竞赛规则

1. 生产线

生产线	购置费	安装周期	生产周期	总转产费	转产周期	维修费	残值
手工线	35W	无	2Q	0W	无	5W/年	5W
租赁线	0W	无	1Q	20W	1Q	70W/年	−70W
自动线	150W	3Q	1Q	20W	1Q	20W/年	30W
柔性线	200W	4Q	1Q	0W	无	20W/年	40W

不论何时出售生产线，从生产线净值中取出相当于残值的部分计入现金，净值与残值之差计入损失；

只有空的并且已经建成的生产线方可转产；

当年建成的生产线、转产中生产线都要交维修费；

生产线不允许在不同厂房移动；

租赁线不需要购置费，不用安装周期，不提折旧，维修费可以理解为租金；其在出售时（可理解为退租），系统将扣 70W/条的清理费用，记入损失；该类生产线不计小分；

手工线不计小分。

2. 折旧（平均年限法）

生产线	购置费	残值	建成第 1 年	建成第 2 年	建成第 3 年	建成第 4 年	建成第 5 年
手工线	35W	5W	0	10W	10W	10W	
自动线	150W	30W	0	30W	30W	30W	30W
柔性线	200W	40W	0	40W	40W	40W	40W

当年建成生产线当年不提折旧，当净值等于残值时生产线不再计提折旧，但可以继续使用。

3. 融资

贷款类型	贷款时间	贷款额度	年息	还款方式
长期贷款	每年年初	所有长贷和短贷之和不能超过上年权益的 3 倍	10%	年初付息，到期还本；每次贷款为不小于 10 整数
短期贷款	每季度初		5%	到期一次还本付息；每次贷款为不小于 10 整数
资金贴现	任何时间	视应收款额	10%（1 季，2 季），12.5%（3 季，4 季）	变现时贴息，可对 1、2 季应收联合贴现（3、4 季同理）
库存拍卖	原材料八折，成品按成本价			

提请注意： 长贷利息计算，所有不同年份长贷加总再乘以利率，然后四舍五入算利息。短贷利息是按每笔短贷分别计算。

4. 厂房

厂房	买价	租金	售价	容量	
大厂房	400W	40W/年	400W	4 条	厂房出售得到 4 个账期的应收款，紧急情况下可厂房贴现（4 季贴现），直接得到现金，如厂房中有生产线，同时要扣租金
中厂房	270W	27W/年	270W	3 条	
小厂房	180W	18W/年	180W	2 条	

每季均可租或买，租满一年的厂房在满年的季度（如第二季租的，则在以后各年第二季为满年，可进行处理），需要用"厂房处理"进行"租转买"、"退租"（当厂房中没有任何生产线时）等处理，如果未加处理，则原来租用的厂房在满年季末自动续租；厂房不计提折旧；生产线不允许在不同厂房间移动。

厂房使用可以任意组合，但总数不能超过四个；如租四个小厂房或买四个大厂房或租一个大厂房买三个中厂房。

5. 市场准入

市场	开发费	时间	
本地	10W/年	1 年	
区域	10W/年	1 年	开发费用按开发时间在年末平均支付，不允许加速投资，但可中断投资
国内	10W/年	2 年	市场开发完成后，领取相应的市场准入证
亚洲	10W/年	3 年	
国际	10W/年	4 年	

无须交维护费，中途停止使用，也可继续拥有资格并在以后年份使用。市场开拓，只有在第四季度才可以点击。

6. 资格认证

认证	ISO9000	ISO14000	
时间	2 年	2 年	开发费用按开发时间在年末平均支付，不允许加速投资，但可中断投资
费用	10W/年	15W/年	ISO 开发完成后，领取相应的认证

无须交维护费，中途停止使用，也可继续拥有资格并在以后年份使用。ISO 认证，只有在第四季度才可以点击。

7. 产品

名称	开发费用	开发周期	加工费	直接成本	产品组成
P1	10W/季	2 季	10W/个	20W/个	R1
P2	10W/季	3 季	10W/个	30W/个	R2+R3
P3	10W/季	4 季	10W/个	40W/个	R1+R3+R4
P4	10W/季	5 季	10W/个	50W/个	R2+R3+P1（注意 P1 为中间品）
P5	10W/季	6 季	10W/个	60W/个	R3+R4+P2（注意 P2 为中间品）

8. 原料

名称	购买价格	提前期
R1	10W/个	1季
R2	10W/个	1季
R3	10W/个	2季
R4	10W/个	2季

9. 紧急采购

付款即到货，原材料价格为直接成本的 2 倍，成品价格为直接成本的 3 倍。

紧急采购原材料和产品时，直接扣除现金。上报报表时，成本仍然按照标准成本记录，紧急采购多付出的成本计入费用表损失项。

10. 选单规则

投 10W 广告有一次选单机会，每增加 20W 多一次机会，如果投小于 10W 广告则无选单机会，但仍扣广告费，对计算市场广告额有效，广告投放可以是非 10 倍数，如 11W，12W。

投广告，只有裁判宣布的最晚时间，没有最早时间。即在系统经营结束后可以马上投广告。

以本市场本产品广告额投放大小顺序依次选单；如果两队本市场本产品广告额相同，则看本市场广告投放总额；如果本市场广告总额也相同，则看上年本市场销售排名；如仍无法决定，先投广告者先选单。第一年无订单。

选单时，两个市场同时开单，各队需要同时关注两个市场的选单进展，其中一个市场先结束，则第三个市场立即开单，即任何时候会有两个市场同开，除非到最后只剩下一个市场选单未结束。如某年有本地、区域、国内、亚洲四个市场有选单。则系统将本地、区域同时放单，各市场按 P1、P2、P3、P4、P5 顺序独立放单，若本地市场选单结束，则国内市场立即开单，此时区域、国内二市场保持同开，紧接着区域结束选单，则亚洲市场立即放单，即国内、亚洲二市场同开。选单时各队需要点击相应"市场"按钮，一市场选单结束，系统不会自动跳到其他市场。

提请注意：

● 出现确认框要在倒计时大于 5 秒时按下"确认"按钮，否则可能造成选单无效；

● 在某细分市场（如本地、P1）有多次选单机会，只要放弃一次，则视同放弃该细分市场所有选单机会；

● 本次比赛无市场老大；

● 破产队可以参加选单。

11. 竞单会（系统一次同时放 3 张订单同时竞，并显示所有订单，第三、六年有）

参与竞标的订单标明了订单编号、市场、产品、数量、ISO 要求等，而总价、交货期、账期三项为空。竞标订单的相关要求说明如下：竞拍会的单子，价格、交货期、账期都是根据各队伍的情况自己填写选择的，系统默认的总价是成本价，交货期为 1 期交货，账期为 4 账期，如要修改需要手工修改。

（1）投标资质

参与投标的公司需要有相应市场、ISO 认证的资质，但不必有生产资格。

中标的公司需为该单支付 10W 标书费，在竞标会结束后一次性扣除，计入广告费里面。

如果（已竞得单数+本次同时竞单数）× 10 >现金余额，则不能再竞。即必须有一定现金库存作为保证金。如同时竞 3 张订单，库存现金为 54W，已经竞得 3 张订单，扣除了 30W 标书费，还剩余 24W 库存现金，则不能继续参与竞单，因为万一再竞得 3 张，24W 库存现金不足支付标书费 30W。

为防止恶意竞单，对竞得单张数进行限制，如果{某队已竞得单张数>ROUND（3×该年竞单总张数/参赛队数）}，则不能继续竞单。

提请注意：

● ROUND 表示四舍五入；

● 如上式为等于，可以继续参与竞单；

● 参赛队数指经营中的队伍，若破产继续经营也算在其内，破产退出经营则不算其内。

如某年竞单，共有 40 张，20 队（含破产继续经营）参与竞单，当一队已经得到 7 张单，因为 7>ROUND（3×40/20），所以不能继续竞单；但如果已经竞得 6 张，可以继续参与。

（2）投标

参与投标的公司须根据所投标的订单，在系统规定时间（90 秒，以倒计时秒形式显示）填写总价、交货期、账期三项内容，确认后由系统按照：

$$得分=100+（5-交货期）×2+应收账期-8×总价/（该产品直接成本×数量）$$

以得分最高者中标。如果计算分数相同，则先提交者中标。

提请注意：

● 总价不能低于（可以等于）成本价，也不能高于（可以等于）成本价的 3 倍；

● 必须为竞单留足时间，如在倒计时小于等于 5 秒再提交，可能无效；

● 竞得订单与选中订单一样，算市场销售额；

● 竞单时不允许紧急采购，不允许市场间谍；

● 破产队不可以参与投标竞单。

12. 订单违约

订单必须在规定季或提前交货，应收账期从交货季开始算起。应收款收回系统自动完成，不需要各队填写收回金额。

13. 取整规则（均精确或舍到个位整数）

违约金扣除——四舍五入；（每张单分开算）

库存拍卖所得现金——四舍五入；

贴现费用——向上取整；

扣税——四舍五入；

长短贷利息——四舍五入。

14. 特殊费用项目

库存折价拍卖、生产线变卖、紧急采购、订单违约、计入其他损失；增减资计入股东资本或特别贷款（均不算所得税）。

提请注意： 增资只适用于破产队。

15. 重要参数

违约金比例	20 %	贷款额倍数	3 倍
产品折价率	100 %	原料折价率	80 %
长贷利率	10 %	短贷利率	5 %
1，2期贴现率	10 %	3，4期贴现率	12.5 %
初始现金	600 W	管理费	10 W
信息费	1 W	所得税率	25 %
最大长贷年限	5 年	最小得单广告额	10 W
原料紧急采购倍数	2 倍	产品紧急采购倍数	3 倍
选单时间	40 秒	首位选单补时	25 秒
市场同开数量	2	市场老大	○有 ◉无
竞拍时间	90 秒	竞拍同拍数	3

信息确认

提请注意：

- 每市场每产品选单时第一个队选单时间为 65 秒，自第二个队起，选单时间设为 40 秒；
- 初始资金为 600W（具体金额以比赛现场公布为准）；
- 信息费 1W/次/队，即交 1W 可以查看一队企业信息，交费企业以 EXCEL 表格形式获得被间谍企业详细信息；
- 间谍无法看到对手的选单情况。

16. 竞赛排名

完成预先规定的经营年限，将根据各队的最后分数进行评分，分数高者为优胜。

总成绩 = 所有者权益×（1+企业综合发展潜力/100）–罚分

企业综合发展潜力如下：

项目	综合发展潜力系数	项目	综合发展潜力系数
自动线	+8/条	ISO9000	+8
柔性线	+10/条	ISO14000	+10
本地市场开发	+7	P1 产品开发	+7
区域市场开发	+7	P2 产品开发	+8
国内市场开发	+8	P3 产品开发	+9
亚洲市场开发	+9	P4 产品开发	+10
国际市场开发	+10	P5 产品开发	+11

提请注意：

- 如有若干队分数相同，则最后一年在系统中先结束经营（而非指在系统中填制报表）者排名靠前；
- 生产线建成即加分，无须生产出产品，也无须有在制品；手工线、租赁线、厂房无加分。

17. 罚分规则

（1）运行超时扣分

运行超时有两种情况：一是指不能在规定时间完成广告投放（可提前投广告）；二是指不能在规定时间完成当年经营（以点击系统中"当年结束"按钮并确认为准）。

处罚：按总分 50 分/分钟（不满一分钟算一分钟）计算罚分，最多不能超过 10 分钟。如果到 10 分钟后还不能完成相应的运行，将取消其参赛资格。

提请注意： 投放广告时间、完成经营时间及提交报表时间系统均会记录，作为扣分依据。

（2）摆盘错误

摆盘错误经裁判核实扣 50 分/次。

（3）其他违规扣分

在运行过程中下列情况属违规：

a. 对裁判正确的判罚不服从；

b. 在比赛期间擅自到其他赛场走动；

c. 指导教师擅自进入比赛现场；

d. 其他严重影响比赛正常进行的活动。

如有以上行为者，视情节轻重，扣除该队总得分的 200～500 分。

18. 破产处理

当参赛队权益为负（指当年结束系统生成生成资产负债表时为负）或现金断流时（权益和现金可以为零），企业破产。

参赛队破产后，由裁判视情况适当增资后继续经营。破产队不参加有效排名。

为了确保破产队不过多影响比赛的正常进行，限制破产队每年用于广告投放总和不能超过 60W。不允许参加竞单。

19. 操作要点

● 生产线转产、下一批生产、出售生产线均在相应生产线上直接操作；

● 应收款收回由系统自动完成，不需要各队填写收回金额；

● 只显示可以操作的运行图标；

● 选单时必须注意各市场状态（正在选单、选单结束、无订单），选单时各队需要点击相应市场按钮，一市场选单结束，系统不会自动跳到其他市场。界面如图 C-1 所示。

图 C-1　选单市场界面

20. 系统整体操作界面（如图 C-2 所示）

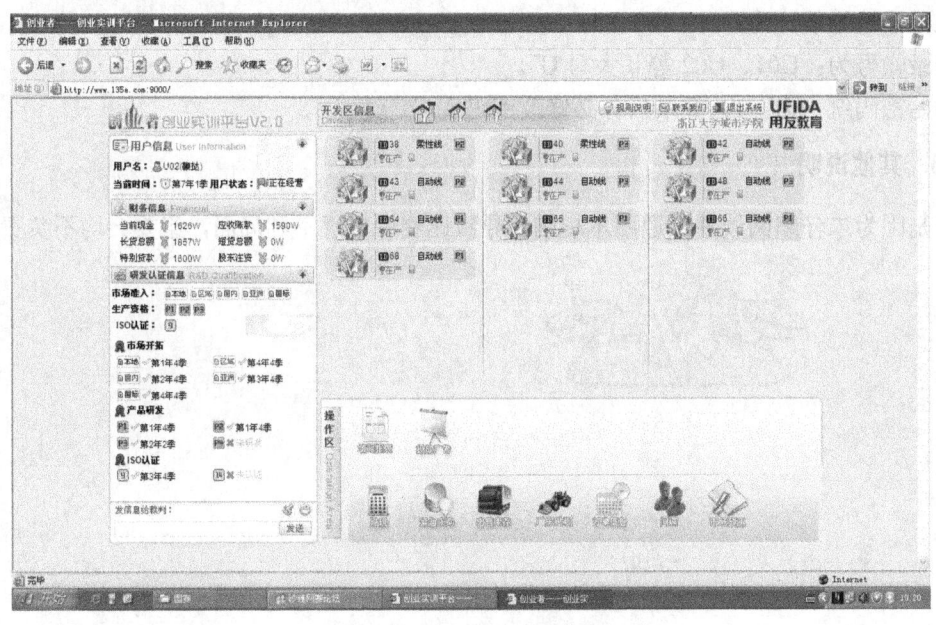

图 C-2　系统整体操作界面

21. 关于摆盘和巡盘

本次大赛过程中使用卡片摆盘，只需要摆出当年结束状态，中间过程不要求。本次摆盘只要求摆出生产线（含在制品）、在建工程、现金、应收款（包括金额与账期）、原料库存、产成品库存、各种资格；不需要摆厂房、各类费用、原料订单；年末由裁判统一发令，可观看对手的盘面和计算机屏幕，并可要求对方点开任何信息，且不允许拒绝。巡盘期间至少留一人在本组。不允许操作对手计算机。

提请注意：

- 现金及应收款——在空白卡片手工填写金额，放在相应位置；
- 原料及产品库存——在标志上手工填写数量，放在仓库；
- 在建工程——将投资金额放在生产线上（背面朝上），在生产线上手工标出所生产产品；
- 生产线净值——手工填写空白卡片放净值处；
- 在制品——用产品标志放置于生产线相应生产周期处；
- 各类资格——投入完成摆上相应资格卡片，中间投入金额不用摆；
- 如遇卡片不够用，可自行参照用小纸片代替，所有填写用铅笔。

22. 网络设置、服务器地址及登录注意事项

一队分配一个 IP，根据所分配的队号设置。如：队号为 U01，则 IP 为 192.168.0.101，以此类推。请在本地连接中设置，如图 C-3 所示。考虑操作系统区别，IP 设置略有不同，请各队提前学会如何设置 IP，比赛时不负责指导。

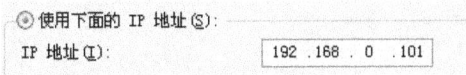

图 C-3　本地连接设置

子网掩码、网关、DNS 可不设。

服务器地址统一为：192.168.0.8。

登录帐号为：U01、U02 等（大写 U）。

初始密码统一为：1，登录后务必修改密码。

23. 其他说明

凡是因为未仔细阅读并未遵照本规则，导致比赛中出现不利局面，组委会均不负责。

生产制造企业内部主要业务单据

在企业沙盘模拟经营实训中，为了使仿真企业、公司、部门之间能够像真实企业一样发生业务往来，本书特别设计了生产制造企业内部及外部部门（公司）开展仿真经营活动、办理各项经济业务所需要的各种单据，这些单据将成为业务发生或完成的书面证明，是证明经济业务是否合法、合理的凭据。考虑到仿真实习环境的特殊性，本书为生产制造企业及其外部部门（公司）设计的业务单据不可能与真实企业所使用的单据完全相同，尽管如此，在设计业务单据时，还是最大限度地参考了现实企业（部门）记录业务的单据，使单据反映的业务内容与实际业务的本质要求一致。

（一）行政部主要业务单据

行政部主要业务单据包括：企业登记及组织结架构信息表、企业年度运行总表及会议纪要表，详见表 D-1～表 D-3。

表 D-1　企业登记及组织结架构信息表

企业核准登记			
企业名称			工商局填写
开户银行			银行填写
银行账号			银行填写
税务登记号			税务局填写
企业组织架构			
部门	职位（角色）	主要职责	姓名
行政部			
人力资源部			
财务部			
市场部			
生产部			
采购部			
物流部			

表 D-2　企业会议纪要

会议主题		主持人	
提交的讨论预案		提交部门	
预案性质		预案提交时间	
预案主要内容		预案执笔人	

会议主题			主持人		
会议讨论发言记录：					
赞成人数			反对人数		
CEO 意见			提交部门意见		
会议决议：					
会议持续时间		决议执行时间		执行部门	

总经理：　　　　　　　　　会议主持人：　　　　　　　　　记录人：

表 D-3　企业年度运行流程表（CEO 使用表）

企业经营第_____年					
企业经营流程 请按顺序执行下列各项操作。	每执行完一项操作，CEO 请在相应的方格内打勾。 财务总监（助理）在方格中填写现金收支情况。				
新年度规划会议					
投放广告					
参加订货会选单/登记销售订单					
调整新年度经营计划					
支付应付税款					
支付长贷利息					
更新长期贷款/长期贷款还款					
申请长期贷款					
季初现金盘点（请填余额）					
更新短期贷款/短期贷款还本付息					
申请短期贷款					
原材料入库/更新原料订单					
下原料订单					
更新生产/完工入库					
新建/在建/转产/变卖生产线					
开始下一批生产					
更新应收款/应收款收现					
按订单交货					
产品研发投资					
厂房出售（买转租）					
支付行政管理费					
缴纳违约订单罚款					
支付设备维护费					
支付租金/购买厂房					
计提折旧					
新市场开拓/ISO 资格认证投资					
新市场/ISO 资格换证					
结账					
现金收入合计					
现金支出合计					
期末现金对账（请填余额）					

总经理：

（二）市场部主要业务单据

市场部主要业务单据包括：销售预测表、订货会广告费用投入表、销售订单信息表、商品销售年度报表，详见表 D-4～表 D-10。

表 D-4　第　年销售预测表

产品名称	市场需求量预测	预测销售量	平均单价	金额	质量要求	交货时间
P1						
P2						
P3						
P4						

单位负责人：　　　　　　　　　　　销售主管：　　　　　　　　　　　制单人：

　　　　一式两联　　　　　　　　第一联：存根联　　　　　　　　第二联：生产部门

表 D-5　订货会广告费用登记表

公司编码		公司名称		投入时间	
广告费					
产品类型	本地市场	区域市场	国内市场	亚洲市场	国际市场
P1					
P2					
P3					
P4					
合计					

单位负责人：　　　　　　　　　　　销售主管：　　　　　　　　　　　制单人：

第一联：存根联　　　　　　　　第二联：财务部　　　　　　　　第三联：客户市场

表 D-6　销售订单信息统计表

公司名称：　　　　　　　　　　　　　　　　　　　　第　年

订单号										合计
市场										
产品										
数量										
账期										
销售额										
成本										
毛利										
要求交货期										
执行情况										
违约金										
【备注】执行情况：如按时交货填写**交货时间**；如未按时交货，则填写**违约**										

单位负责人　　　　　　　　　　　销售主管　　　　　　　　　　　制单人

第一联：存根联　　　　　　　　第二联：仓库　　　　　　　　第三联：财务部

表 D-7 产品销售核算统计表

公司名称：   第   年

	P1	P2	P3	P4	合计
数量					
销售额					
成本					
毛利					

表 D-8　产品交易登记表

销售企业								销售时间				第 ___ 年			
	1Q				2Q				3Q				4Q			
产品	P1	P2	P3	P4	P1	P2	P3	P4	P1	P2	P3	P4	P1	P2	P3	P4
成交数量																
成交金额																
付款方式																
应收账款账期																
购买人																
售货人																
审核人																

【备注】付款方式：1 为现金；2 为应收账款

第一联：存根联　　　　第二联：销售　　　　第三联：财务部　　　　第四联：客户公司

表 D-9　　市场开发投入登记表

企业代码：   企业名称：

年度	区域市场（1y）	国内市场（2y）	亚洲市场(3y)	国际市场(4y)	合计	监督员签字
初始年						
第1年						
第2年						
第3年						
第4年						
第5年						
第6年						
合计						

第一联：存根联　　　　　　　第二联：市场部　　　　　　　第三联：财务部

表 D-10　ISO 认证投资登记表

企业代码：   企业名称：

年度	第1年	第2年	第3年	第4年	第5年	第6年
ISO 9000						
ISO 14000						
总计						
监督员签字						

第一联：存根联　　　　　　　第二联：市场部　　　　　　　第三联：财务部

（三）采购部主要业务单据（见表 D-11~表 D-13）

表 D-11　生产计划与采购计划

生产线		第一年				第二年				第三年				第四年				第五年			
		1Q	2Q	3Q	4Q	1Q	2Q	3Q	4Q	1Q	2Q	3Q	4Q	1Q	2Q	3Q	4Q	1Q	2Q	3Q	4Q
	产品																				
	材料																				
	产品																				
	材料																				
	产品																				
	材料																				
	产品																				
	材料																				
	产品																				
	材料																				
	产品																				
	材料																				
	产品																				
	材料																				
	产品																				
	材料																				
	产品																				
	材料																				

第一联：采购部　　　　　　　　　　　　　　　　　　　第二联：生产部

表 D-12　原材料采购信息统计表

		第一年				第二年				第三年			
		1Q	2Q	3Q	4Q	1Q	2Q	3Q	4Q	1Q	2Q	3Q	4Q
R1	计划采购												
	实际采购												
	入库数量												
	采购金额												
R2	计划采购												
	实际采购												
	入库数量												
	采购金额												
R3	计划采购												
	实际采购												
	入库数量												
	采购金额												
R4	计划采购												
	实际采购												
	入库数量												
	采购金额												

		第四年				第五年				第六年			
		1Q	2Q	3Q	4Q	1Q	2Q	3Q	4Q	1Q	2Q	3Q	4Q
R1	计划采购												
	实际采购												
	入库数量												
	采购金额												
R2	计划采购												
	实际采购												
	入库数量												
	采购金额												
R3	计划采购												
	实际采购												
	入库数量												
	采购金额												
R4	计划采购												
	实际采购												
	入库数量												
	采购金额												

采购负责人　　　　　　　　　　　　财务负责人　　　　　　　　　　　　制表人

第一联：存根联　　　　　　　　　　第二联：物流部　　　　　　　　　　第三联：财务部

表 D-13　原材料交易登记表

购买企业								购买时间			第 ___ 年			
	1Q				2Q				3Q				4Q		
原料	R1	R2	R3	R4	R1	R2	R3	R4	R1	R2	R3	R4	R1	R2	R3	R4
成交数量																
成交金额																
付款方式	全额现金支付															

购买企业			购买时间		第 ___ 年	
购买人						
售货人						
审核人						

注：1、完工时间必须小于购买时间，否则为无效交易；

2、本协议可以事先签定，但必须交双方监督员审核签字后生效；

3、如果没有双方监督人签字，视为无效交易；

4、无效交易按交易额扣除双方利润。

（四）生产部主要业务单据（见表 D-14～表 D-17）

表 D-14　产品开发登记表

企业代码：　　　　　　　　　　　　　　　　　　　企业名称：

年度		P1	P2	P3	P4	总计	监督员签字
初始年	1Q						
	2Q						
	3Q						
	4Q						
第1年	1Q						
	2Q						
	3Q						
	4Q						
第2年	1Q						
	2Q						
	3Q						
	4Q						
第3年	1Q						
	2Q						
	3Q						
	4Q						
第4年	1Q						
	2Q						
	3Q						
	4Q						
第5年	1Q						
	2Q						
	3Q						
	4Q						
第6年	1Q						
	2Q						
	3Q						
	4Q						
合计							

第一联：存根联（生产部）　　　　第二联：财务部　　　　第三联：认证中心

表 D-15　生产及设备状态记录表

企业编号：　　　　　企业代码：　　　　　企业名称：　　　　　　　　　　　　　　第____年

生产线情况		1	2	3	4	5	6	7	8	9	10	产出合计			
		产出 (P)	产出 (P)	产出 (P)	产出 (P)	产出 (P)	产出 (P)	产出 (P)	产出 (P)	产出 (P)	产出 (P)	P1	P2	P3	P4
1 季度末	生产线	手/半/自/柔/空	手/半/自/柔/空	手/半/自/柔/空	手/半/自/柔/空	手/半/自/柔/空	手/半/自/柔/空	手/半/自/柔/空	手/半/自/柔/空	手/半/自/柔/空	手/半/自/柔/空				
		停产	停产	停产	停产	停产	停产	停产	停产	停产	停产				
		在产 P/Q	在产 P/Q	在产 P/Q	在产 P/Q	在产 P/Q	在产 P/Q	在产 P/Q	在产 P/Q	在产 P/Q	在产 P/Q				
		在建 (Q)	在建 (Q)	在建 (Q)	在建 (Q)	在建 (Q)	在建 (Q)	在建 (Q)	在建 (Q)	在建 (Q)	在建 (Q)				
		转产 (Q)	转产 (Q)	转产 (Q)	转产 (Q)	转产 (Q)	转产 (Q)	转产 (Q)	转产 (Q)	转产 (Q)	转产 (Q)				
2 季度末	生产线	手/半/自/柔/空	手/半/自/柔/空	手/半/自/柔/空	手/半/自/柔/空	手/半/自/柔/空	手/半/自/柔/空	手/半/自/柔/空	手/半/自/柔/空	手/半/自/柔/空	手/半/自/柔/空				
		停产	停产	停产	停产	停产	停产	停产	停产	停产	停产				
		在产 P/Q	在产 P/Q	在产 P/Q	在产 P/Q	在产 P/Q	在产 P/Q	在产 P/Q	在产 P/Q	在产 P/Q	在产 P/Q				
		在建 (Q)	在建 (Q)	在建 (Q)	在建 (Q)	在建 (Q)	在建 (Q)	在建 (Q)	在建 (Q)	在建 (Q)	在建 (Q)				
		转产 (Q)	转产 (Q)	转产 (Q)	转产 (Q)	转产 (Q)	转产 (Q)	转产 (Q)	转产 (Q)	转产 (Q)	转产 (Q)				
3 季度末	生产线	手/半/自/柔/空	手/半/自/柔/空	手/半/自/柔/空	手/半/自/柔/空	手/半/自/柔/空	手/半/自/柔/空	手/半/自/柔/空	手/半/自/柔/空	手/半/自/柔/空	手/半/自/柔/空				
		停产	停产	停产	停产	停产	停产	停产	停产	停产	停产				
		在产 P/Q	在产 P/Q	在产 P/Q	在产 P/Q	在产 P/Q	在产 P/Q	在产 P/Q	在产 P/Q	在产 P/Q	在产 P/Q				
		在建 (Q)	在建 (Q)	在建 (Q)	在建 (Q)	在建 (Q)	在建 (Q)	在建 (Q)	在建 (Q)	在建 (Q)	在建 (Q)				
		转产 (Q)	转产 (Q)	转产 (Q)	转产 (Q)	转产 (Q)	转产 (Q)	转产 (Q)	转产 (Q)	转产 (Q)	转产 (Q)				
4 季度末	生产线	手/半/自/柔/空	手/半/自/柔/空	手/半/自/柔/空	手/半/自/柔/空	手/半/自/柔/空	手/半/自/柔/空	手/半/自/柔/空	手/半/自/柔/空	手/半/自/柔/空	手/半/自/柔/空				
		停产	停产	停产	停产	停产	停产	停产	停产	停产	停产				
		在产 P/Q	在产 P/Q	在产 P/Q	在产 P/Q	在产 P/Q	在产 P/Q	在产 P/Q	在产 P/Q	在产 P/Q	在产 P/Q				
		在建 (Q)	在建 (Q)	在建 (Q)	在建 (Q)	在建 (Q)	在建 (Q)	在建 (Q)	在建 (Q)	在建 (Q)	在建 (Q)				
		转产 (Q)	转产 (Q)	转产 (Q)	转产 (Q)	转产 (Q)	转产 (Q)	转产 (Q)	转产 (Q)	转产 (Q)	转产 (Q)				

表 D-16　生产情况统计表

		第一年				第二年				第三年			
		1Q	2Q	3Q	4Q	1Q	2Q	3Q	4Q	1Q	2Q	3Q	4Q
PI	投产数量												
	完工数量												
	入库数量												
	在产品数量												
P2	投产数量												
	完工数量												
	入库数量												
	在产品数量												
P3	投产数量												
	完工数量												
	入库数量												
	在产品数量												
P4	投产数量												
	完工数量												
	入库数量												
	在产品数量												

		第四年				第五年				第六年			
		1Q	2Q	3Q	4Q	1Q	2Q	3Q	4Q	1Q	2Q	3Q	4Q
PI	投产数量												
	完工数量												
	入库数量												
	在产品数量												
P2	投产数量												
	完工数量												
	入库数量												
	在产品数量												
P3	投产数量												
	完工数量												
	入库数量												
	在产品数量												
P4	投产数量												
	完工数量												
	入库数量												
	在产品数量												

第一联：存根联（生产部）　　　　　　　　　　第二联：物流部

表 D-17　变更生产申请表

申请企业			第___年	
变更类型	变更内容	变更时间	变更成本	备注
变更生产线				
变更厂房				
申请人				
审核人				

第一联：存根联（生产部）　　　　　　　　　第二联：财务部

（五）财务部主要业务单据（见表 D-18～表 D-23）

表 D-18　现金预算表（单位：百万）

	1	2	3	4
期初库存现金				
支付上年应交税				
市场广告投入				
贴现费用				
利息（短期贷款）				
支付到期短期贷款				
原料采购支付现金				
转产费用				
生产线投资				
工人工资				
产品研发投资				
收到现金前的所有支出				
应收款到期				
支付管理费用				
利息（长期贷款）				
支付到期长期贷款				
设备维护费用				
租金				
购买新建筑				
市场开拓投资				
ISO 认证投资				
其他				
库存现金余额				

要点记录

第一季度：_____

第二季度：_____

第三季度：_____

第四季度：_____

年底小结：_____

表 D-19　贴现统计表

项目＼年度＼金额	第一年				第二年				第三年				第四年				第五年				第六年				公司
	1	2	3	4	1	2	3	4	1	2	3	4	1	2	3	4	1	2	3	4	1	2	3	4	
应收账款																									
贴现费用																									
应收账款																									
贴现费用																									

表 D-20　企业贷款申请信息统计表

贷款类型		1年				2年				3年				4年				5年				6年			
		1	2	3	4	1	2	3	4	1	2	3	4	1	2	3	4	1	2	3	4	1	2	3	4
短贷	借																								
	还																								
高利贷	借																								
	还																								
短贷余额																									
监督员签字																									
长贷	借																								
	还																								
长贷余额																									
上年权益																									
监督员签字																									

表 D-21　综合管理费用明细表　　　　　　　　　　　（单位：百万）

项目	金额	备注
管理费		
广告费		市场部提供
保养费		生产部提供
租金		生产部提供
转产费		生产部提供
市场准入开拓		□区域　　□国内　　□亚洲　　□国际　　（市场部提供）
ISO 资格认证		□ISO9000　　　□ISO14000　　（市场部提供）
产品研发		P2（　　）　P3（　　）　P4（　　）　（市场部提供）
其他		
合计		

表 D-22　利润表　　　　　　　　　　　（单位：百万）

项目	上年数	本年数
销售收入		
直接成本		
毛利		
综合费用		

项目	上年数	本年数
折旧前利润		
折旧		
支付利息前利润		
财务收入/支出		
其他收入/支出		
税前利润		
所得税		
净利润		

表 D-23 资产负债表 （单位：百万）

资产	期初数	期末数	负债和所有者权益	期初数	期末数
流动资产：			负债		
现金			长期负债		
应收款			短期负债		
在制品			应付货款		
成品			应交税金		
原料			一年内到期的长期负债		
流动资产合计			负债合计		
固定资产：			所有者权益：		
土地和建筑			股东资本		
机器与设备			利润留存		
在建工程			年度净利		
固定资产合计			所有者权益合计		
资产总计			负债和所有者权益总计		

（六）物流部主要业务单据（见表 D-24、表 D-25）

表 D-24 托运原材料统计表

第 1 年																	
		发出订单时间				发出订单数量				在途时间	入库时间				入库数量			
		1Q	2Q	3Q	4Q	1Q	2Q	3Q	4Q		1Q	2Q	3Q	4Q	1Q	2Q	3Q	4Q
原材料	R1																	
	R2																	
	R3																	
	R4																	
第 2 年																		
		发出订单时间				发出订单数量				在途时间	入库时间				入库数量			
		1Q	2Q	3Q	5Q	1Q	2Q	3Q	4Q		1Q	2Q	3Q	4Q	1Q	2Q	3Q	4Q
原材料	R1																	
	R2																	
	R3																	
	R4																	

第 3 年																		
		发出订单时间				发出订单数量				在途时间	入库时间				入库数量			
		1Q	2Q	3Q	4Q	1Q	2Q	3Q	4Q		1Q	2Q	3Q	4Q	1Q	2Q	3Q	5Q
原材料	R1																	
	R2																	
	R3																	
	R4																	

第 4 年																		
		发出订单时间				发出订单数量				在途时间	入库时间				入库数量			
		1Q	3Q	3Q	4Q	1Q	2Q	3Q	4Q		1Q	2Q	3Q	4Q	1Q	2Q	3Q	4Q
原材料	R1																	
	R2																	
	R3																	
	R4																	

第 5 年																		
		发出订单时间				发出订单数量				在途时间	入库时间				入库数量			
		1Q	2Q	3Q	4Q	1Q	2Q	3Q	4Q		1Q	2Q	3Q	4Q	1Q	3Q	3Q	4Q
原材料	R1																	
	S2																	
	R3																	
	R4																	

第 5 年																		
		发出订单时间				发出订单数量				在途时间	入库时间				入库数量			
		1Q	2Q	3Q	4Q	1Q	2Q	3Q	4Q		1Q	2Q	3Q	4Q	1Q	2Q	3Q	4Q
原材料	R1																	
	R2																	
	R3																	
	R4																	

第 6 年																		
		发出订单时间				发出订单数量				在途时间	入库时间				入库数量			
		1Q	2Q	3Q	4Q	1Q	2Q	3Q	4Q		1Q	2Q	3Q	4Q	1Q	2Q	3Q	4Q
原材料	R1																	
	R2																	
	R3																	
	R4																	

第一联：存根联（物流部）　　　　　　　　　　　　　　第二联：仓库

表 D-25 托运产品统计表

企业代码：　　　　　　　　　　　　　　　　　　　　第___年

		出货时间				出货数量			
		1Q	2Q	3Q	4Q	1Q	2Q	3Q	4Q
产品类型	P1								
	P2								
	P3								
	P4								

（七）人力资源部主要业务单据（见表 D-26～表 D-28）

表 D-26 团队成员登记表

团队编号	团队名称	职位	姓名	班级	学号	联系电话	E-maim

表 D-27 团队成员考勤表

___年___月___日团队成员出勤表						
时间	CEO	财务	生产	采购	营销	人力资源
上午						
下午						

表 D-28 团队成员绩效考核信息表

___年___月___日团队成员绩效考核信息表		
职务	绩效考核信息记录	考核结果
CEO		
财务总监		
生产总监		
营销总监		
采购总监		
最佳成员：		
整体情况		

备注：绩效考核信息填写成员在企业运行中集体参与情况、对团队的贡献情况、出错的情况、获裁判组奖励的情况、受处罚及其他情况等。整体情况填写团队经营状况，表现优秀之处及存在的问题等。

附录 E

生产制造企业外部组织（公司）主要业务单据

表 E-1 贷款记录（银行使用）

公司		贷款类别		1 年				2 年				3 年				4 年				5 年				6 年			
				1	2	3	4	1	2	3	4	1	2	3	4	1	2	3	4	1	2	3	4	1	2	3	4
A	短贷	借																										
		还																										
	长贷	借																										
		还																										
	高利贷	借																										
		还																										
B	短贷	借																										
		还																										
	长贷	借																										
		还																										
	高利贷	借																										
		还																										

公司	贷款类别		1年				2年				3年				4年				5年				6年			
			1	2	3	4	1	2	3	4	1	2	3	4	1	2	3	4	1	2	3	4	1	2	3	4
C	短贷	借																								
		还																								
	长贷	借																								
		还																								
	高利贷	借																								
		还																								
D	短贷	借																								
		还																								
	长贷	借																								
		还																								
	高利贷	借																								
		还																								
E	短贷	借																								
		还																								
	长贷	借																								
		还																								
	高利贷	借																								
		还																								
F	短贷	借																								
		还																								
	长贷	借																								
		还																								
	高利贷	借																								
		还																								

表 E-2　公司采购订单登记表（原材料供应商使用）

	1季				2季				3季				4季			
	R1	R2	R3	R4	R1	R2	R3	R4	R1	R2	R3	R4	R1	R2	R3	R4
第1年																
原材料																
订购数量																
采购入库																
第2年																
原材料																
订购数量																
采购入库																
第3年																
原材料																
订购数量																
采购入库																
第4年																
原材料																
订购数量																
采购入库																
第5年																
原材料																
订购数量																
采购入库																
第6年	1季				2季				3季				4季			
原材料																
订购数量																
采购入库																

表 E-3　生产线买卖记录（设备供应商使用表）

公司	生产线		1年				2年				3年				4年				5年				6年			
			1	2	3	4	1	2	3	4	1	2	3	4	1	2	3	4	1	2	3	4	1	2	3	4
A	手工	买																								
		卖																								
	半自动	买																								
		卖																								
	自动	买																								
		卖																								
	柔性	买																								
		卖																								
B	手工	买																								
		卖																								
	半自动	买																								
		卖																								
	自动	买																								
		卖																								
	柔性	买																								
		卖																								
C	手工	买																								
		卖																								
	半自动	买																								
		卖																								
	自动	买																								
		卖																								
	柔性	买																								
		卖